2024

Training

mit Original-Prüfungen

Realschule Niedersachsen

Deutsch 10. Klasse

STARK

Bildnachweis

Fotolia:
S. 1 (unten) und 16 © Kurt MISAR, S. 5 © LianeM, S. 14 © runzelkorn, S. 34 © Stephan Koscheck, S. 39 © Sandor Jackal, S. 42 © Marty Kropp, S. 60 © Timothy Stone, S. 61 © Julian Weber, S. 66 © awhelin, S. 83 © Evgeny Korshenkov, S. 85 (rechts) und 145 (oben) © Bobo Ling, S. 89 © corepics, S. 91 © Digitalpress, S. 97 © TimM, S. 100 © Dusan Kostic, S. 103 © amridesign, S. 106 © Daniel Gale, S. 113, S. 114 © rekemp, S. 130 © Suprijono Suharjoto

iStockphoto:
S. 1 (Mitte), 4 und 59 © Chris Schmidt, S. 11 © Monika Adamczyk, S. 23 © Andrea Krause, S. 37 © George Peters, S. 46 © Nikolay Stoilov, S. 76 © Steve Pepple, S. 85 (links) © viki2win, S. 87 (links) © Gene Chutka, S. 95 © Boris Yankov, S. 98 © nicholas belton, S. 115 © Roberto A Sanchez, S. 120 © Dan Brandenburg, S. 123 © Huseyin Turgut Erkisi, S. 124 © Cat London, S. 126 © Miroslav Ferkuniak, S. 127 © rusm

Dreamstime:
S. 6 © Sebastian Czapnik, S. 47 © Massimo Valicchia, S. 75 © Andrew Kazmierski, S. 104 © Ron Chapple Studios, S. 125 © Jan Martin Will

Shutterstock:
S. 1 (oben) und 71 © Andrea Danti, S. 24 © Anthonycz, S. 25 © jorgen mcleman, S. 31 © sharpner, S. 32 © Morphart Creation, S. 44 © Claudia Naerdemann, S. 48 © Kalenik Hanna, S. 53 © ArtFamily, S. 63 © Xaki646, S. 72 © Ase, S. 117 © Stefan Schurr

ullstein bild:
S. 9 © TopFoto, S. 87 © Imagebroker.net (Mitte), © Vision Photos (rechts), S. 94 © Reuters

picture alliance:
S. 93 © dpa-infografik

Sonstige:
S. 20 © INTERFOTO / Moore, S. 21 © imago / Manngold, S. 22 © Verlag Herder, S. 78 © andreanita / 123RF, S. 79 © Radiat-r, CC BY-SA 3.0

Tonnachweis

Training – Übung 60: zwischen Bingo und Seifenduft. © 2011 Deutschlandradio (Andrea Lueg, 16.04.2011); Länge: 4 min 11 sek.
Training – Übung 61: Sibylle Berg: Hauptsache weit. In: Dies.: Das Unerfreuliche zuerst. Herrengeschichten. Kiepenheuer & Witsch, Köln 2001. Sprecherin: Carolin Graml; Länge: 5 min 06 sek.
Abschlussprüfung 2020: Rassismus im Alltag. © Ansgar Drücker, Interview mit dem Deutschlandfunk, Zivilcourage im Alltag, Rassismus: Viele Möglichkeiten, einzugreifen, Sendung vom 21.03.2019; Länge: 5 min 0 sek.
Abschlussprüfung 2021: © Birgit Raddatz: In Zeiten von Corona virtuell auf Reisen gehen, RBB24 vom 25.08.2020; Länge: 4 min 36 sek.
Abschlussprüfung 2022: WDR – Planet Wissen: Die Kraft der Musik, 26.04.2017; Länge: 5 min 38 sek.

19. ergänzte Auflage
www.stark-verlag.de

Inhalt

Original-Prüfungsaufgaben

Realschulabschluss / Sekundarabschluss I – Deutsch 2020
Thema: „Rassismus“

Sobald die Original-Prüfungsaufgaben 2023 freigegeben sind, können sie als PDF auf der Plattform MyStark heruntergeladen werden (Zugangscode vgl. Umschlaginnenseite).

MP3-Dateien

- Übung 60: Zwischen Bingo und Seifenduft *(4:11 Min.)*
- Übung 61: Hauptsache weit *(5:06 Min.)*
- Hörverstehen Abschlussprüfung 2020: Rassismus im Alltag *(5:00 Min.)*
- Hörverstehen Abschlussprüfung 2021: Virtuelle Realität *(4:36 Min.)*
- Hörverstehen Abschlussprüfung 2022: Kraft der Musik *(5:38 Min.)*

Zu allen **Hördateien** gelangst du über die Plattform *MyStark*.

Autorin: Marion von der Kammer (Training Grundwissen)

Interaktives Prüfungstraining

Dieses Buch umfasst auch ein interaktives Training fürs Lernen am Computer oder Tablet, auf das du über die Online-Plattform **MyStark** zugreifen kannst. Du findest deinen Zugangscode auf der Innenseite des Umschlags vorne im Buch.

Die folgenden Symbole sind auch im Buch immer wieder abgebildet. Sie zeigen dir, zu welchen Kompetenzbereichen es auf MyStark **digitale Zusätze** gibt.

Interaktive Aufgaben

Aufgaben mit Tipps, Feedback und sofortiger Auswertung zu allen Bereichen der Prüfung:

Thema: „Fast Fashion“

1 Hauptteil 1: Hörverstehen
2 Hauptteil 2: Basisteil
3 Wahlteil A: Leserbrief
4 Wahlteil B: Informierender Artikel für die Schülerzeitung
5 Rechtschreibung und Zeichensetzung
6 Ausdruck und Stil

Flashcards

Interaktive Lernkarten zu wichtigen Fragen und Fehlerschwerpunkten

Digitales Glossar

Einfaches und schnelles Nachschlagen von Fachbegriffen, wie z. B. Textsorten, Stilmittel, Grammatikwissen

Lernvideos

Lernvideos mit verständlichen Erläuterungen wichtiger Rechtschreibregeln zu folgenden Themen:

- Großschreibung
- Nominalisierung
- Kommaregeln bei Haupt- und Nebensätzen
- Kommasetzung bei Infinitivgruppen
- Rechtschreibstrategien

Um die Videos abzurufen, kannst du auch nebenstehenden QR-Code scannen oder diesen Link eingeben: *http://qrcode.stark-verlag.de/rechtschreibung-deutsch*

Vorwort

Liebe Schülerin, lieber Schüler,

mit dem vorliegenden Buch kannst du dich eigenständig und gründlich auf die **Realschul-Abschlussprüfung im Fach Deutsch** vorbereiten. Wenn du **frühzeitig** mit deinem Training beginnst und die einzelnen Kapitel gewissenhaft durcharbeitest, bist du für alle Anforderungen der Prüfung gut gerüstet.

- Anhand der folgenden **zehn Fragen und Antworten** kannst du dir zuerst einmal einen Überblick über den Ablauf und die Besonderheiten der Abschlussprüfung in Niedersachsen verschaffen.
- Im **Training Grundwissen** werden **alle prüfungsrelevanten Aufgabentypen** ausführlich wiederholt und anhand zahlreicher **Übungen** gefestigt. Einprägsame **Tipps**, zahlreiche **Hinweise** sowie Übersichten, in denen alles **auf einen Blick** zusammengefasst wird, helfen dir, deine Fähigkeiten gezielt auf Prüfungsniveau zu trainieren. Du erfährst, wie die einzelnen Aufgaben aussehen können und wie du sie **Schritt für Schritt** bearbeitest.
- Mit den anschließenden **Original-Prüfungsaufgaben** aus den Jahren **2020 bis 2022** trainierst du selbstständig die zielsichere und erfolgreiche Bearbeitung der Prüfungsaufgaben. Am besten testest du zu Hause schon einmal den Ernstfall und führst eine „eigene" Prüfung durch. So lernst du, dir die Prüfungszeit sinnvoll einzuteilen.
- Auf der Online-Plattform **MyStark** stehen dir die **digitalen Inhalte** zum Buch zur Verfügung. Hier findest du die **Original-Prüfungsaufgaben 2023**, die **Lernvideos** zur Rechtschreibung sowie alle **MP3-Dateien** zum Üben des Hörverstehens. Außerdem kannst du mit zusätzlichen **interaktiven Aufgaben** am Comupter oder Tablet trainieren. Der Link zur Plattform und dein Zugangscode befinden sich auf der Umschlaginnenseite.

MySTARK

Zu diesem Buch gibt es einen separaten **Lösungsband** (Best.-Nr. D03140L). Er enthält ausführliche Lösungen zu allen Aufgaben sowie hilfreiche Hinweise und Tipps zur Bearbeitung der Prüfungsaufgaben.

Sollten nach Erscheinen dieses Bandes vom Kultusministerium noch wichtige Änderungen für die Abschlussprüfung 2024 bekannt gegeben werden, findest du **aktuelle Informationen** dazu ebenfalls bei *MyStark*.

Viel Spaß beim Üben und vor allem viel Erfolg in der Prüfung!

Die Abschlussprüfung – 10 wichtige Fragen und Antworten

Wann und in welchen Fächern findet die Abschlussprüfung statt?

1 In Niedersachsen kannst du **am Ende der 10. Klasse** an der zentral gestellten Abschlussprüfung teilnehmen, um den **Sekundarabschluss I – Realschulabschluss** zu erwerben. Die Abschlussprüfung umfasst je eine schriftliche Arbeit in Deutsch und Mathematik sowie in einer Fremdsprache.

Was wird im Fach Deutsch geprüft?

2 Die Abschlussprüfung im Fach Deutsch ist eine **schriftliche Prüfung**, die aus **drei Teilen** besteht. Alle Materialien und Aufgaben drehen sich dabei um denselben **Themenschwerpunkt**.

- Die Prüfung beginnt mit einem für alle verbindlichen Aufgabenteil zum **Hörverstehen** (**Hauptteil 1**). Dabei wird dir ein Hörtext zweimal vorgespielt. Während beider Durchgänge darfst du dir Notizen machen. Die Aufgaben zum Hörverstehen werden kurz vor Beginn der Prüfung ausgeteilt. Du kannst die Aufgaben also bereits vor dem ersten Abspielen überfliegen. Es handelt sich um geschlossene oder halboffene Aufgaben.
- Danach folgt der **Hauptteil 2** (**Basisteil**), der ebenfalls für alle Prüflinge verpflichtend ist. Er umfasst meist **mehrere Materialien**, z. B. Sachtexte, literarische Texte, Grafiken, Tabellen, Bilder oder Karikaturen. Hierzu werden dir halboffene Aufgaben gestellt. Das heißt, es werden kurze bis mittellange Antworten von dir erwartet.
- Im **Wahlteil** entscheidest du dich für einen der beiden Aufgabenvorschläge. Dabei handelt es sich um offene Aufgaben, genauer gesagt um **Schreibaufträge**, zu denen du einen längeren Text ausformulieren sollst. Nutze dabei deine Ergebnisse aus den Hauptteilen. In der Regel erhältst du im Wahlteil auch noch **weiteres Text- oder Bildmaterial**, das du berücksichtigen sollst.

Wie läuft die Prüfung ab?

3 Zur Bearbeitung der Prüfungsteile hast du insgesamt **180 Minuten** Zeit, also drei volle Stunden. Hinzu kommen weitere **15 Minuten**, um die beiden Alternativen des Wahlteils zu sichten und dich für eine der Möglichkeiten zu entscheiden. Diese **Auswahl** erfolgt vor Beginn der Prüfung. Triff deine Entscheidung aber **nicht übereilt**, du kannst dich später nicht mehr umentscheiden! Den Wahlteil, den du nicht bearbeiten möchtest, streichst du gut sichtbar durch. Die Bearbeitungszeit beginnt mit dem ersten Abspielen des Hörtextes.

Welche Aufgabentypen kommen dran?

4 Es kommen verschiedene Arten von Aufgaben vor: Du musst sowohl geschlossene und halboffene Aufgaben zum Hör- und Leseverstehen lösen als auch offene Schreibaufgaben bearbeiten.

- Bei **geschlossenen Aufgaben** gibt es in der Regel keinen Spielraum, d. h., es ist nur genau eine Antwort richtig. Meist handelt es sich um Multiple-Choice-Aufgaben, bei denen du aus einer Reihe von Aussagen die richtige auswählen musst.

- Bei **halboffenen Aufgaben** sind Fragen kurz und treffend mit eigenen Worten zu beantworten. Es kann auch sein, dass du Tabellen ausfüllen musst. Schreibe dabei im Zweifelsfall immer vollständige Sätze, keine Stichworte.
- Bei **offenen Aufgaben** musst du ausführliche Antworten formulieren. In der Regel bekommst du dazu mehrere Teilaufgaben, die du nach und nach bearbeitest, um so einen zusammenhängenden Aufsatz zu schreiben.

Wie gehst du am besten vor?

5 Verschaffe du dir zuerst einen **Überblick**. Dazu überfliegst du die Texte und die Aufgaben einmal. Entscheide dich dann für einen Wahlteil. Anschließend **liest** du die Materialien **genau** durch und stellst Überlegungen zu den einzelnen Aufgaben an. Am besten nimmst du schon **Markierungen** vor und vermerkst **Stichworte** am Rand. Danach bearbeitest du Schritt für Schritt die Aufgaben.

Ist die Reihenfolge der Aufgaben festgelegt?

6 Grundsätzlich kannst du die Aufgaben in beliebiger Abfolge bearbeiten. Es empfiehlt sich aber, die **vorgegebene Reihenfolge** einzuhalten. Die Aufgaben, die zuerst kommen, bereiten dich nämlich auf den Aufsatz vor, den du später im Wahlteil schreiben sollst. Gehst du der Reihe nach vor, fällt dir also das Schreiben des Textes meistens leichter.

Wird auch die Rechtschreibung gewertet?

7 Ja! Die **Sprachrichtigkeit** fließt in die Benotung ein. Dazu wird ein sogenannter Fehlerquotient errechnet, indem die Zahl deiner Fehler mit 100 multipliziert und dann durch die Anzahl der Wörter geteilt wird, die du geschrieben hast. Je höher der Quotient ausfällt, desto weniger Punkte erhältst du. Bemühe dich daher unbedingt, deine Antworttexte möglichst **fehlerfrei** (Rechtschreibung und Zeichensetzung) und **grammatisch korrekt** zu schreiben, Wiederholungen zu vermeiden und dich **präzise und angemessen** auszudrücken.

Welche Hilfsmittel sind erlaubt?

8 Du darfst ein **Wörterbuch** benutzen. Es hilft dir, wenn du nicht genau weißt, wie ein Wort geschrieben wird oder welche Bedeutung ein Wort hat.

Wie kannst du dich auf die Prüfung vorbereiten?

9 Beginne deine Vorbereitung möglichst **frühzeitig** und übe **kontinuierlich**. Mit diesem Buch kannst du deine Fertigkeiten im Fach Deutsch **ab Klasse 9** gezielt trainieren und somit effektiv auf Klassenarbeiten und die Abschlussprüfung am Ende der Klasse 10 hinarbeiten. Um gut vorbereitet zu sein, solltest du die Kapitel des Buches allerdings nicht nur überfliegen, sondern sie **aktiv durcharbeiten**.

Wie wird die Prüfung bewertet?

10 Die Bewertung der schriftlichen Prüfung erfolgt durch die Vergabe von Punkten. In der Regel sind insgesamt **46 Punkte** zu erreichen. Diese verteilen sich normalerweise folgendermaßen:

- 6 Punkte entfallen auf den **Hauptteil 1** (Hörverstehen).
- 12 Punkte werden für die Sprachrichtigkeit vergeben, also für korrekte **Rechtschreibung und Zeichensetzung** sowie für **Grammatik und Ausdruck**.
- Die restlichen 28 Punkte verteilen sich in **unterschiedlicher Gewichtung** auf den **Hauptteil 2** und den **Wahlteil**. Wie viele Punkte bei einer Aufgabe maximal zu erreichen sind, ist jeweils angegeben.

Training Grundwissen

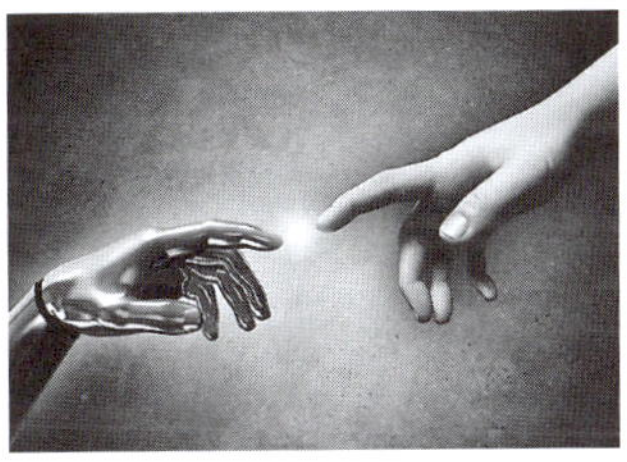

Lesekompetenz

Was muss man können? Was wird geprüft?

Ein Text (lat. *textus*: Gewebe) ist ein komplexes Geflecht, dessen Botschaften gar nicht so leicht zu verstehen sind. Ein guter Leser muss Folgendes können:

- **Wörter erlesen:** Er muss Buchstabenfolgen zu dem entsprechenden Wort zusammenfügen (z. B. *B – a – u – m* zu *Baum*).
- **Bedeutungen kennen:** Er muss sein Erfahrungswissen mit den Wörtern im Text verknüpfen (muss also z. B. wissen, was ein Baum ist).
- **Zusammenhänge herstellen:** Die Wörter in einem Text beziehen sich aufeinander und bilden Sinnzusammenhänge. Diese Zusammenhänge muss der Leser erkennen und verstehen.
- **Leerstellen füllen:** Ein Verfasser kann einen Sachverhalt nie lückenlos darstellen – und oft will er das auch gar nicht. Deshalb muss der Leser das, was „zwischen den Zeilen" steht, ergänzen. Er muss also **Schlussfolgerungen ziehen** und ableiten können, was **nicht** ausdrücklich gesagt wird.

Die ersten beiden Punkte werden normalerweise vorausgesetzt. **Geprüft** wird vor allem, ob du Zusammenhänge herstellen kannst, und zwar …

- **textinterne Zusammenhänge** zwischen Wörtern und Sätzen sowie
- **textübergreifende Zusammenhänge** zwischen Textinformationen und deinem Erfahrungswissen.

1 Den Leseprozess steuern

Gewöhne dir an, einen Text **dreimal zu lesen**, ehe du anfängst, die Aufgaben zu bearbeiten. Keine Angst: Was dir wie Zeitverschwendung erscheinen mag, ist in Wirklichkeit Zeitersparnis! Denn diese Zeit sparst du später beim Lösen der Aufgaben. Hinzu kommt, dass du einen Text auf diese Weise besonders gut verstehen kannst. Im Übrigen sind die Texte (oder Textauszüge), die dir in der Prüfung vorgelegt werden, ohnehin nur von begrenztem Umfang.

Schritt für Schritt

Richtig lesen

Arbeitsschritt 1 **Überfliege** den Text. Lies ihn zügig durch. Es macht nichts, wenn du noch nicht alles verstehst. Finde zunächst nur Antworten auf diese Fragen und notiere sie:

- Um was für eine Art von Text handelt es sich? Bestimme die **Textsorte**. (Eine Übersicht über die wichtigsten Textsorten findest du auf S. 19 und S. 33 f.).
- Worum geht es in dem Text? Bestimme das **Thema**.
- Was ist die **Absicht des Verfassers**? Will er sachlich informieren, den Leser unterhalten oder einen Sachverhalt kommentieren? (vgl. S. 17)

Arbeitsschritt 2 **Lies** den Text **ganz genau**. Markiere Stellen, die dir bedeutsam erscheinen, und kennzeichne sie mit **!**. Bei Textstellen, deren Sinn dir noch unklar ist, notierst du **?**.

Arbeitsschritt 3 Danach stellst du folgende Überlegungen an:

- Welche **Schlüsselwörter** gibt es in dem Text? (vgl. Tipp S. 5)
- Was ist die **Kernaussage** (die „Botschaft“)?
- In wie viele **Sinnabschnitte** lässt sich der Text untergliedern? Markiere Stellen, an denen ein neuer Gedanke oder Inhalt auftaucht, mit ⌈. Notiere am Rand, mit welchem (Unter-)Thema sich jeder Abschnitt befasst. *Achtung:* Nicht immer entspricht ein Sinnabschnitt einem Absatz im Text.
- Wie lauten wichtige **allgemeine Aussagen**? (vgl. Tipp S. 5)
- Wo wird die Darstellung durch **Beispiele** veranschaulicht? (vgl. Tipp S. 5)

Arbeitsschritt 4 **Lies** den Text **selektiv.** Wirf noch einmal gezielt einen Blick auf die Textstellen, die du mit **?** gekennzeichnet hast. Versuche, ihren Sinn jetzt zu klären.

Übung 1

Lies den Text „Ruhelos im Großraumbüro“ einmal überfliegend, einmal genau und einmal selektiv. Löse dann die Aufgaben auf der nächsten Seite.

In modernen Großraumbüros ist Lärmschutz angesagt. Die Störungen am Arbeitsplatz nehmen dadurch allerdings nur zu – weil nun die Gespräche der Kollegen besser zu hören sind.

70 Prozent aller befragten Büroangestellten sind „oft bis immer“ durch Geräusche und Gespräche abgelenkt. Das ergab eine Studie der Hochschule Luzern. Dabei wird eine Unterhaltung von Kollegen störender empfunden als mechanischer Lärm. Besonders gravierend ist die Situation in modernen Großraumbüros. Hier hat die verbesserte Dämpfung des Geräuschpegels durch leisere Geräte und Schallschlucker zu einer paradoxen Situation geführt: Stimmen treten noch deutlicher hervor.

Am wenigsten geschätzt werden trendige „Multi-Space-Büros“ mit einer Aufteilung in Zonen wie „Arbeiten“, „Nachdenken“, „Kommunizieren“: Das stete Nomadisieren zwischen den Zonen erschwert es den Beschäftigten, wirklich zur Ruhe zu kommen. Beliebt ist hingegen das klassische Kombi-Büro: zwei separate Arbeitsräume mit dazwischen liegender Kommunikationszone.

Quelle: Gruner + Jahr, Geo; www.presseportal.de/pm/7861/1581681

Tipp

Achte beim Lesen eines **Sachtextes** auf diese fast immer vorhandenen Elemente:

- **Schlüsselwörter:** Sie fallen besonders auf – entweder, weil sie mehrmals wiederholt werden oder weil sie einem anderen Sprachgebrauch angehören als die übrigen Wörter im Text (z. B. Umgangssprache statt Standardsprache, Fachbegriffe statt Alltagswörter).
- **Allgemeine Aussagen:** Sie vermitteln die wesentlichen Informationen und beziehen sich auf Sachverhalte, die grundsätzlich gelten oder als Verallgemeinerungen zu verstehen sind. Oft stehen sie im Plural oder enthalten verallgemeinernde Wörter (z. B. *man*).
- **Erläuterungen:** Sie führen allgemeine Aussagen genauer aus, oft mithilfe eines Beispiels.
- **Beispiele:** Beispiele sind konkrete Einzelfälle. Sie veranschaulichen allgemeine Aussagen, liefern aber keine neuen Informationen.

Aufgaben

1. Nach dem **überfliegenden Lesen:** Bestimme ...

   Textsorte: ______

   Thema: ______

   Absicht des Verfassers: ______

2. Nach dem **genauen Lesen:** Gib das jeweils Geforderte an.

   Schlüsselwörter: ______

   Kernaussage: ______

   ______

   Anzahl der Sinnabschnitte: ______

   Unterthemen: ______

   ______

   ______

   Allgemeine Aussagen: ______

   ______

   ______

   Beispiele: ______

   ______

3. Nach dem **selektiven Lesen**: Erkläre den Sinn dieser Wörter.

   mechanischer Lärm (Z. 12): ______

   Multi-Space-Büro (Z. 20): ______

   Nomadisieren (Z. 23): ______

   Kombi-Büro (Z. 26): ______

   Kommunikationszone (Z. 28): ______

Interaktive Aufgaben: Basisteil

2 Leseaufgaben lösen

In der Prüfung werden dir **drei Arten von Aufgaben** zum Leseverstehen vorgelegt, um festzustellen, ob du die Sinnzusammenhänge in einem Text verstanden hast: **geschlossene**, **halboffene** und **offene** Aufgaben. Löse die geschlossenen Aufgaben möglichst zuerst. In der Regel kostet es nämlich mehr Zeit, die halboffenen oder offenen zu lösen.

Hinweis: Das Lösen von offenen Aufgaben gehört genau genommen zu den Schreibaufgaben. Deshalb findest du die Erläuterungen dazu im Kapitel „Schreibkompetenz" ab Seite 62.

2.1 Geschlossene Aufgaben lösen

Geschlossene Aufgaben sind so gestellt, dass es für die richtigen Antworten praktisch keinen Spielraum gibt. Das Prinzip ist immer gleich: Auf eine Frage ist jeweils nur **eine einzige Antwort** möglich und richtig.

Schritt für Schritt

Geschlossene Aufgaben lösen

Arbeitsschritt 1 Zur Vorbereitung:
- **Lies** den Text zweimal durch: einmal überfliegend und einmal genau (vgl. S. 4).
- Wirf einen Blick auf die **Aufgaben**, damit du weißt, worauf du beim Lesen achten musst. Lies den Text dann selektiv (vgl. S. 4).

Arbeitsschritt 2 Bearbeite die **Aufgaben:**
- Halte dich an die gegebene **Reihenfolge**, denn das Bearbeiten der ersten Fragen bereitet dich auf die schwierigeren Aufgaben am Schluss vor.
- **Lies** jede Aufgabe **ganz genau** durch. Erst wenn du hundertprozentig verstanden hast, wonach gefragt wird, kannst du die passende Antwort finden.

Arbeitsschritt 3 Arbeite **mit dem Text:**
- Orientiere dich immer **am Text**, spekuliere nicht! Stelle dir bei jeder Aussage, die du ankreuzt, die Frage: *Wo steht das im Text?*
- Aber nicht jede Antwort steht wortwörtlich im Text. Suche dann nach einer Aussage, die **sinngemäß** zur Frage passt.
- Manchmal musst du auch **mehrere Informationen** im Text miteinander kombinieren, um die richtige Antwort zu finden.

Arbeitsschritt 4 Sollte **am Schluss** noch eine ungelöste Aufgabe übrig bleiben, dann **sei mutig:** Kreuze die Aussage an, die dir am wahrscheinlichsten vorkommt. Vielleicht kommt dir der Zufall zu Hilfe und du landest einen Treffer.

Auf den folgenden Seiten lernst du die **verschiedenen Arten von geschlossenen Aufgaben** kennen, die dir gestellt werden können.

Multiple-Choice-Aufgaben

Es wird eine Frage gestellt; dazu gibt es mehrere Auswahlantworten (meist vier), von denen die richtige angekreuzt werden muss. Multiple-Choice-Aufgaben (= Mehrfachwahlaufgaben) können sich auf einzelne Inhalte, aber auch auf die Textsorte, sprachliche Besonderheiten oder die Absicht des Verfassers beziehen. Auch nach Falschaussagen (welche Aussage *nicht* zutrifft) kann gefragt werden.

Beispiel

Warum solltest du mutig sein, wenn eine Aufgabe am Schluss noch ungelöst geblieben ist? Kreuze die passende Aussage an.

☐ Man darf keine Aufgabe ungelöst lassen.
☐ Es ist egal, ob die Lösung stimmt oder nicht.
☒ Vielleicht kreuzt man zufällig die richtige Aussage an.
☐ Ungelöste Aufgaben machen einen schlechten Eindruck.

Tipp

Gehe nach dem **Ausschlussverfahren** vor, wenn du beim Lösen einer Multiple-Choice-Aufgabe unsicher bist: Überlege, welche Antworten auf keinen Fall infrage kommen, und sondere sie aus. Von den verbliebenen Auswahlantworten kreuzt du die an, die dir am plausibelsten erscheint.

Richtig-/ Falsch-Aufgaben

Zu einem Text werden mehrere Aussagen präsentiert. Jede Aussage ist auf ihre Richtigkeit hin zu überprüfen: Passt sie zum Text – oder nicht? Entsprechend muss jeweils angekreuzt werden.

Beispiel

Wie sollte man beim Lösen von geschlossenen Aufgaben vorgehen? Kreuze an.

Man sollte …	trifft zu	trifft nicht zu
jede Aufgabe ganz genau lesen.	☒	☐
im Text nach der passenden Information suchen.	☒	☐
sich vor allem an seinem Erfahrungswissen orientieren.	☐	☒
nur Aussagen ankreuzen, die wortwörtlich im Text stehen.	☐	☒
sich möglichst an die gegebene Reihenfolge halten.	☒	☐

Tipp

Deine Antworten sollten **eindeutig** sein. Falls du einmal etwas falsch angekreuzt hast, streichst du es durch. Die richtige Lösung kannst du dann z. B. so kennzeichnen: *richtige Lösung* → ☒.

Geschlossene Fragen

Es werden Fragen gestellt, auf die es nur eine bestimmte Antwort gibt. Die richtige Antwort muss jeweils aufgeschrieben werden. Manchmal ist sie auch in eine Lücke einzutragen. In der Regel genügen dabei Stichworte.

Beispiel

Nenne den deutschen Begriff, den man anstelle des Wortes *Multiple-Choice-Aufgabe* verwenden könnte.

Mehrfachwahlaufgabe

Umordnungsaufgaben

Du erhältst ungeordnete Aussagen zum Text. Deine Aufgabe ist es, sie in die richtige Reihenfolge zu bringen. In der Regel sollst du die Aussagen nummerieren.

Beispiel

Die Erläuterungen zu den Aufgaben, mit denen die Lesekompetenz geprüft wird (S. 6 ff.), geben Antworten auf verschiedene Fragen. In welcher Reihenfolge werden diese Fragen im Text beantwortet? Nummeriere sie entsprechend.

Nummer	Frage
2	Welche Arten von Aufgaben gibt es, um die Lesekompetenz zu testen?
4	Wie können Beispiele für geschlossene Aufgaben aussehen?
1	Was soll anhand von geschlossenen Aufgaben geprüft werden?
3	Wie solltest du beim Lösen von geschlossenen Aufgaben vorgehen?

Zuordnungsaufgaben

Es werden bestimmte Aussagen zu einem Text gemacht. Zugleich werden einige Bezugsgrößen genannt, z. B. Namen von Personen. Bei jeder Aussage ist zu prüfen, auf was oder wen sie sich bezieht.

Beispiel

Worauf beziehen sich die folgenden Aussagen?
Trage den passenden Buchstaben in die Tabelle ein.

A Multiple-Choice-Aufgaben
B Richtig-/Falsch-Aufgaben
C Geschlossene Fragen
D Umordnungsaufgaben
E Zuordnungsaufgaben

Buchstabe	Aussage
B	Man prüft bei jeder Aussage, ob sie zum Text passt oder nicht.
C	Man bekommt eine Frage, die man kurz und knapp beantwortet.
D	Man sortiert ungeordnet vorliegende Aussagen zum Text.
A	Man kreuzt von mehreren Auswahlantworten die passende an.
E	Man bestimmt, worauf sich verschiedene Aussagen zum Text beziehen.

Auf einen Blick

Was du bei geschlossenen Aufgaben beachten solltest	
Multiple-Choice-Aufgaben	Es darf nur eine Aussage angekreuzt werden.
Richtig-/Falsch-Aufgaben	Mache in jeder Zeile ein Kreuz.
Geschlossene Fragen	Die Antworten findest du in der Regel wortwörtlich im Text.
Umordnungsaufgaben	Überlege dir zu jedem Textabschnitt eine mögliche Zwischenüberschrift (*Worum geht es hier?*) und ordne sie passend den vorliegenden Aussagen zu.
Zuordnungsaufgaben	Suche Textstellen, in denen die Bezugsgrößen (z. B. Namen) genannt werden. Im Umfeld dieser Textstellen findest du meist die passende Aussage – allerdings ist der Wortlaut oft etwas anders.

Lies den Text „O Sohle mio!“ und bearbeite dann die Aufgaben.

Übung 2

O Sohle mio[1]!

[...] Freitags ist Chucks-Tag an der Lakewood Elementary School[2] in Modesto, Kalifornien. Morgens entscheidet der graubärtige Schuldirektor Doug Fraser, welches Modell von seinen 104 Paaren er anziehen wird: Das mit den Zebrastreifen? Oder dem Batman-Print? Fluoreszierendes Grün oder Disco-Glitter? Auch die Schüler tragen freitags Chucks. Wer Glück hat und eine ähnliche Farbe wie der Schuldirektor wählt, gewinnt einen Preis. „Das nimmt den Kids die Hemmungen, sich mit mir zu unterhalten“, sagt Fraser. Und während sich der 56-jährige Vorzeigepädagoge lächelnd für ein pflaumenblaues Modell entscheidet, rotiert irgendwo auf einem Friedhof an der Ostküste der USA Joey Ramone in seinem Grab.

Der Chuck Taylor All Star, kurz Chuck genannt, steckt in einem Dilemma[3]. Über Jahrzehnte hinweg war dieser Schuh ein Symbol von Rebellion und Ausdruck von Individualität. James Dean trug ihn, Joey Ramone trug ihn, Kurt Cobain trug ihn sogar, als er starb. Und plötzlich sind Chucks Mainstream[4] geworden. Es gibt sie in allen Farben des Regenbogens: Der Schuh soll nicht mehr zur Lebenseinstellung, sondern zur Handtasche passen. [...]

Das aktuelle Comeback haben The Strokes eingeläutet, die 2001 einfach mal die Uniform der Punk-Urgesteine Ramones kopierten: Lederjacke, Röhrenjeans und Chucks. Die Schuhe machten danach genauso rasant Karriere wie die Band. Zunächst waren sie die Lieblingstreter von Künstlern und Kreativen, die sie aus Understatement[5]-Gründen überstreiften. Kein Schuhmodell sagt so schön „Ist mir doch egal, was du über mich denkst.“ Außerdem verleihen sie selbst Mittvierzigern eine gewisse Jungenhaftigkeit, da kann das Haar noch so schütter sein und das Hemd noch so sehr um den Bauch spannen.

Harry Potter trägt Chucks – wie konnte das passieren?

Die Gummisohle marschiert weiter, aus den Clubs und den Werbeagenturen hinein in den Alltag. Wer heute zur Hauptverkehrszeit in einer beliebigen Stadt U-Bahn fährt, zählt mindestens fünf Paar Chucks pro Waggon. Alternde Linke und Teenies mit Emocore-Buttons auf dem Rucksack tragen sie genauso wie Mütter und Kleinkinder im Partnerlook. Sogar Harry Potter – der Gegenentwurf zu cool – war in „Der Orden des Phönix“ in Chucks zu sehen. Spätestens seit Carine Roitfeld, Chefredakteurin der französischen Vogue[6], 2007 in einem goldenen Paar bei den Fashion Shows in Mailand erschien, sind Chucks gesellschaftsfähig. Die österreichische Außenministerin Ursula Plassnik kombinierte ihre Converse prompt zum schwarzen Hosenanzug. Wie konnte das geschehen?

Rückblick: 1908 gründete Marquis Converse in Massachusetts die „Converse Rubber Shoe Company“, die zunächst Gummistiefel herstellte, später auch Sportschuhe. Der Legende nach kontaktierte im Jahr 1921 der Basketballspieler Charles „Chuck“ Taylor die Firma, um Verbesserungsvorschläge zu machen. Er ließ unter anderem den Converse-Sticker mit seinem Logo auf die Innenseite des Schuhs nähen, um die Knöchel der Spieler zu schützen. Die Erfolgsgeschichte begann, nachdem die amerikanische Basketballmannschaft in Converse Chucks 1936 erstmalig olympisches Gold einfuhr.

Doch Sport allein hätte diesen Schuhen nie einen so unglaublichen Siegeszug ermöglicht. Der Rock'n'Roll, er war es. Schon Elvis hatte schnell kapiert, dass die „Blue Suede Shoes“, die guten Sonntagsschuhe, zu schade und zu unbequem waren, um damit auf der Bühne herumzuspringen. In den sechziger Jahren trafen sich die Beach Boys in pastellfarbenen Hemden am Strand und verpassten dem erstmals niedrig geschnittenen All-Star-Modell „Oxford“ kalifornische Lässigkeit.

Der Schuh für alle Außenseiter

In den späten Sechzigern tauchten auch Yoko Ono und John Lennon in Chucks auf. Genau wie viele andere Hippies, die sie mit Peace-Zeichen bemalten und Blumen durch die Schnürbandösen flochten. In den Siebzigern beanspruchten die Punks die Chucks für sich. Schwarz mussten sie sein, logisch, der Schuh wurde so lange mit Tape oder Sicherheitsnadeln geflickt, bis er endgültig auseinanderfiel. In den Achtzigern paarten Hard-Rocker wie Van Halen ihre Chucks mit engen Streifenhosen. In den Neunzigern ergänzten Chucks das Grunge-Outfit: Eddie Vedder und Kurt Cobain trugen sie zu zerlöcherter Jeans und Holzfällerhemd.

Auch im Kino steckten die Chucks bevorzugt an den Füßen von Außenseitern oder unbequemen Helden. Etwa in den Achtziger-Filmen wie „The Breakfast Club“ und „Fast Times At Ridgemont High“. In „Trainspotting“ (1996) trug sie Ewan McGregor in seiner Rolle als Junkie Renton.

Es scheint, als ob jede Generation den Schuh wieder neu für sich entdeckt. Das aktuelle Comeback sprengt jedoch alle Ausmaße. Zum ersten Mal besteht die Gefahr, dass ein Massenkult das Image erstickt. [...]

Rebellenmythos recycelt

Im Hause Converse hat man die Gefahr erkannt. Obwohl die Verkaufszahlen durch die Decke knallen, lancierte die Company eine gigantische Imagekampagne in 75 Ländern. Ein Versuch, den alten Rebellenmythos in die Zukunft zu retten. Auf Schwarzweißporträts wirbt Converse mit Helden von gestern wie James Dean, Sid Vicious oder Hunter S. Thompson. [...]

Vielleicht hätten sich die Marketing-Strategen aber gar nicht so ins Zeug legen müssen. Denn die größte Stärke des Chucks liegt ganz woanders – im Design. Ein einfacher, schöner, bequemer Schuh – genau das, wonach sich Menschen in hochtechnisierten Zeiten sehnen.

Und selbst wenn alle Chucks-Fans ihre Treter jetzt entnervt nach hinten ins Regal schieben, ist eines sicher: Irgendwann holt sie ein gelangweilter Teenie hervor und beginnt in den Schulstunden auf dem Stoff herumzukritzeln. Wie ein Boomerang wird der Schuh dann wieder da sein und sein nächstes Comeback feiern.

Immerhin ist den Chucks das gelungen, was vielen Politikern bislang versagt blieb: flächendeckende Demokratisierung! Ob es der Punk ist, der vor dem Bahnhof sein Dosenbier trinkt, oder die Chefredakteurin der Vogue. In Chucks riechen alle Füße gleich.

Quelle: © irissoltau.de

Anmerkungen

1 *O Sohle mio!*: Die Überschrift spielt auf einen italienischen Schlager an, der vor vielen Jahren populär war: *O sole mio*. Die italienischen Worte bedeuten: *Meine Sonne* (*sole*: Sonne; *mio*: mein).
2 *Elementary School*: Grundschule
3 *Dilemma*: die Auswahl zwischen zwei Möglichkeiten, die beide schlecht sind
4 *Mainstream*: etwas, das allgemein üblich ist, das der Meinung oder dem Geschmack der Mehrheit entspricht
5 *Understatement*: Untertreibung; hier: das Gegenteil von seriöser, eleganter Kleidung
6 *Vogue*: Titel einer französischen Modezeitschrift

Aufgaben

1. Multiple-Choice-Aufgaben

   a) Welches Signal sendete man früher damit aus, dass man Chucks trug? Kreuze die passende Aussage an.

   - ☐ Ich lege Wert darauf, nach der neuesten Mode gekleidet zu sein.
   - ☐ Durch meine Schuhe hebe ich mich von der Masse meiner Mitmenschen ab.
   - ☐ Ich möchte für Schuhe möglichst wenig Geld ausgeben.
   - ☐ Bei Schuhen achte ich vor allem auf Bequemlichkeit.

   b) Welche Absicht verfolgt der Verfasser hauptsächlich mit seinem Text? Kreuze die passende Aussage an.

   In erster Linie will der Verfasser ...

   - ☐ den Leser mit einer Geschichte unterhalten.
   - ☐ den Leser über ein Modephänomen informieren.
   - ☐ den Leser zum Tragen von Chucks auffordern.
   - ☐ den Imagewandel von Chucks kritisieren.

2. Richtig-/Falsch-Aufgabe

   Welche Aussagen über Chucks lassen sich aus dem Text ableiten und welche nicht? Kreuze entsprechend an.

	trifft zu	trifft nicht zu
a) Früher wurden Chucks vor allem von Außenseitern getragen.	☐	☐
b) Heute werden Chucks von vielen Menschen getragen.	☐	☐
c) Chucks werden besonders von Sportlern bevorzugt, die ihre Knöchel schonen wollen.	☐	☐
d) Wer Chucks trägt, kommt leicht mit anderen ins Gespräch.	☐	☐
e) Ältere Leute, die Chucks tragen, wirken dadurch oft jünger.	☐	☐

3. Geschlossene Fragen

   a) Wie heißt der Gründer der Firma, in der Chucks hergestellt werden? Nenne seinen Namen.

   ____

   b) In welchem Jahr wurde die Firma gegründet?

   ____

   c) Womit begann die Erfolgsgeschichte der Chucks? Stichworte genügen.

   ____

4. Umordnungsaufgabe

Bringe die folgenden Aussagen in die richtige zeitliche Reihenfolge. Nummeriere sie entsprechend. Beginne beim frühesten Ereignis mit der 1.

Nummer	Aussage
	a) Eine Musikband machte die Chucks von Neuem populär.
	b) Der Basketballspieler Charles „Chuck“ Taylor setzte bei der Herstellerfirma Verbesserungsvorschläge durch.
	c) In Filmen wurden Chucks von Außenseitern und rebellischen Helden getragen.
	d) Die amerikanische Basketballmannschaft gewann in Chucks erstmalig olympisches Gold.
	e) Rock'n'Roll-Sänger trugen Chucks auf der Bühne.
	f) Chucks sind heute Schuhe für jedermann.
	g) Marquis Converse gründete die „Converse Rubber Shoe Company“ in Massachusetts.

5. Zuordnungsaufgabe

Ordne die folgenden Aussagen den passenden Personen zu. Trage die Buchstaben in die linke Spalte ein. Ein Buchstabe bleibt übrig.

A Hippies
B Künstler und Kreative
C Männer mittleren Alters
D The Strokes
E der Schulleiter einer amerikanischen Grundschule
F Harry Potter
G Yoko Ono und John Lennon
H Punks
I eine österreichische Außenministerin

Buchstabe	Aussage
	a) Sie trug Chucks einmal zu einem Hosenanzug.
	b) Er trägt Chucks immer freitags.
	c) Sie trugen Chucks in der Farbe Schwarz.
	d) Sie haben das aktuelle Comeback der Chucks eingeleitet.
	e) Er trug Chucks in einem Film.
	f) Sie dekorierten ihre Chucks mit dem Peace-Zeichen.
	g) Sie wirken durch Chucks direkt noch etwas jungenhaft.
	h) Sie tragen Chucks aus Gründen des Understatements.

Tipp

Verharre nicht bei Aufgaben, deren Lösungen dir Kopfzerbrechen bereiten, sondern **überspringe** sie erst einmal. Bearbeite zügig alle Aufgaben, die du sicher lösen kannst, damit du nicht unnötig Zeit verlierst. **Am Schluss** kehrst du noch einmal zu den **ungelösten Aufgaben** zurück und versuchst, sie doch noch zu lösen.

2.2 Halboffene Aufgaben lösen

Bei halboffenen Aufgaben sollst du die **Antwort** auf eine Frage mit **eigenen Worten** zum Ausdruck bringen. Auswahlantworten werden nicht vorgegeben. Du hast beim Lösen von halboffenen Aufgaben deshalb einen gewissen **Spielraum:** Ganz bestimmte Formulierungen werden nicht von dir erwartet.

Schritt für Schritt

Halboffene Aufgaben lösen

Arbeitsschritt **1** Lies jede Aufgabe **genau durch**, um zu verstehen, wonach gefragt wird. Auch bei halboffenen Aufgaben müssen die Antworten sowohl zur Aufgabenstellung als auch zum Text passen.

Arbeitsschritt **2** Arbeite mit dem **Text**. Beziehe dich bei deinen Antworten auf passende Textstellen, um nachzuweisen, dass deine Lösungen richtig sind.

Arbeitsschritt **3** Zur **Form** der Antworten:

- Antworte immer in **vollständigen Sätzen** – selbst wenn du nicht dazu aufgefordert wirst. Das macht einen besseren Eindruck und du vermeidest Unklarheiten und Missverständnisse. Stichwortartige Antworten schreibst du nur, wenn das ausdrücklich verlangt wird.
- Bezüglich der **Länge** der Antworten orientierst du dich an der Anzahl der vorgegebenen Linien. Gehe davon aus, dass du die Linien möglichst füllen sollst. Wenn nur eine Linie vorgegeben ist, genügen wenige Wörter. Bei fünf Linien schreibst du ca. 40 bis 50 Wörter.

Es gibt verschiedene Arten von halboffenen Aufgaben:

Textstellen deuten

Hier sollst du erklären, was eine bestimmte Textstelle bedeutet. Es kann sich um ein einzelnes Wort, eine Wortgruppe oder eine komplette Aussage handeln.

Beispiel

Es heißt, beim Lösen von halboffenen Aufgaben gebe es einen gewissen **Spielraum**. Erkläre, was das bedeutet.

Es wird nicht erwartet, dass man ganz bestimmte Formulierungen verwendet.
Die Antwort muss nur sinngemäß stimmen.

Offene Fragen zum Text beantworten

In diesem Fall wird dir eine Frage zum Text gestellt, die du eigenständig beantworten sollst. Oft handelt es sich um Wie- oder Warum-Fragen. Beantworte die Fragen mit eigenen Worten und belege deine Aussagen anhand des Textes.

Hinweis: Detaillierte Erklärungen zum Beantworten von offenen Fragen und zum Aufbau deiner Antwort findest du im Kapitel „Schreibkompetenz“ ab S. 62.

Beispiel

Warum ist es wichtig, dass du dir die Formulierungen der einzelnen halboffenen Aufgaben sehr genau durchliest?

Man kann eine Aufgabe nur dann richtig lösen, wenn man verstanden hat, wonach gefragt wird. Frage und Antwort müssen nämlich genau zusammenpassen.

Aussagen zum Text bewerten

Meist erhältst du zu einem Text einen Leserkommentar, zu dem du Stellung nehmen sollst. Deine Aufgabe ist es dann, zu sagen, ob du der Meinung dieses Lesers (z. B. eines Schülers) zustimmst oder nicht. Deine Einschätzung musst du ausreichend begründen. Beziehe dich dabei auf den Text.

Beispiel

Nachdem die Schülerin Jessica die Erläuterungen zu den halboffenen Aufgaben gelesen hatte, äußerte sie sich so:
„Was sollen diese ganzen Erklärungen und Hinweise? Man könnte uns doch gleich einen richtigen Text geben und dazu ein paar passende Aufgaben stellen!"

Nimm Stellung zu Jessicas Äußerung. Begründe deine Meinung.

Ich stimme Jessica nicht zu. Es stimmt zwar: Man könnte tatsächlich gleich ein paar Aufgaben zu einem Text bekommen und sie bearbeiten. Allerdings erhält man durch die Erläuterungen gute Hinweise und auch nützliche Tipps. So kann man beim Lesen des Textes und beim Lösen der Aufgaben gezielter vorgehen. Ich glaube deshalb, dass die Erklärungen für uns Schülerinnen und Schüler doch sehr hilfreich sind.

Grafische Darstellungen beurteilen

Manchmal werden Textinhalte auch in Form einer Grafik dargestellt. Es geht dann darum, den Zusammenhang, der in der Grafik dargestellt ist, entweder zu erklären (Welcher Zusammenhang ist gemeint?) oder zu bewerten (Passt die Darstellung zum Text?). Beziehe dich bei deiner Antwort wieder auf den Text.

Beispiel

Diese Grafik fasst die Erläuterungen zum Lösen von halboffenen Aufgaben zusammen. Ist die Darstellung gelungen? Entscheide dich. Begründe deine Meinung.

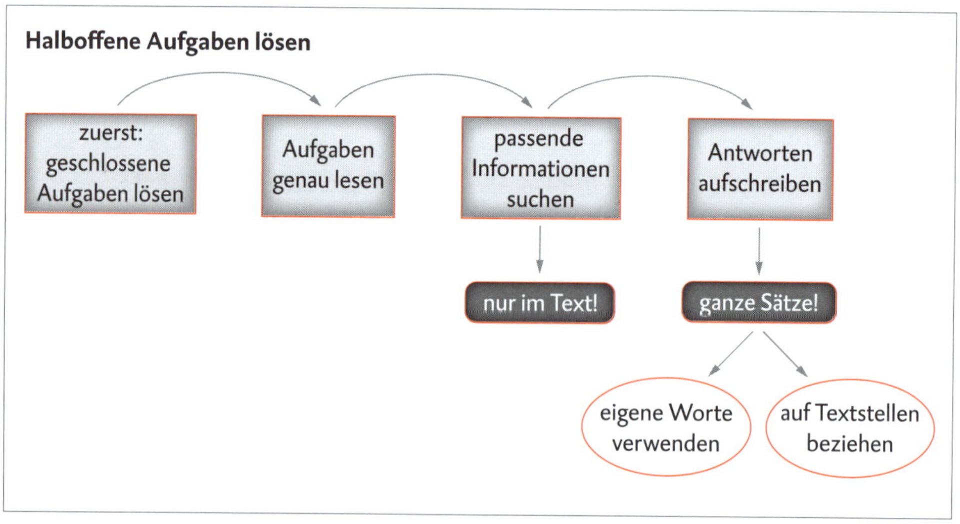

Ja, die Darstellung ist gelungen, denn sie beinhaltet alle entscheidenden Arbeitsschritte, die beim Lösen von halboffenen Aufgaben zu beachten sind. Sie sind sinnvoll angeordnet und in der richtigen Reihenfolge dargestellt. Dank der knappen Stichworte ist die Grafik sehr übersichtlich. So kann man sich leicht an dem Schema orientieren.

Auf einen Blick

Was du bei halboffenen Aufgaben beachten solltest	
Textstellen deuten	Verwende unbedingt eigene Worte, schreibe nicht vom Text ab! Ausnahme: Du kennzeichnest ein Wort als Zitat, um anschließend zu erklären, was es bedeutet.
Offene Fragen zum Text beantworten	Wenn in der Frage auf eine Textstelle Bezug genommen wird, solltest du noch einmal den Abschnitt lesen, der diese Textstelle enthält. Meist findest du dort Informationen für deine Antwort.
Aussagen zum Text bewerten	Hier sollst du meistens sagen, was du von einer Äußerung oder einer Behauptung hältst: Stimmst du ihr zu – oder hältst du sie für falsch? Begründe deine Meinung immer.
Grafische Darstellungen beurteilen	Oft sind beide Einschätzungen möglich: Die grafische Darstellung passt zum Text – oder sie passt nicht. Wichtig ist, dass du deine Einschätzung gut begründest.

Übung 3

Lies noch einmal den Text „O Sohle mio!“ (S. 9 f.) und bearbeite anschließend die Aufgaben.

1. Textstellen deuten
   a) Erkläre, von welchem „Dilemma“ (Z. 21) im Text die Rede ist.

   b) Die erste Zwischenüberschrift lautet: „Harry Potter trägt Chucks – wie konnte das passieren?“ (Z. 48 f.) Erkläre, was damit gemeint ist.

   c) „Der Schuh soll nicht mehr zur Lebenseinstellung, sondern zur Handtasche passen.“ (Z. 29–31) Erkläre den Sinn dieser Textstelle.

2. Offene Fragen beantworten
   a) Wie kam es dazu, dass die Chucks ihren ersten richtigen Erfolg hatten?

   b) Warum hat die Firma Converse eine „Imagekampagne“ (Z. 136 f.) gestartet?

3. Eine Aussage zum Text bewerten

Der Schüler Sven meinte nach der Lektüre des Textes „O Sohle mio!“:

„Der Schulleiter, der freitags immer Chucks trägt, will sich bei seinen Schülern bloß einschmeicheln.“

Nimm Stellung zu dieser Aussage. Begründe deine Meinung anschließend. Beziehe dich auf den Text.

4. Eine grafische Darstellung beurteilen

Die Schülerin Dana hat versucht, die wesentlichen Textaussagen grafisch darzustellen. Ist ihr das gelungen? Begründe deine Meinung.

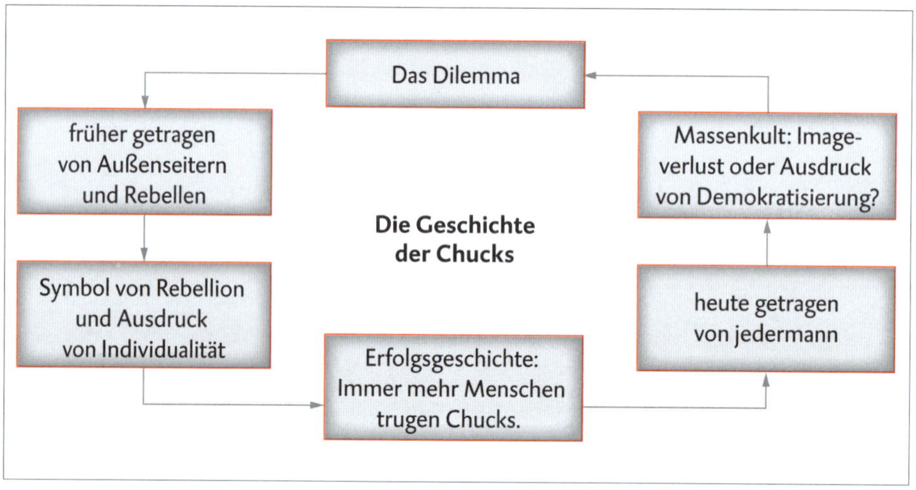

3 Sachtexte verstehen

Interaktive Aufgaben: Basisteil

Sachtexte befassen sich mit Dingen, die es tatsächlich gibt, gab oder geben wird. Sie teilen vor allem **Fakten** mit. Das heißt aber nicht automatisch, dass Sachtexte immer wahr sind. Schließlich kann sich der Verfasser auch einmal irren, z. B. weil seine Kenntnisse oder Beobachtungen nicht ausreichen. Ein Beispiel für einen Sachtext ist der Artikel „O Sohle mio!“ (S. 9 f.).

3.1 Die Absicht des Verfassers erkennen

Es gibt verschiedene Arten von Sachtexten. Man unterscheidet sie u. a. danach, welche **Absicht** (Intention) der Verfasser verfolgt: Beispielsweise kann er versuchen, den Leser zu beeinflussen, weil er möchte, dass dieser sich seiner Meinung anschließt. Es ist deshalb wichtig, dass du erkennst, ob ein Sachtext **neutral** oder **subjektiv** ist. Seine Absicht kann der Verfasser allerdings auch „verstecken“, z. B. indem er sie nur **indirekt** zum Ausdruck bringt, etwa durch die Wortwahl. Berücksichtige deshalb auch die **Ausdrucksweise**.

Nach der Absicht des Verfassers unterscheidet man diese Sachtexte:

- **Informierende Texte:** Der Verfasser will über einen Sachverhalt **informieren**. Er teilt dem Leser Tatsachen mit.
  Beispiel: *ein Bericht über ein Ereignis, ein wissenschaftlicher Aufsatz*
- **Kommentierende Texte:** Der Verfasser will einen Sachverhalt **kommentieren**. Dann äußert er seine Meinung zu einem Ereignis oder einer Entwicklung.
  Beispiel: *ein Kommentar zu einem strittigen Thema, eine Buchrezension, ein Leserbrief*
- **Appellierende Texte:** Der Verfasser will an den Leser **appellieren**. Er will ihn dazu bewegen, etwas Bestimmtes zu denken oder zu tun.
  Beispiel: *Werbetexte, Reden über politische Programme*
- **Instruierende Texte:** Der Verfasser will den Leser **instruieren** (= belehren). Das bedeutet, dass er dem Leser Anweisungen erteilt, die ihm helfen sollen, eine bestimmte Handlung auszuführen.
  Beispiel: *eine Bedienungsanleitung, Kochrezepte*

Ein häufiges Ziel ist es außerdem, den Leser mit einem Text zu **unterhalten**. Der Verfasser will also erreichen, dass man beim Lesen auch Vergnügen empfindet. Bei einem Sachtext ist die Unterhaltungsfunktion allerdings zweitrangig.

Hinweis: Genaueres zu den Merkmalen von Sachtexten findest du auf S. 19.

Tipp

Ein Autor kann mit einem Text auch **mehrere Absichten** verfolgen. Wenn du unsicher bist, dann überlege, worum es ihm **hauptsächlich** geht. Frage dich z. B.: *Will der Verfasser in erster Linie, dass ich seine Meinung verstehe und sie übernehme?* Dann wäre es ein kommentierender Text. *Will er mich dazu bewegen, seinen Vorschlägen zu folgen?* Dann wäre sein Text appellierend.

Übung 4

Lies die folgenden Textauszüge und bestimme jeweils die Absicht des Verfassers. Trage die passende Bezeichnung (appellierend, instruierend etc.) in die Tabelle ein.

Text A

TOYOTA

Highlights | Technische Daten | Preisliste | Ausstattung | Finanzangebote | Farben | Galerie

Als weltweit erstes Großserienmodell mit Hybrid-Antrieb hat der Prius bereits 1997 Geschichte geschrieben. Eine Erfolgsgeschichte, die mit dem neuen Prius jetzt fortgesetzt wird. Dank seines intelligenten Designs, modernster Technologien und der neuesten Generation des Toyota-Hybrid-Antriebs ist er noch effizienter und bietet mehr Fahrvergnügen als je zuvor. Entdecken Sie jetzt die Hybrid-Ikone der Toyota-Modellpalette.

Quelle: Toyota Deutschland GmbH; www.toyota.de/automobile/prius/index.json

Text B

ZEIT ONLINE

ABO SHOP AKADEMIE JOBS MEHR ▾ E-PAPER AUDIO APPS ARCHIV ANMELDEN
Politik Gesellschaft Wirtschaft Kultur ▾ Wissen Digital Campus ▾ Karriere Entdecken mehr ▾ Suche

Soll der Staat eine Kaufprämie für Elektroautos zahlen? [...] Das Ganze könnte wie ein Geschenk an eine verwöhnte Branche aussehen. Aber die Regierung könnte dem Vorwurf begegnen, wenn sie im Gegenzug die Steuerbegünstigung für den Diesel streicht. Und in Brüssel die strengeren CO_2-Grenzwerte für die Flotten der Konzerne durchsetzt, statt als Lobby für dicke, alte Autos aufzutreten.

Quelle: Petra Pinzler, Die ZEIT Nr. 6 vom 4. 2. 2016; www.zeit.de/2016/06/subventionen-elektroauto-staat-pro-contra

Text C

SAT.1 SENDUNGEN A–Z GANZE FOLGEN TV-PROGRAMM RATGEBER NEWS SAT.1 GOLD

SAT.1 RATGEBER – EINFACH BESSER LEBEN

HOME TRENDS ABNEHMEN REZEPTE LIEBE & SEX WOHNEN & GARTEN BEAUTY & WELLNESS HOROSKOP *FACEBOOK*

Je länger man einen Gang ausfährt, also je höher die Drehzahl ist, desto mehr Kraftstoff verbraucht ein Wagen. Wer Benzin sparen möchte, sollte den Drehzahlenbereich daher niedrig halten. Man lässt das Fahrzeug nur kurz anrollen, schaltet sofort in den zweiten Gang und gibt etwas Gas, um in den dritten Gang zu schalten.

Quelle: SAT.1 Ratgeber, http://www.sat1.de/ratgeber/auto-technik/auto/benzin-sparen-beim-autofahren-clip

Text D

Handelsblatt

Winterliche Minusgrade bringen Elektroautos an den Rand der Nutzbarkeit. Das ist das Ergebnis eines Vergleichstests von „AutoBild". [...] Besonders beim Reichweiten-Test zeigten sich teils dramatische Einschränkungen. [...] Bei vier von fünf Testkandidaten sackte die Reichweite auf unter 70 Kilometer ab. Nur der Tesla brachte es aufgrund seines gewaltigen 85-kWh-Akkus auf mehr als 200 Kilometer. [...]

Quelle: Frank G. Heide, 3. 1. 2014; www.handelsblatt.com/auto/test-technik/reichweite-bricht-ein-elektroautos-versagen-bei-kaelte/9284156.html

	Absicht des Verfassers
Text A	
Text B	
Text C	
Text D	

3.2 Arten von Sachtexten unterscheiden

Digitales Glossar: Begriffe nachschlagen

Bei vielen Sachtexten, die uns im Alltag begegnen, handelt es sich um **Zeitungstexte**. Sie informieren über wichtige Ereignisse, die passiert sind, und veranlassen den Leser, sich zu den Geschehnissen eine eigene Meinung zu bilden.
Es erleichtert dir das Verständnis, wenn du die **Merkmale** der einzelnen Textsorten kennst. Am häufigsten kommen diese Zeitungstexte vor:

Merkmale der verschiedenen Sachtextsorten

Bericht
Er informiert **sachlich und neutral** über wichtige aktuelle Ereignisse. Berichte sind in der Regel so aufgebaut: Zuerst werden die **W-Fragen** beantwortet: Was ist geschehen? Wer ist betroffen? Wo ist es geschehen? Wann ist es geschehen? Evtl. wird auch gleich am Anfang etwas über die Folgen gesagt. Erst danach folgen genauere Ausführungen zum Ablauf: Wie ist es geschehen? Warum ist es passiert? Berichte sind in der Regel im Präteritum verfasst.

Kommentar
Er ist eine Art Stellungnahme: Der Verfasser äußert seine **Meinung** über ein aktuelles Ereignis oder eine aktuelle Entwicklung. Zuerst nimmt der Autor Bezug auf das Thema, zu dem er sich kommentierend äußern will. Danach sagt er, was er davon hält. Die Meinung des Verfassers kann **positiv** (befürwortend) oder **negativ** (kritisch) ausfallen. Kommentare sind überwiegend im Präsens verfasst. Die Darstellung ist meist sachlich, aber nicht neutral (denn der Autor vertritt ja eine bestimmte Meinung!).
Eine besondere Art von Kommentar ist die **Rezension**, also die Besprechung und Beurteilung eines Buches, eines Films oder einer Theaterinszenierung.

Reportage
Sie informiert **ausführlich, anschaulich und unterhaltsam** über ein Thema. Der Einstieg erfolgt oft über eine „Nahaufnahme", also eine konkrete Situation; davon ausgehend wird Grundlegendes zum Thema dargestellt. In einer Reportage gibt es sowohl **anschauliche Beispiele** als auch **allgemeine Informationen** und **Hintergrundwissen** zu einem Sachverhalt. Typisch ist auch die Befragung von Augenzeugen oder Experten. Reportagen sind in der Regel im Präsens verfasst, denn das wirkt lebendig, so, als sei der Verfasser direkt vor Ort.

Interview
Es gibt den **Ablauf eines Gesprächs** in Form eines Dialogs wieder: Ein Vertreter einer Zeitung oder Zeitschrift stellt einer Person Fragen und diese antwortet darauf. Sowohl die Fragen als auch die Antworten werden abgedruckt. Das Interview lebt davon, dass die Äußerungen des Befragten **spontan** und echt wirken, umgangssprachliche Äußerungen werden daher nicht „geglättet".

Glosse
Sie ist eine Art **humorvoller Kommentar**. Der Verfasser übt darin **Kritik** an einem Ereignis oder einer Entwicklung; das aber tut er auf äußerst lässige und witzige Art. Eine Glosse lebt von der **ironischen Darstellung** (vgl. zur Ironie: S. 53 f.). Häufig wird darin auch Umgangssprache verwendet. Glossen sind – wie Kommentare – meist im Präsens und (bei Vorzeitigkeit) im Perfekt verfasst.

Übung 5 Lies die Texte A–D (S. 20–22) und bearbeite dann die Aufgaben.

Text A

SPORT NDR

Susi Kentikian

Durchs Leben geboxt

Als Susi Kentikian das Zwei-Zimmer-Apartment betritt, macht sie einen Schritt in ihre eigene Vergangenheit. „Es ist 1:1 so wie früher. Die Räumlichkeiten sind noch ganz genauso, wie ich es in Erinnerung habe“, sagt die Box-Weltmeisterin: „Aber hier ist es ganz gemütlich eingerichtet. Das war bei uns damals anders.“ Sie ist zu Besuch bei den Demirovs aus Mazedonien. Die Flüchtlingsfamilie lebt seit zwei Jahren im Pavillon-Dorf in Hamburg-Bramfeld. „Immer schön fleißig sein – und immer Deutsch lernen, das ist wichtig“, rät die 27-Jährige den beiden kleinen Kindern. Die 1,55-Meter-Frau weiß, wovon sie spricht. 1992 floh sie mit Mutter, Vater und ihrem zwei Jahre älteren Bruder aus Armenien. […]

Kentikian ist fünf Jahre alt, als sie mit ihrer Familie nach Hamburg kommt. In den ersten beiden Jahren wohnen sie auf der „Bibi Altona“ im Hamburger Hafen, einem Flüchtlingsschiff für Personen ohne Bleiberechtsperspektive. „Ich kann mich erinnern, dass da immer Gewalt war. Draußen wurde immer gekämpft“, berichtet die in Eriwan geborene Boxerin. Es folgen acht Jahre in einem alten Schulgebäude in Hamburg-Langenhorn, das zur Asylbewerberunterkunft umfunktioniert worden ist. Die Familie Kentikian ist vor dem Krieg zwischen Armenien und Aserbaidschan im Kaukasus geflohen. Damals sterben 50 000 Menschen, mehr als eine Million werden zu Flüchtlingen. Der Vater, der in Armenien als Tierarzt arbeitete, muss sich allein um die Kinder kümmern, weil die Mutter lange im Krankenhaus liegt. In Deutschland darf er nicht mehr als putzen gehen. […]

Quelle: Florian Neuhauss, 6. 5. 2015; www.ndr.de/sport/mehr_sport/Susi-Kentikian-Durchs-Leben-geboxt,boxen632.html

Text B

ZEIT ONLINE E-PAPER AUDIO APPS ARCHIV ANMELDEN Suche

Über Geld spricht man (nicht)

Susi Kentikian kam als Flüchtling nach Hamburg und war so arm, dass sie klaute. Dann wurde sie Profiboxerin – und plötzlich reich.

DIE ZEIT: Frau Kentikian, was denken Sie, wenn Sie im Fernsehen tobende Rechtsradikale vor Flüchtlingsheimen sehen?

KENTIKIAN: Wenn ich solche Leute sehe, kriege ich gleich einen Abtörner. Sie machen mir Angst und ekeln mich an. Die Flüchtlinge haben nichts, gar nichts. So ein Leben ist echt die Härte, ich kenne das.

DIE ZEIT: Sie sind mit Ihrer Familie als Kind aus Armenien geflohen, lebten insgesamt acht Jahre in Flüchtlingsunterkünften in Hamburg und hatten selbst nichts. Wie lebt man mit nichts?

KENTIKIAN: Wir wohnten damals auf dem Asylschiff *Bibi Altona*. Wir hatten wirklich ganz wenig Geld. Einmal, als ich neun war, lief ein betrunkener Mann auf der Straße. Er hatte einen Batzen Geldscheine dabei, 500-Mark-Scheine. Wirklich! Er schwankte, und einer der Scheine fiel aus seiner Tasche. Ich habe ihn aufgehoben, bin zu ihm gelaufen und habe es ihm zurückgegeben. Ich weiß noch, dass mein Vater von hinten schrie: Susi! Neeein! Geh nicht dahin! Aber zu spät. Der Mann hat sich nicht mal bedankt. Das war schlimm für meinen Vater.

DIE ZEIT: Durften Sie sich jemals selbst etwas kaufen?

KENTIKIAN: Nein. Ich konnte mir nicht mal ein Croissant leisten und hatte immer große Augen auf alles, was ich nicht haben konnte. Meine Mutter hat mir manchmal mit ihrem letzten Geld eins gekauft, das war ein Highlight für mich. Oder einen Cheeseburger bei McDonald's. Sie hat immer versucht, mir meine Wünsche zu erfüllen. Als Kind will man so viel. […]

Quelle: Die ZEIT Nr. 40 vom 1. 10. 2015, das Interview führten Sarah Levy und Kilian Trotier; www.zeit.de/2015/40/susi-kentikian-boxerin-fluechtling-hamburg

Text C

AD HOC NEWS

Boxweltmeisterin Susi Kentikian hat einen weiteren WM-Gürtel gewonnen

Boxweltmeisterin Susi Kentikian hat einen weiteren WM-Gürtel gewonnen. Die 28 Jahre alte Hamburgerin bezwang in ihrer Heimatstadt die mexikanische Herausforderin Susana Cruz Perez einstimmig nach Punkten (97:94, 98:92, 97:93).

Damit verteidigte Kentikian ihren WBA-Titel[1] im Fliegengewicht erfolgreich und gewann zusätzlich den WIBF-Gürtel[2]. Die gebürtige Armenierin, die elf Monate nicht mehr geboxt hatte und deshalb ihren Leistungsstand nicht einschätzen konnte, hatte mit der konditionsstarken Mexikanerin Mühe. Vor 2 500 Zuschauern in der Inselparkhalle der Hansestadt ließ sie sich häufig in den Nahkampf zwingen. Von der zweiten Runde an kämpfte Kentikian mit einer Verletzung an der rechten Augenbraue und musste mehrfach behandelt werden. Die Weltmeisterin traf vor allem im Schlussgang häufiger. „Ich habe nicht damit gerechnet, dass sie so stark kämpfen wird", sagte die Hamburgerin.

Die 1,55 Meter große Kentikian, die sich seit einigen Monaten selbst vermarktet, hat nunmehr von 38 Profikämpfen 35 gewonnen. Ihre zwei Zentimeter kleinere Rivalin musste im 24. Kampf die siebte Niederlage hinnehmen. Zu den Zuschauern in der Halle gehörte die frühere Boxweltmeisterin Regina Halmich.

Quelle: DPA, 3. 10. 2015; www.ad-hoc-news.de/hamburg-boxweltmeisterin-susi-kentikian-hat-einen-weiteren--/de/News/46210201

Anmerkungen

1 *WBA:* World Boxing Association (Welt-Boxverband)

2 *WIBF:* Women's International Boxing Federation (Internationaler Verband für Frauenboxen)

Text D

kritisch-lesen.de

Integration durch Sport

„Abgedroschen“ ist so ein Wort, das einem nicht nur beim Lesen des Titels der Autobiografie „Mir wird nichts geschenkt. Mein Leben, meine Träume“ von „Killer Queen“ Susi Kentikian in den Sinn kommt. Auch der Klappentext macht mit klischeebeladenen[1] Trainerzitaten wie „Das Leben hat sie stark gemacht. Aber das Boxen hat ihr eine Möglichkeit gegeben, diese Stärke zu nutzen“ zu Recht Angst vor sehr viel Pathos[2]. Dennoch lohnt es sich diesem Werk etwas Aufmerksamkeit zu schenken. Denn wenn es heißt, dass sich in Susi Kentikian „wie in einem Brennglas Themen und Entwicklungen unserer Gesellschaft spiegeln“, ist dem nur zuzustimmen. […]

Es ist anzunehmen, dass ihr wachsender Erfolg und ihre damit zusammenhängende Bekanntheit im Leistungs- und nun auch im Profisport wohl ein nicht unwichtiger Faktor für den guten Ausgang des jahrelangen Kampfes ums Bleiberecht ihrer Familie darstellt. Ebenso wie ihre Serie an erfolgreichen Weltmeisterschaftskämpfen, in denen sie „für Deutschland“ an den Start ging, brachten ihr wohl die Auszeichnungen als „Sportlerin des Jahres 2007“ der Stadt Hamburg und als Deutschlands „Boxerin des Jahres“ 2008 letztendlich die deutsche Staatsbürger(innen)schaft ein. Auch die […] erfolgreiche Verhinderung der Abschiebung 2001 und weitere zivilbürgerliche[3] Unterstützung für die Familie in Form einer Petition[4] sind klar auf Susis sportliche Erfolge und die Bereitschaft der Familie zur „Integration“ zurückzuführen. […] In Ansätzen leistet Kentikian aber selbst Kritik am politischen Umgang mit dem Leben von ihr und ihrer Familie zur damaligen Zeit. Allerdings bleibt sie dabei innerhalb einer Denkstruktur von schlechten versus[5] guten Menschen, die sie (nicht) unterstützt haben […]

So bietet die Geschichte der Susianna Kentikian ein gutes Analysematerial für die Rolle von Sport im System aus Asylpolitik, Medien und Kommerzialisierung[6].

Quelle: Cora Schmechel, 2.4.2013; www.kritisch-lesen.de/rezension/integration-durch-sport (aus didaktischen Gründen leicht geändert)

Anmerkungen
1 *klischeebeladen:* voller Klischees (Klischee: Vorurteil, abgegriffene Vorstellung)
2 *Pathos:* übertriebenes Gefühl
3 *zivilbürgerlich:* durch normale Bürger
4 *Petition:* Bittstellung an einen Entscheidungsträger, z. B. an ein Parlamentsmitglied oder eine Behörde
5 *versus:* gegen
6 *Kommerzialisierung:* Streben nach Gewinn, Geschäftemacherei

© Verlag Herder

Aufgaben

a) Bestimme bei den Texten A bis D die Textsorte.
b) Erkläre anschließend, an welchen Merkmalen du die Textsorte erkannt hast.
c) Belege deine Erklärungen jeweils anhand von zwei Textstellen.

Trage deine Lösungen auf der nächsten Seite (S. 23) ein.

Text A – „Susi Kentikian. Durchs Leben geboxt“

Textsorte: ______________________________

Merkmale: ______________________________

____

____

Textbelege: ______________________________

____

____

____

Text B – „Über Geld spricht man (nicht)“

Textsorte: ______________________________

Merkmale: ______________________________

____

____

Textbelege: ______________________________

____

____

____

Text C – „[…] Susi Kentikian hat einen weiteren WM-Gürtel gewonnen“

Textsorte: ______________________________

Merkmale: ______________________________

____

____

Textbelege: ______________________________

____

____

____

Text D – „Integration durch Sport“

Textsorte: ______________________________

Merkmale: ______________________________

____

____

Textbelege: ______________________________

____

____

____

3.3 Nichtlineare Texte lesen: Tabellen und Diagramme

Eine besondere Art von Sachtexten sind **nichtlineare** Texte. Im Gegensatz zu Fließtexten, bei denen die Sätze lückenlos aufeinanderfolgen, stellen nichtlineare Texte **wichtige Informationen verkürzt** in einer Übersicht dar. Man unterscheidet **zwei Arten** von nichtlinearen Texten: **Tabellen** und **Diagramme**.

Zahlenangaben spielen in nichtlinearen Texten eine große Rolle. Die wenigen Worte, die enthalten sind, sagen dir vor allem, wie die Zahlenangaben zu verstehen sind. In der Regel werden diese Auskünfte erteilt:

- das **Thema** oder die **Fragestellung**, der nachgegangen wurde,
- die **Einheiten**, in denen die Zahlen angegeben sind (z. B. in Prozent),
- die **Herkunft** der Zahlen (z. B. aus einer Umfrage oder aus einer statistischen Erhebung),
- die **Bezugsgrößen** (z. B. der befragte Personenkreis, die Menge der Niederschläge innerhalb eines bestimmten Zeitraums o. Ä.),
- der **Zeitpunkt**, zu dem die Daten erhoben wurden (z. B. wann eine Umfrage oder Messung durchgeführt wurde), oder der **Zeitraum**, auf den sich die Zahlen beziehen,
- der **Herausgeber**; meist handelt es sich bei dem Herausgeber um eine Institution (z. B. eine Behörde oder ein Meinungsforschungsinstitut) oder eine Interessengemeinschaft,
- das **Datum der Veröffentlichung**.

Einige dieser Auskünfte stehen außerhalb des eigentlichen nichtlinearen Textes, z. B. rechts unten. Man nennt diese Informationen die **Legende**.

Tipp

Interessant sind bei nichtlinearen Texten vor allem **Übereinstimmungen** und **Unterschiede**. Daraus lassen sich nämlich bestimmte Aussagen ableiten. Achte also insbesondere darauf, wo sich Zahlenangaben ähneln – und wo sie deutlich voneinander abweichen!
Zum Beispiel kann ein Sachverhalt auf die Mitglieder einer bestimmten Gruppe **besonders oft, durchschnittlich oft, vergleichsweise selten** oder **gar nicht** zutreffen.

Deine Aussagen zu Tabellen und Diagrammen kannst du beispielsweise so formulieren:

- *Es gibt mehr/weniger/genauso viele … als/wie …*
- *Es kommt öfter/genauso oft/seltener vor, dass …*
- *Je …, umso häufiger/seltener …*

Tabellen

In einer Tabelle sind die Informationen in Spalten und Zeilen angeordnet. Meist finden sich in der äußeren Spalte links und in der obersten Zeile Erläuterungen zu dem **Zahlenmaterial**, das in den übrigen Spalten und Zeilen abgebildet ist. In nichtlinearen Texten, also auch in Tabellen, werden die Daten **nur genannt**, aber nicht interpretiert. Es werden also **keine Gründe** dafür angegeben, warum einige Zahlen höher ausfallen als andere.

Sieh dir die Tabelle genau an und löse anschließend die Aufgaben.

Übung 6

Shell Jugendstudie 2015

Freizeitbeschäftigungen von Jugendlichen nach Geschlecht und Alter (bis zu fünf Nennungen, Angaben in %)	**m**	**w**	**12–14**	**15–17**	**18–21**	**22–25**
Sich mit Leuten treffen	53	62	51	60	60	57
Musik hören	51	57	64	64	48	47
Im Internet surfen	60	44	51	51	52	54
Fernsehen	52	49	57	41	47	56
Soziale Netzwerke nutzen	35	36	26	39	40	34
Training/Aktiv Sport treiben (Fitnessclub, Sportverein …)	35	26	30	39	31	25
Sport in der Freizeit, wie Rad fahren, Skaten, Kicken usw.	32	24	33	32	23	27
Etwas mit der Familie unternehmen	16	33	27	20	22	27
Playstation, Nintendo spielen, Computerspiele	39	7	43	27	14	17
Bücher lesen	13	31	23	20	22	23
In die Disco, zu Partys oder Feten gehen	20	21	4	21	30	23
Videos/DVDs anschauen	18	13	19	13	16	15
Nichts tun, „Rumhängen“	17	15	17	16	19	13
Shoppen, sich tolle Sachen kaufen	5	25	15	13	19	12
Etwas Kreatives, Künstlerisches machen	8	11	8	8	10	10
In die Kneipe gehen	10	4	0	3	9	12
Sich in einem Projekt/einer Initiative/einem Verein engagieren	8	6	3	6	8	9
Zeitschriften oder Magazine lesen	5	7	6	6	3	7
Jugendfreizeittreff besuchen	4	5	6	7	3	3

Jugendliche im Alter von 12 bis 25 Jahren; m = männlich, w = weiblich

Quelle: 17. Shell Jugendstudie: Jugend 2015. TNS Infratest. Gudrun Quenzel, Klaus Hurrelmann, Mathias Albert. Shell Hamburg.

Aufgaben

1. Welche Auskünfte gibt die Tabelle? Beantworte die folgenden Fragen. Stichworte genügen.
   a) Welcher Fragestellung wurde nachgegangen?

   ____

   b) In welchen Einheiten sind die Zahlen angegeben?

   ____

   c) Woher stammen die Zahlen?

   ____

   d) Wer wurde befragt? Nenne den Personenkreis.

   ____

   e) Wann wurden die Daten erhoben?

   ____

   f) Wer hat die Daten veröffentlicht?

   ____

2. Welche Aussagen lassen sich aus den Daten ableiten und welche nicht? Kreuze entsprechend an.

Aussagen	trifft zu	trifft nicht zu
a) Jugendliche lesen in ihrer Freizeit keine Bücher mehr.	☐	☐
b) Je älter die Befragten sind, desto häufiger engagieren sie sich in einem Projekt oder Verein.	☐	☐
c) Jungen interessieren sich mehr für Computerspiele als Mädchen.	☐	☐
d) Mit zunehmendem Alter nimmt das Interesse an Sport ab.	☐	☐
e) Jungen und Mädchen verbringen ihre Freizeit gleich gerne mit der Familie.	☐	☐
f) In Kneipen zu gehen kommt für die Jüngsten überhaupt nicht infrage.	☐	☐

3. Kreuze die Freizeitbeschäftigung an, bei der die Unterschiede zwischen Jungen und Mädchen am größten sind.

   ☐ Etwas mit der Familie unternehmen
   ☐ Computerspiele spielen
   ☐ Bücher lesen
   ☐ Shoppen, sich tolle Sachen kaufen

4. Ordne die folgenden Aussagen den Altersgruppen passend zu. Trage den entsprechenden Buchstaben ein.

   Hinweis: Einmal musst du zwei Buchstaben eintragen.

   A 12- bis 14-Jährige
   B 15- bis 17-Jährige
   C 18- bis 21-Jährige
   D 22- bis 25-Jährige

Buchstabe	In dieser Altersgruppe …
	ist das Surfen im Netz genauso beliebt wie Treffen mit Freunden.
	wird am meisten aktiv Sport getrieben, z. B. in einem Verein.
	ist die häufigste Freizeitbeschäftigung, sich mit Freunden zu treffen.
	ziehen die Jugendlichen Videos und DVDs Computerspielen vor.
	gehen nur wenige Jugendliche in Discos und auf Partys.
	werden am meisten Zeitschriften oder Magazine gelesen.

Diagramme

In einem Diagramm werden die Daten in Form einer **Grafik** dargestellt. Eine grafische Darstellung bietet sich immer dann an, wenn die Anzahl der Daten überschaubar, also nicht zu umfangreich ist. So kann man die wichtigsten Informationen auf einen Blick erfassen.

Am häufigsten kommen diese Diagramme vor:

- **Balkendiagramm:** Hier sind die Daten in Form von waagerechten Balken dargestellt. Je länger ein Balken ist, umso größer ist die Zahl. Wenn die in einem Balkendiagramm abgebildeten Zahlen in Prozent angegeben sind, müssen sie zusammengerechnet nicht unbedingt 100 Prozent ergeben. Die Gesamtzahl aller Daten kann die 100-Prozent-Marke z. B. dann überschreiten, wenn bei einer Umfrage Mehrfachnennungen möglich waren.

- **Säulendiagramm:** Diese Diagramme sind ähnlich wie Balkendiagramme. Der einzige Unterschied besteht darin, dass die Säulen vertikal ausgerichtet sind, also von unten nach oben.

- **Kreisdiagramm:** Ein Kreisdiagramm sieht aus wie eine Torte, die in unterschiedlich große Tortenstücke unterteilt ist. Darum nennt man es manchmal auch „Tortendiagramm“. Die einzelnen Abschnitte eines Kreisdiagramms sind meistens in Prozent angegeben; zusammengerechnet ergeben die Prozentzahlen aller „Tortenstücke“ in der Regel 100 Prozent.

- **Kurvendiagramm:** Die Daten werden mithilfe einer Linie abgebildet, die steigt und/oder fällt. Je größer die Zahl, umso höher verläuft die Linie. Kurvendiagramme zeigen häufig eine Entwicklung an, die über einen längeren Zeitraum zu beobachten war.

Übung 7 Sieh dir die Diagramme genau an und bearbeite dann die Aufgaben.

A Balkendiagramm

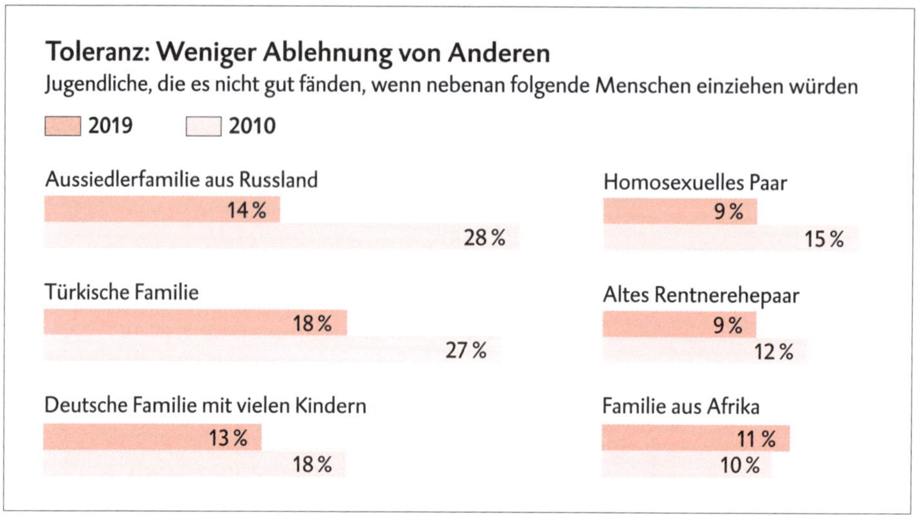

B Säulendiagramm

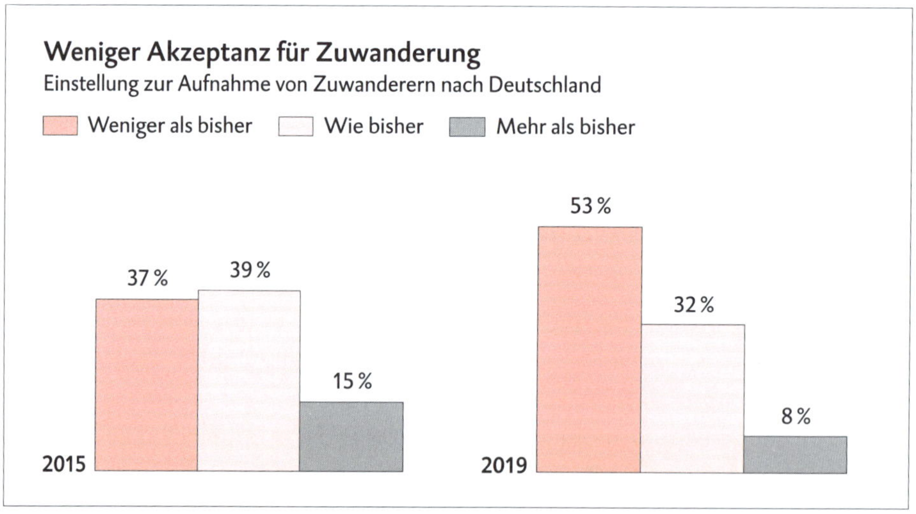

C Kreisdiagramm

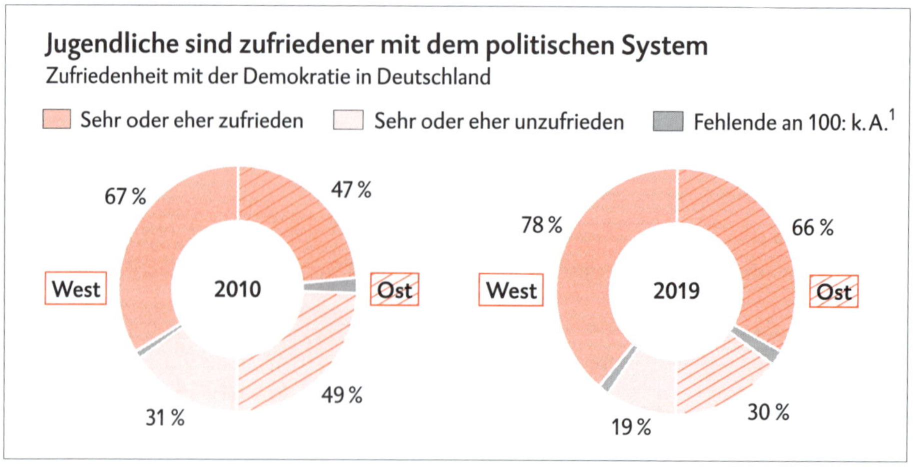

1 Bei den Kreisdiagrammen bildet jeweils ein Halbkreis eine Gesamtmenge von 100 % ab. k. A.: keine Angabe

D Kurvendiagramm

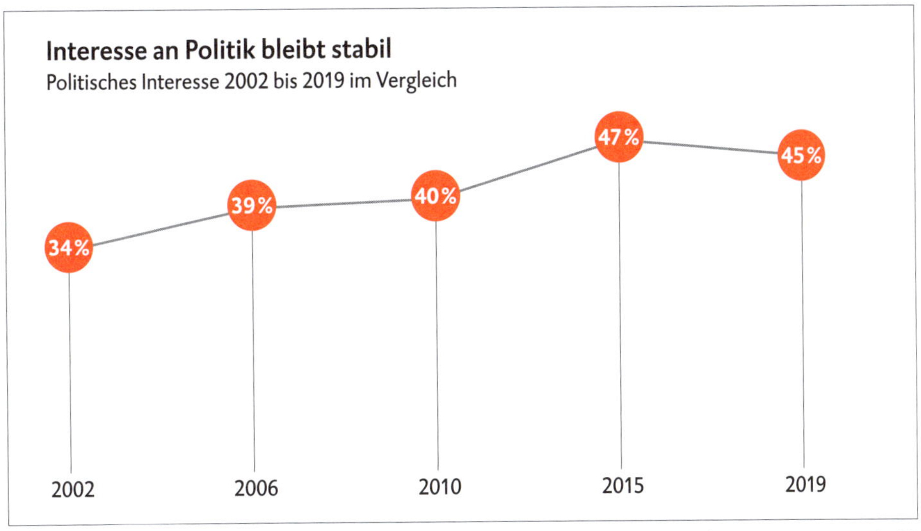

Basis: 2 572 Jugendliche im Alter von 15 bis 25 Jahren (Diagramme A, D) bzw. im Alter von 12 bis 25 Jahren (Diagramme B, C)

Quelle (für alle Diagramme S. 28/29): 17. Shell Jugendstudie: Jugend 2015. TNS Infratest. Gudrun Quenzel, Klaus Hurrelmann, Mathias Albert. / 18. Shell Jugendstudie: Jugend 2019. TNS Infratest. Klaus Hurrelmann, Gudrun Quenzel, Ulrich Schneekloth, Ingo Leven, Mathias Albert, Hilde Utzmann und Sabine Wolfert. Shell Hamburg.

Aufgaben

1. Gegenüber welchen Personengruppen hat die Toleranz zugenommen (+), und gegenüber welcher Gruppe hat sie abgenommen (–)? Trage jeweils das passende Symbol (+/–) ein. Orientiere dich an dem **Balkendiagramm**.

Symbol	Personengruppe
	Aussiedlerfamilien aus Russland
	homosexuelle Paare
	türkische Familien
	alte Rentnerehepaare
	deutsche Familien mit vielen Kindern
	Familien aus Afrika

2. Kreuze die Aussage an, die aus dem **Säulendiagramm** hervorgeht.

Der Anteil derer, die …

- ☐ Zuwanderern mit mehr Akzeptanz begegnen, hat sich seit 2015 fast verdoppelt.
- ☐ Zuwanderung mit mehr Ablehnung begegnen, ist seit dem Jahr 2015 um mehr als 15 Prozent gestiegen.
- ☐ ihre Meinung gegenüber Zuwanderern nicht verändert haben, ist gleich geblieben.
- ☐ über ihre Einstellung zur Zuwanderung keine Angaben gemacht haben, ist gestiegen.

3. Welche der folgenden Aussagen lassen sich dem **Kreisdiagramm** entnehmen und welche nicht? Kreuze passend an.

Aussagen	trifft zu	trifft nicht zu
Sowohl im Westen als auch im Osten Deutschlands hat die Zustimmung zur Demokratie zugenommen.	☐	☐
Die Zufriedenheit mit der Demokratie ist im Westen stärker gestiegen als im Osten.	☐	☐
Der Anteil der Jugendlichen, die mit der Demokratie unzufrieden sind, ist im Osten stärker gesunken als im Westen.	☐	☐
Der Anteil derer, die mit der Demokratie zufrieden sind, ist im Westen um elf Prozent gestiegen.	☐	☐
Im Osten ist die Zustimmung zur Demokratie um fast 20 Prozent gestiegen.	☐	☐
Der Anteil derer, die zu diesem Thema keine Angaben gemacht haben, ist im Westen etwas größer als im Osten.	☐	☐

4. Was sagt das **Kurvendiagramm** über das Interesse der Jugendlichen an Politik aus? Beschreibe die Entwicklung.

____

____

____

____

____

____

____

____

____

Auf einen Blick

Sachtexte und Diagramme verstehen und untersuchen	
Thema und Textsorte	Bestimme möglichst zu Anfang, worum es geht und in welcher Form die Informationen präsentiert werden (sachlicher Bericht, wertender Kommentar, bloße Zahlen in einem Diagramm …).
Absicht des Verfassers	Beurteile, welche Absicht der Verfasser verfolgt: Will er über einen Sachverhalt informieren, den Leser von seiner Meinung überzeugen oder an die Leser appellieren?
Kernaussage	Überlege, welche Hauptaussage der Text bzw. das Diagramm vermittelt.
Detail-Informationen	Unterscheide allgemeine Aussagen und Beispiele.

4 Literarische Texte verstehen

Interaktive Aufgaben: Basisteil

Literarische Texte werden in drei Kategorien unterteilt, und zwar in diese **drei Gattungen: Epik** (Erzählungen), **Lyrik** (Gedichte) und **Dramatik** (Theaterstücke).

Anders als Sachtexte beziehen sich literarische Texte nicht auf Tatsachen, sondern sie sind **fiktional**, also (vom Autor) erfunden. Dabei gestaltet der Autor die Inhalte stets auf eine besondere Weise. Literarische Texte sind nämlich **Kunstwerke**.

Eine Besonderheit, die literarische Texte auszeichnet, sind die „versteckten Botschaften". Vieles steht „zwischen den Zeilen", sodass der Leser immer wieder auf **Lücken** stößt, die er **mithilfe seiner eigenen Gedanken schließen** muss.

Beispiel

Wenn es im Text heißt: „Susi hat mit Karim Schluss gemacht", dann bedeutet das zugleich: „Die beiden waren vorher ein Paar."

Tipp

> Überlege bei literarischen Texten immer, ob sich hinter einer Formulierung noch eine **Zusatzbotschaft** verbirgt. Wenn es im Text heißt: *sonst immer*, bedeutet das zugleich: *diesmal nicht*. Wenn es heißt: *Es hat aufgehört zu regnen*, drückt das aus, dass es vorher geregnet haben muss.

4.1 Epische Texte untersuchen

Epische Texte, auch Prosatexte genannt, sind Texte, in denen **eine Geschichte erzählt** wird. Sie können kurz oder lang sein. In der Regel sind epische Texte im Präteritum verfasst, denn der Leser soll sich vorstellen, es handle sich um Geschichten, die wirklich einmal passiert sind.

Tipp

> Macht man eine Aussage über eine Person aus einem Text, verwendet man den Begriff „**Figur**". Damit wird deutlich, dass es sich um eine ausgedachte Person handelt. Man sagt also nicht: *Katniss Everdeen ist die Hauptperson in „Die Tribute von Panem"*, sondern: *Sie ist die Hauptfigur*.

In der Regel geht es in Erzählungen um Erlebnisse einer **Hauptfigur** (Fachbegriff: **Protagonist**). Manchmal gibt es auch zwei Figuren, die gleichermaßen wichtig sind. Oft kommt es zu einem **Konflikt** zwischen dem Protagonisten und anderen Figuren. Die Handlung kann gut oder schlecht ausgehen; es ist auch möglich, dass das Ende offen bleibt.

Tipp

> Versuche nach dem Lesen eines epischen Textes als Erstes, diese fünf **W-Fragen** zu beantworten: *Wer? Was? Wann? Wo? Welche Folgen?* Auf diese Weise hast du die zugrunde liegende Situation und die Handlung im Wesentlichen erfasst.
> Danach stellst du dir die **Wie-Frage:** *Wie ist es dazu gekommen?* Mit der Wie-Frage kannst du wichtige Einzelheiten erfassen und Zusammenhänge (z. B. Handlungsmotive) verstehen.

Übung 8 Lies den Text „Anekdote“ von Heinrich von Kleist. Bearbeite dann die Aufgaben.

Heinrich von Kleist: Anekdote (1803)

1 Zwei berühmte englische Boxer, der eine aus Portsmouth gebürtig, der andere aus Plymouth, die seit vielen Jahren von einander gehört hatten, ohne sich zu sehen, beschlossen, da sie in London zusammentrafen, zur Entscheidung der Frage, wem von ihnen der Siegerruhm gebühre, einen öffentlichen Wettkampf zu halten. Demnach stellten sich beide, im Angesicht des Volks, mit geballten Fäusten, im Garten einer Kneipe, gegeneinander; und als der Plymouther den Portsmouther, in wenig Augenblicken, dergestalt auf die Brust traf, dass er Blut spie, rief dieser, indem er sich den Mund abwischte: brav! – Als aber bald darauf, da sie sich wieder gestellt hatten, der Portsmouther den Plymouther, mit der Faust der geballten Rechten, dergestalt auf den Leib traf, dass dieser, indem er die Augen verkehrte, umfiel, rief der letztere: das ist auch nicht übel –! Worauf das Volk, das im Kreise herumstand, laut aufjauchzte, und, während der Plymouther, der an den Gedärmen verletzt worden war, tot weggetragen ward, dem Portsmouther den Siegsruhm zuerkannte. – Der Portsmouther soll aber auch tags darauf am Blutsturz gestorben sein.

Quelle: Heinrich von Kleist: Anekdote. In: Ders.: Sämtliche Werke. R. Löwith GmbH, Wiesbaden o. J., S. 941 f.

Aufgaben

1. Beantworte die folgenden W-Fragen in Stichworten.

   Wer? ______________________________

   Wo? ______________________________

   Was? ______________________________

   Wann? ______________________________

   Welche Folgen? ______________________________

2. Beantworte nun ausführlich die Wie-Frage: *Wie ist es dazu gekommen?*

   Hinweis: Du musst keinen zusammenhängenden Text schreiben. Es genügt, wenn du die Handlungsschritte aufzählst. Schreibe aber vollständige Sätze.

   ____

   ____

   ____

   ____

   ____

   ____

   ____

Arten von epischen Texten unterscheiden

Digitales Glossar: Begriffe nachschlagen

Es gibt verschiedene Arten von epischen Texten. Sie unterscheiden sich bezüglich ihres Umfangs, ihres Aufbaus und der Darstellung:

Merkmale der verschiedenen epischen Texte

Erzählungen
„Erzählung" ist die allgemeine Bezeichnung für epische Texte von mittlerer Länge.

Anekdoten
Anekdoten sind kleine epische Texte, die von einer ungewöhnlichen Begebenheit aus dem Leben einer Person erzählen und mit einer Pointe enden. Bei der Person, um die es geht, handelt es sich oft um einen Menschen, der tatsächlich lebt oder gelebt hat. Die Darstellung erweckt den Eindruck, als würde der Erzähler seine Geschichte in einer geselligen Runde zum Besten geben.

Fabeln
Fabeln sind kurze Geschichten, in denen – direkt oder indirekt – eine Lehre erteilt wird. Meist sind die Hauptfiguren Tiere. Sie stehen jedoch für Menschen; das zeigt sich schon daran, dass sie sprechen können. Häufig geht es um einen Konflikt zwischen einem Stärkeren und einem Schwächeren.

Kalendergeschichten
Kalendergeschichten sind kurze Erzählungen, die ursprünglich (im 17. und 18. Jahrhundert) auf Kalenderblättern abgedruckt waren und sich an die ungebildeten Schichten richteten. Sie handeln von merkwürdigen oder lustigen Ereignissen aus dem Alltagsleben der einfachen Leute. Oft vermitteln sie auch eine Lehre. Im 20. Jahrhundert wurden sie in moderner Form wiederbelebt.

Kurzgeschichten
Kurzgeschichten sind Erzählungen von geringem Umfang. Auffällig ist vor allem ihr Aufbau. Typisch sind die fehlende Einleitung und das offene Ende: Der Erzähler springt sofort ins Geschehen hinein, der Ausgang der Handlung bleibt offen. Erzählt wird ein Ausschnitt aus dem Alltag ganz normaler Menschen. Auch die Sprache wirkt alltäglich; manchmal wird sogar Umgangssprache verwendet. Die Handlung strebt auf einen Höhe- bzw. Wendepunkt zu, in der Regel auf einen Moment, in dem eine Figur plötzlich eine neue Einsicht gewinnt.

Parabeln
Parabeln sind gleichnishafte Erzählungen. Die Handlung ist stark vereinfacht, es steckt aber mehr dahinter: Anhand eines konkreten Einzelfalls wird eine Lebensweisheit veranschaulicht. Der Leser kann eine Lehre aus der Handlung ziehen.

Novellen
Novellen sind Erzählungen von mittlerer Länge, in deren Zentrum ein besonderes Ereignis steht, eine „unerhörte Begebenheit" (Goethe). Die Handlung wird meist chronologisch erzählt, also entsprechend ihrem zeitlichen Ablauf. Es gibt eine hinführende Einleitung, einen Höhepunkt und einen Schluss. Der Leser erfährt, wie das Geschehen ausgeht.

Schwänke

Schwänke sind kurze scherzhafte Erzählungen, die von einfachen Leuten handeln. In der Regel gibt es eine Hauptfigur (z. B. Till Eulenspiegel), die auf witzige Art andere hereinlegt. Das Gelingen des Streichs kennzeichnet den Höhepunkt der Geschichte. Der überlisteten Person wird damit eine Lehre erteilt.

Romane

Romane sind längere Erzählungen, die in Buchform veröffentlicht werden. Die Handlung ist oft vielschichtig und weit verzweigt und sie erstreckt sich meist über einen längeren Zeitraum. Deshalb kann der Leser verfolgen, welche Entwicklung die Hauptfigur durchmacht. Es gibt viele unterschiedliche Arten von Romanen, z. B. Liebes-, Kriminal- oder Jugendromane.

Tipp

In der **Prüfung** wird dir meist eine **Kurzgeschichte** oder ein Auszug aus einem (Jugend-) **Roman** zum Bearbeiten vorgelegt.

Übung 9

Ordne die genannten Merkmale den jeweiligen Textsorten zu. Trage die entsprechenden Buchstaben ein.

Hinweis: Einige Merkmale lassen sich mehr als einer Textsorte zuordnen.

A	Anekdote	**E**	Novelle
B	Fabel	**F**	Parabel
C	Kalendergeschichte	**G**	Roman
D	Kurzgeschichte	**H**	Schwank

Merkmal	Textsorte(n)
Der Protagonist macht eine Entwicklung durch.	
Die Handlung strebt auf einen Höhepunkt (auch: Wendepunkt) zu.	
Eine Person wird hereingelegt.	
Die Hauptfiguren sind ganz normale Alltagsmenschen.	
Die Handlung erstreckt sich über einen längeren Zeitraum.	
Im Zentrum steht eine ungewöhnliche Begebenheit aus dem Leben einer Person.	
Die Geschichte ist stark vereinfacht.	
Es handelt sich um einen epischen Text von geringem Umfang.	
Die Hauptfiguren sind oft Tiere, die sprechen können.	
Im Mittelpunkt steht ein ganz besonderes Ereignis.	
Die Einleitung fehlt, und das Ende ist offen.	
Es gibt eine Einleitung und ein richtiges Ende; die Handlungsschritte werden chronologisch dargestellt.	
Es wird eine Lehre erteilt.	

Die Erzählperspektive bestimmen

Eine Handlung lässt sich aus unterschiedlichen Perspektiven erzählen. Grundsätzlich unterscheidet man zwei Erzählperspektiven: den **Ich-Erzähler** und den **Er-Erzähler**. Die Perspektive des Er-Erzählers lässt sich noch genauer bestimmen: entweder als **auktorialer** oder als **personaler Erzähler**.
Die Erzählperspektive zeigt an, welche Haltung der Erzähler zur erzählten Handlung einnimmt: ob er dem Geschehen eher sachlich und nüchtern gegenübersteht oder ob er z. B. mit einer Figur mitfühlt.

Die verschiedenen **Erzählperspektiven** haben folgende Merkmale:

- Ein **Ich-Erzähler** erzählt die Handlung aus der **Sicht des Protagonisten**. Das bedeutet: Protagonist und Erzähler sind identisch.

  Beispiel: *Bisher glaubte ich, Mörder müsse man an ihren Händen erkennen, Massenmörder an ihren Augen.*

- Ein **Er-Erzähler** erzählt die Handlung aus der **Sicht eines Beobachters**. Dieser kann dem Protagonisten sehr **nah** sein – er kann aber auch **distanziert** wirken, wie ein neutraler Berichterstatter.
  - Hat man den Eindruck, dass der Erzähler die Welt **mit den Augen des Protagonisten** sieht (oder mit denen einer anderen Figur aus dem Text), handelt es sich um einen **personalen Erzähler**.

    Beispiel: *Er verdrückt sich in die Schulhofecke neben den Toiletten. Dort finden sie ihn nicht mit ihren blöden Fragen. Hast du den Science-Fiction-Film im Fernsehen gesehn? Warst du die Woche im Kino?*
  - Erweckt die Darstellung den Eindruck, dass der Erzähler ein **unbeteiligter Beobachter** ist, so handelt es sich um einen **auktorialen Erzähler**.

    Beispiel: *Das erste Trockendock in Toulon, das gegen Ende des 18. Jahrhunderts von einem Ingenieur namens Grognard erbaut wurde, verdankt seinen Ursprung einer merkwürdigen Begebenheit.*

Quellen (von oben nach unten): Max von der Grün: Kinder sind immer Erben. In: Ders.: Etwas außerhalb der Legalität und andere Erzählungen. Darmstadt: Luchterhand 1980.
Fritz Deppert: Vielleicht auch ein Wunder. In: J. Pestum (Hrsg.): Ich singe gegen die Angst. Würzburg: Arena 1980.
Stefan Andres: Das Trockendock. In: Die Verteidigung der Xanthippe. Zwölf Geschichten. München: Piper 1960.

Tipp

Du erkennst den auktorialen Erzähler nicht unbedingt daran, dass er allwissend ist. Auch der personale Erzähler kennt z. B. die Gedanken der Hauptfigur!
Entscheidend ist, dass der auktoriale Erzähler die Handlung völlig **gelassen** und **neutral** darstellt, als würde ihn das Geschehen überhaupt nicht berühren.
Der personale Erzähler dagegen fühlt sich **betroffen:** Er erweckt mit seiner Darstellung den Eindruck, dass er auf alles eine **persönliche Sicht** hat.

Übung 10

Lies die drei Textauszüge und bestimme jeweils die Erzählperspektive.

Text A

Die Frau lehnte am Fenster und sah hinüber. Der Wind trieb in leichten Stößen vom Fluss herauf und brachte nichts Neues. Die Frau hatte den starren Blick neugieriger Leute, die unersättlich sind. Es hatte ihr noch niemand den Gefallen getan, vor ihrem Haus niedergefahren zu werden. Außerdem wohnte sie im vorletzten Stock, die Straße lag zu tief unten. Der Lärm rauschte nur mehr leicht herauf. Alles lag zu tief unten. [...]

Quelle: Ilse Aichinger: Das Fenster-Theater. In: Dies.: Der Gefesselte. Erzählungen. Frankfurt am Main: Fischer Verlag 1955.

Text B

[...] Jenös Leute standen dicht zusammengedrängt auf einem Lastwagen. Es war nicht herauszubekommen, was man ihnen erzählt hatte, denn sie lachten und schwatzten, und als Jenö mich sah, steckte er zwei Finger in den Mund und pfiff und winkte rüber zu mir. Nur seine Großmutter und die übrigen Alten schwiegen; sie hatten die Lippen zusammengepresst und sahen starr vor sich hin. Die anderen wussten es nicht. Ich habe es damals auch nicht gewusst; ich war nur traurig, dass Jenö jetzt weg war. Denn Jenö war mein Freund.

Quelle: Wolfdietrich Schnurre: Jenö war mein Freund. In: Ders.: Als Vaters Bart noch rot war. Ein Roman in Geschichten. Frankfurt/Main, Berlin, Wien: Ullstein Verlag 1985, S. 152.

Text C

Leute starrten nach oben. Sie warteten. Ihre Gesichter waren feindlich. Trotzdem fühlte er sich ihnen verpflichtet. Er musste springen, damit sie ihre Sensation bekamen. Er fühlte, dass er es nicht schaffen würde. Er war noch nicht so weit. Aber er musste beweisen, dass er ein Mann war. Lieber tot sein, als sich vor diesen Gesichtern blamieren. Nur noch ein paar Sekunden atmen, dachte er, mehr verlange ich gar nicht.

Quelle: Annette Rauert: Der Schritt zurück. In: Dies.: Geschichten zum Nachdenken. Christian Kaiser Verlag 1977.

Erzählperspektive	Text A	Text B	Text C
Ich-Erzähler	☐	☐	☐
Er-Erzähler			
personaler Erzähler	☐	☐	☐
auktorialer Erzähler	☐	☐	☐

Auf einen Blick

Epische Texte verstehen und untersuchen	
Basisinformationen	Benenne Titel und Autor des Textes. Bestimme die Textsorte und das Thema. Oft ist es auch sinnvoll, das Erscheinungsjahr anzugeben.
Figuren	Überlege, wer der Protagonist oder die Protagonistin ist und welche Nebenfiguren eventuell wichtig für die Handlung sind.
Handlung	Rekonstruiere das Geschehen/den Handlungsverlauf.
Erzählperspektive	Beurteile die Darstellung durch den Erzähler: Wird das Geschehen auktorial, personal oder aus der Ich-Perspektive erzählt?
Kernaussage	Frage dich, welche Botschaft der Text den Lesern vermitteln soll.

Lies die Kurzgeschichte „Marathon“ und bearbeite dann die Aufgaben.

Übung 11

Reinhold Ziegler: Marathon

Ob ich meinen Vater schon hasste, als ich auf die Welt kam, bezweifle ich. Ich vermute, ich fing damit erst an, als ich laufen lernen musste.

Ein Sohn, der nur krabbeln konnte, der sich später mühsam von einem Bein aufs andere fallend, durch die Welt hangelte, der schließlich gehen konnte, aber noch nicht lief, noch nicht federnd aus den Fußgelenken, noch nicht abrollend mit der ganzen Sohle, noch nicht locker aus den Hüften heraus, noch nicht exakt im Knie geführt, der eben ging, wie ein Kind geht – all das muss ihn ungeduldig geschmerzt haben in seinem großen Sportlerherz. Und diese Ungeduld ließ er mich damals schon spüren.

Mit fünf hatte er mich schließlich so weit. Ob wir morgens Brötchen holten, ob er mich zum Einkaufen in die Stadt mitnahm oder ob wir unseren abendlichen „Spaziergang“ mit unserem Hund Nurmi machten, immer liefen wir, joggten wir, würde man heute sagen, obwohl unser verbissenes Laufen bei weitem nicht die Leichtigkeit und den Spaß des heutigen Joggens hatte.

[...] Wenn ich an meine Kindheit denke, sehe ich nur ein Bild vor mir: Es ist mein Vater, laufend, schräg rechts vor mir. Er blickt über seine linke Schulter zurück und ruft: „Auf, auf!“ Und wenn ich länger hineinhöre in dieses Bild, dann höre ich sein gleichmäßiges Atmen, höre seinen Rhythmus: Schritt, Schritt, ein – Schritt, Schritt, aus. Und ich höre mein eigenes Keuchen, spüre mein Herz stechen und spüre den Hass, der mich zurückhalten will und der mich doch immer hinter ihm hertreibt.

Und dann mein Vater, wie er zu anderen redete: „Der Junge hat Talent“, höre ich. „Aus dem wird mal was“, höre ich. „Das ist mein kleiner Sieger“, höre ich.

Wenn er zu mir redete, hörte ich nur: „Auf, auf!“

An meinem dreizehnten Geburtstag lief ich zum ersten Mal die fünftausend Meter. Es war ein Sportfest, und ich musste mit den Achtzehnjährigen starten, weil in meiner Altersklasse und den zweien darüber niemand sonst auf diese Distanz antrat. Meine Vereinskameraden standen am Rand der Bahn und feuerten mich an. Fast zehn Runden hielt ich mit den Großen mit, dann fiel ich ab. Vater wartete an Start und Ziel, bei jeder Runde schrie er mir sein „Auf, auf!“ ins linke Ohr, die letzte Runde lief er auf dem Rasen neben mir her. „Auf, auf, auf!“, schrie er, aber ich hörte nichts mehr, lief wie bewusstlos, Schritt, Schritt, ein – Schritt, Schritt, aus – bis mir irgendwer eine Decke überwarf und ich verstand, dass es vorbei war. Ich ließ mich auf die weiche, kühle Kunststoffbahn fallen, er hielt mich fest, zog mir die Haut neben der Nase hoch, damit ich besser Luft bekam.

„Gut gemacht, mein Läuferlein“, flüsterte er in mein Keuchen.

Und ich nahm diese Worte und schloss sie ein wie einen Edelstein, den man immer mal wieder ganz alleine hervorholt, um ihn zu betrachten.

„Gut gemacht, gut gemacht.“

Später standen wir beieinander, alle die, denen Laufen Spaß machen musste.

„Viel hat da nicht gefehlt“, hörte ich meinen Vater. „Nächstes Jahr packen wir den ganzen Tross.“

Ich ging weg, nahm mein „Gut gemacht“ heraus und sah es von allen Seiten an. Es hatte viele Facetten, das wusste ich nun. Ich wollte nicht an das nächste Jahr denken, aber natürlich tat ich es.

Und natürlich hatte Vater Recht. Es war dasselbe Sportfest, ein Jahr später, als ich tatsächlich zum ersten Mal die fünftausend Meter gewann.

Von nun an war ich, wie die Zeitungen schrieben, abonniert auf Sieg, das große deutsche Talent, unsere Olympiahoffnung und vieles andere mehr, was mich vergessen ließ, wie sehr ich meinen Vater hasste, vielleicht auch, dass ich ihn überhaupt hasste.

Ich studierte in einer anderen Stadt. Sport natürlich, was sonst. Ich trainierte täglich zweimal, professionell, wie man mir sagte, obwohl es auch nicht viel mehr war als das „Auf, auf!" meines Vaters, nur besser organisiert, wissenschaftlicher verpackt und anonymer. [...] Dann verpasste ich die Qualifikation, wurde nicht zur deutschen olympischen Hoffnung. Knapp zwar nur, aber der Flieger ging ohne mich den fünf Ringen entgegen. [...]

Ich fing an, auf Marathon zu trainieren. Irgendjemand hatte meinen Laufstil analysiert und mir von der Bahn, von fünftausend und zehntausend weg hin zu Marathon geraten.

[...] Ich war gut im Marathon, aber meine Zeiten zeigten mir, für die Welt, die ganz große Welt, war ich auch hier nicht gut genug.

In dieser Zeit – es war kurz nachdem ich auch diese Qualifikation verpasst hatte – fuhr ich einmal nach Hause. Wie fremd saß ich dort an dem vertrauten Esstisch, trank Kaffee mit meinen Eltern wie früher und fand doch keine Worte, um das Versagen auszulöschen oder an die kleinen Siege meiner Vergangenheit anzuknüpfen.

Komm, lass uns laufen, sagte mein Vater, noch immer, ohne zu begreifen, wie sehr ich auch diesen Satz hasste.

Als wir die Schuhe aussuchten, fragte er: „Wie weit?"

„Marathon", sagte ich, ohne ihn anzusehen. Er war noch nie Marathon gelaufen, das wusste ich, und er war älter geworden.

Ich ließ ihn voranlaufen und merkte nach den ersten paar hundert Metern, dass er es zu schnell anging. Ich ließ mich zurückfallen, aber immer wieder kam sein Kopf über die linke Schulter zu mir: „Auf, auf!"

Nach nicht mal einem Viertel der Strecke begannen ihn die Kräfte zu verlassen. Wieder drehte er sich um: „Auf, sei nicht so faul!", rief er. „Führ du mal!"

Ich zog an ihm vorbei, hörte sein Atmen, viel zu hastig, viel zu ausgepumpt, viel zu verkrampft. [...]

Ich wollte ihn umbringen, wollte ihn winseln hören, wollte seine Ausflüchte hören, sein „Ich habe es doch nur gut gemeint". [...]

Ich zog noch ein bisschen an und er ging das Tempo mit. Sein Kopf wurde allmählich rot und fing an zu pendeln, seine Füße rollten jetzt nicht mehr, sondern platschten auf den Boden wie bei einem Kind, das froh ist, überhaupt von der Stelle zu kommen. Ab und zu drehte ich mich um: „Auf, auf!", rief ich ihm über die Schulter zu.

[...] Keuchend und nach Luft ringend, lief er hinter mir her. Wir waren jetzt viel zu schnell, selbst ich würde dieses Tempo nicht bis zum Ende halten können, aber es würde ohnehin keinen Einlauf durchs große Marathontor geben, nicht heute und nie mehr. Dies war das letzte Rennen meines Lebens, und nichts und niemand konnte mich daran hindern, es für immer zu gewinnen.

Plötzlich taumelte er, wie zwei Kreisel liefen seine Arme neben ihm her. Ich blieb stehen, um ihn aufzufangen, aber er stolperte an mir vorbei, ließ sich ein paar Meter weiter in die Wiese fallen und übergab sich. Ich drehte ihn um, stützte ihm die Stirn, verschaffte ihm mehr Luft. Sag es, dachte ich. Sag dieses verdammte: „Ich wollte doch nur dein Bestes!"

Aber er konnte nicht mehr sprechen, würgte alles heraus, was in ihm war, schnappte nach Luft wie ein Kind im Heulkrampf.

Allmählich kam er zur Ruhe, sah mich an, sah mir von unten her lange in die Augen. „Hasst du mich so sehr?", fragte er.

Da war etwas wie erstauntes Entsetzen in seinen Augen. Aber ich schwieg, sah ihn nur an in all seiner Hilflosigkeit.

„Nein, nicht mehr", antwortete ich schließlich. „Nicht mehr, es ist vorbei, es ist gut."

Wir blieben lange sitzen, wortlos, aber zum ersten Mal in unserem Leben einig. Dann trabten wir zurück. Ganz ruhig, fast gelassen.

Nebeneinander.

Quelle: Reinhold Ziegler: Marathon. In: Ders.: Der Straßengeher. Weinheim/Basel: Beltz & Gelberg 2001. S. 82–87.

Aufgaben

1. Welches Problem hat der Ich-Erzähler gehabt? Kreuze passend an.
   - ☐ Sein Vater hat ihn schon als Kind zum Laufen gezwungen.
   - ☐ Er hat trotz seines harten Trainings als Sportler versagt.
   - ☐ Er hat geglaubt, die Erwartungen seines Vaters erfüllen zu müssen.
   - ☐ Das Laufen ist für ihn immer nur eine Qual gewesen.

2. Welche Eigenschaften schreibt der Ich-Erzähler seinem Vater zu – und welche nicht? Kreuze entsprechend an.

Eigenschaften	trifft zu	trifft nicht zu
a) Ungeduld	☐	☐
b) Egoismus	☐	☐
c) Gleichgültigkeit	☐	☐
d) Ehrgeiz	☐	☐
e) Einfühlsamkeit	☐	☐

3. Bringe die Handlungsschritte in die richtige Reihenfolge. Nummeriere sie.

Nummer	Der Ich-Erzähler …
	wird als Olympia-Hoffnung gefeiert.
	steigt auf Marathon um.
	will mit dem Laufen aufhören.
	nimmt zum ersten Mal an einem Fünftausendmeterlauf teil.
	verpasst die Qualifikation für Olympia.
	läuft mit seinem Vater Marathon.
	schafft es nicht, seinen ersten Fünftausendmeterlauf zu gewinnen.
	fängt an, Sport zu studieren.
	muss bei jeder Gelegenheit mit seinem Vater laufen.
	gewinnt einen Fünftausendmeterlauf.

4. Erzähle die ersten drei Absätze (Z. 1–27) aus der Sicht eines auktorialen Erzählers neu. (→ Heft) Achte auf Formulierungen, die zu einem außenstehenden Beobachter passen. Du darfst stellenweise kürzen.

Hinweis: Du kannst dem Protagonisten einen Namen geben.

5. „Und ich nahm diese Worte und schloss sie ein wie einen Edelstein, den man immer mal wieder ganz alleine hervorholt, um ihn zu betrachten." (Z. 72–75)
   Welche Aussage lässt sich aus diesem Satz **nicht** ableiten? Kreuze sie an.
   - ☐ Die Worte haben ihm gutgetan.
   - ☐ Der Ich-Erzähler hat sich gern an diese Worte erinnert.
   - ☐ Der Ich-Erzähler hat diese Worte schnell vergessen.
   - ☐ Diese Worte waren ein Ansporn für ihn.

6. Warum fühlt sich der Ich-Erzähler zu Hause „fremd" (Z. 121)?
   Kreuze die passende Aussage an.
   - ☐ Seine Eltern haben sich verändert.
   - ☐ Die Möbel sind umgestellt worden.
   - ☐ Seine Eltern machen ihm Vorwürfe.
   - ☐ Er findet keine Worte für seinen Misserfolg.

7. „Ich wollte doch nur dein Bestes!" (Z. 181 f.) Warum möchte der Ich-Erzähler diese Worte von seinem Vater hören? Kreuze die passende Aussage an.
   Mit diesen Worten soll ihm sein Vater zeigen, dass er …
   - ☐ seine Fehler eingesehen hat.
   - ☐ seine Erwartungen zurückschrauben wird.
   - ☐ ihm seinen Misserfolg verzeiht.
   - ☐ ihn immer sehr geliebt hat.

8. Nenne vier Gefühle, die der Ich-Erzähler im Laufe seines Lebens empfunden hat, und erläutere sie kurz. Du kannst Stichworte verwenden. (→ Heft)

9. „Dies war das letzte Rennen meines Lebens, und nichts und niemand konnte mich daran hindern, es für immer zu gewinnen." (Z. 169–172)
   Welche beiden Vorstellungen stecken in diesen Gedanken des Ich-Erzählers?

   a) ____

   ____

   b) ____

   ____

10. Erkläre, was der Ich-Erzähler mit dem letzten Wort („Nebeneinander", Z. 201) zum Ausdruck bringt. Stelle einen Zusammenhang mit dem ganzen Text her. (→ Heft)

11. Erkläre den Sinn der Überschrift. (→ Heft)

    Hinweis: Denke daran, dass der Titel eines (literarischen) Textes oft mehrdeutig ist.

4.2 Gedichte untersuchen

Gedichte sind besonders kunstvoll gestaltete Texte. Man erkennt sie gleich an ihrer **Form:** Die Zeilen sind verkürzt (**Verse**), und mehrere Verse sind jeweils zu Blöcken (**Strophen**) zusammengefasst. Gedichte sind oft nicht einfach zu verstehen. Darauf weist schon das Wort „Gedicht“ hin: Der Dichter hat seine Aussagen so stark verdichtet, dass es einiger Mühe bedarf, den Sinn zu erfassen.

Tipp

Derjenige, der im Gedicht „spricht“, also bestimmte Gedanken oder Gefühle äußert, ist *nicht* der Autor, sondern eine von ihm ausgedachte Stimme (wie der Erzähler bei epischen Texten). Bei Gedichten verwendet man dafür den Begriff „**lyrisches Ich**“ oder „**lyrischer Sprecher**“.

In der Prüfungssituation liegt der Vorteil eines Gedichts oft in seiner **überschaubaren Länge**. Außerdem kann man gerade beim Untersuchen von Gedichten **planmäßig vorgehen**. Wenn du die entscheidenden Merkmale kennst, kannst du dich dem **tieferen Sinn** Stück für Stück nähern.

Schritt für Schritt

Ein Gedicht untersuchen

Arbeitsschritt 1 Überfliege den Gedichttext einmal. **Bestimme** danach das **Thema** zunächst ganz allgemein (*Frühling? Leben in der Stadt? Liebe? Krieg?*).

Arbeitsschritt 2 Lies das Gedicht noch einmal genau und stelle dir folgende Fragen zum **Sprecher** und zum **Adressaten** (= der Angesprochene): *Gibt es ein lyrisches Ich? Wird jemand direkt angesprochen (ein Du oder ein Ihr)? Welche Gedanken äußert der lyrische Sprecher?*

Arbeitsschritt 3 Überlege, was den lyrischen Sprecher veranlasst, sich diese Gedanken zu machen. Bestimme seine **Situation** und sein **Motiv**.

Arbeitsschritt 4 Gehe **jede Strophe einzeln** durch. Lies Satz für Satz ganz genau. Frage dich jeweils: *Welche Bedeutung hat diese Aussage (in Bezug auf die Gedanken des lyrischen Sprechers)?* Textstellen, die dir unklar sind, kennzeichnest du am Rand mit **?**.

Arbeitsschritt 5 Denke darüber nach, wie die einzelnen **Aussagen zusammenhängen**. Frage dich z. B.: *Ist die Aussage als Grund zu verstehen? Oder als Bedingung? Gibt es wiederkehrende Gedanken? Findet eine Entwicklung statt?*

Arbeitsschritt 6 Gelange zu einem **Ergebnis**. Präzisiere das Thema, das du anfangs nur allgemein bestimmt hast. Frage dich: *Was genau bringt der lyrische Sprecher zum Ausdruck: einen Wunsch? eine Klage? Kritik? einen Appell?*

Hinweis: Es geht hier zunächst um das Erfassen des **Sinns**. Hinweise zu **Form und Sprache** von Gedichten findest du ab Seite 44.

Tipp

Eine besondere Art von Gedicht ist die **Ballade**. Meist haben Gedichte einen lyrischen Sprecher, der seine Gedanken und Gefühle äußert. In Balladen dagegen wird eine **Geschichte** erzählt. Fast alle Balladen zeichnen sich außerdem dadurch aus, dass sie **wörtliche Rede** enthalten. So wirkt die Darstellung nicht nur anschaulich, sondern geradezu dramatisch.

Übung 12

Lies das Gedicht „Septemberliches Lied vom Storch“ von Günter Eich und bearbeite dann die Aufgaben.

Günter Eich: Septemberliches Lied vom Storch

Die Sonne brennt noch überm Luch[1],
vom Grummet[2] weht der Grasgeruch,
die Beere kocht im Brombeerschlag[3],
und lang noch steht die Sonn' im Tag.

Er aber glaubt nicht mehr ans Jahr,
der auf dem First zu Hause war.
Nach Süden schwang sein Flügelschlag
und lang noch steht die Sonn' im Tag.

Die Frösche quarren[4] doppelt hell,
die Maus zeigt unbesorgt ihr Fell.
Der ihnen auf der Lauer lag,
er schwang sich fort vor Tau und Tag.

Obgleich noch wie im Sommerwind
die Spinne ihre Fäden spinnt,
die Mücke tanzt im Weidenhag[5],
und lang noch steht die Sonn' im Tag.

Quelle: Günter Eich: Septemberliches Lied vom Storch.
In: W. Höllerer: Ausgewählte Gedichte. Suhrkamp Verlag: Frankfurt am Main 1960

Anmerkungen
1 *Luch:* Wiesenfläche im Moor
2 *Grummet:* Heu
3 *Brombeerschlag:* eine Ecke im Garten, wo nur Brombeerbüsche wachsen
4 *quarren:* quaken
5 *Weidenhag:* Weidengebüsch

Aufgaben

1. Bestimme das Thema des Gedichts.
   Stichworte genügen.

   ____

2. Wessen Sicht vermittelt der lyrische Sprecher?
   Kreuze die passende Aussage an.
   Er vermittelt die Sicht …
   ☐ des Storchs.
   ☐ anderer Tiere.
   ☐ eines nachdenklichen Beobachters.
   ☐ eines gleichgültigen Beobachters.

3. Was für eine Situation beschreibt der lyrische Sprecher? Beziehe dich auf die Jahreszeit und auf die Stimmung. Formuliere dazu zwei Sätze.

4. Fasse die Beobachtungen des lyrischen Sprechers knapp zusammen. Gehe auf jede Strophe einzeln ein.

   Strophe 1:

   Strophe 2:

   Strophe 3:

   Strophe 4:

5. Worauf bezieht sich das Personalpronomen „er" in Vers 5? Stichworte genügen.

6. Die letzte Strophe beginnt mit der Konjunktion „obgleich" (V. 13). Worin besteht der Einwand, der damit zum Ausdruck kommt? Formuliere zwei Sätze, um diese Frage zu beantworten.

   Zwar

   Aber

7. Formuliere ein Ergebnis. Stelle in ca. fünf Sätzen dar, was der lyrische Sprecher mit dem Gedicht zum Ausdruck bringt.

Flashcards: Wichtiges wiederholen

Formmerkmale von Gedichten untersuchen

Jedes Gedicht besteht aus einer Gruppe von **Versen**, die zu **Strophen** zusammengefasst sind. Das ist das erste Formmerkmal, das dem Leser auffällt.

Reime erkennen

Beim Blick auf die Versenden stellt man oft fest, dass sich zwei (oder mehr) Verse **reimen**. Ein Reim entsteht durch den Gleichklang der Versenden. Es gibt auch sogenannte „unreine Reime“: hier klingen die Versenden nur ungefähr gleich.

Beispiel

Wilhelm Busch: Der Esel

Es stand vor eines Hauses T**or**
Ein Esel mit gespitztem **Ohr**, } reiner Reim
Der käute sich sein Bündel H**eu**
Gedankenvoll und still entzw**ei**. } unreiner Reim

Tipp

Am besten bestimmst du das **Reimschema**, indem du jeden Reim mit einem Buchstaben kennzeichnest. Bei der Strophe aus Wilhelm Buschs Gedicht „Der Esel“ sieht das so aus: *aabb*.

Auf einen Blick

Die häufigsten Reimschemas

Paarreim	Es reimen sich zwei aufeinanderfolgende Verse; sie bilden ein „Paar“.	**aabb**	*Sonne, Wonne, Mut, Glut*
Kreuzreim	Die Verse reimen sich über Kreuz.	**abab**	*Reise, fragen, weise, sagen*
Umarmender Reim	Zwei sich reimende Verse werden eingerahmt von zwei Versen, die sich ebenfalls reimen.	**abba**	*Boot, lachen, machen, rot*

Übung 13

Bestimme das Reimschema des Gedichts „Septemberliches Lied vom Storch“ von Günter Eich (S. 42). Stichworte genügen.

___

Das Versmaß bestimmen

Den meisten Gedichten liegt ein bestimmter Takt, das **Metrum** (Plural: Metren) oder **Versmaß**, zugrunde. Es ergibt sich durch eine regelmäßige Abfolge von betonten und unbetonten Silben. Betonte Silben nennt man auch **Hebungen**.
Um das Metrum eines Gedichts zu bestimmen, solltest du den Text **laut lesen**. Achte beim Lesen darauf, welche Silben du betonst. Anschließend kennzeichnest du in jedem Vers die betonten und unbetonten Silben mit unterschiedlichen Zeichen, z. B. mit ´ für betont und mit ˘ für unbetont.

Tipp

Nicht immer zieht sich das zugrunde liegende Metrum **durchgängig** durch das ganze Gedicht. In einem solchen Fall musst du herausfinden, welches Versmaß – trotz einiger Abweichungen – die Grundlage bildet. Versuche, Regelmäßigkeiten zu finden.

Auf einen Blick

Die häufigsten Metren		
Jambus	Zweiertakt: erste Silbe unbetont, zweite Silbe betont	*Fĭgúr, Păpíer, Vĕrstéck*
Trochäus	Zweiertakt: erste Silbe betont, zweite Silbe unbetont	*Sónnĕ, Blúmĕ, lésĕn*
Daktylus	Dreiertakt: erste Silbe betont, zwei folgende Silben unbetont	*Málĕrĭn, Heílĭgĕr, Eítĕlkeĭt*
Anapäst	Dreiertakt: erste zwei Silben unbetont, letzte Silbe betont	*Zaŭbĕreí, Părădíes, Dĭămánt*

Bestimme das Versmaß im Gedicht „Septemberliches Lied vom Storch“ (S. 42). Übung 14

Tipp

Am häufigsten kommt der **Jambus** vor. Es empfiehlt sich also, bei einem Gedicht als Erstes zu prüfen, ob das Metrum ein Jambus ist. Der Anapäst hingegen taucht sehr selten auf.

Inhalt und Form zusammenführen

Auch bei einem Gedicht kommt es vor allem auf den **Sinn** an. Du solltest also nicht den Fehler machen, dich nur auf die Form zu konzentrieren. Es genügt auch nicht, Formmerkmale eines Gedichtes nur zu benennen. Du musst immer auch erläutern, welche **Wirkung** von ihnen ausgeht. Dasselbe gilt für die sprachlichen Besonderheiten. (Mehr darüber erfährst du ab S. 48 und auf S. 78.)
Hilfreich ist oft die Frage, ob die Form zum Inhalt passt oder nicht:

- **Harmonie + Harmonie:** Der Inhalt ist harmonisch, und die Form ist regelmäßig gestaltet.
- **Disharmonie + Disharmonie:** Der Inhalt ist verstörend bzw. wirkt nicht harmonisch, und die Form weist keine oder nur wenige Regelmäßigkeiten auf.

} Inhalt und Form passen zusammen.

- **Disharmonie + Harmonie:** Der Inhalt ist verstörend bzw. wirkt nicht harmonisch. Trotzdem ist die Form ganz regelmäßig gestaltet.
- **Harmonie + Disharmonie:** Der Inhalt ist harmonisch, die Form ist aber unregelmäßig gestaltet.

} Inhalt und Form passen nicht zusammen.

Tipp

Wenn die Form (und ggf. Sprache) die Stimmung unterstreicht, die in einem Gedicht zum Ausdruck kommt, dann **passen** formale Darstellung und Inhalt **zusammen**. Das Gedicht strahlt dann einen **Gleichklang** aus: Entweder wirkt beides positiv (ruhig, fröhlich, feierlich, hoffnungsvoll …) – oder beides wirkt negativ (kühl, dunkel, traurig, trostlos, hart, grausam …).

Wenn Inhalt und Form **nicht zusammenpassen**, hat das einen **Grund**! Der Leser soll auf die „Störung“ aufmerksam werden und darüber nachdenken, warum es diese **Unstimmigkeit** gibt.

Übung 15

Bestimme den Zusammenhang zwischen Inhalt und Form des Gedichts „Septemberliches Lied vom Storch“ (S. 42). (→ Heft)

Gehe so vor:

- Fasse kurz zusammen, worum es geht und wie der Inhalt wirkt. (1–2 Sätze)
- Beschreibe die Form des Gedichts. (4–5 Sätze)
  Tipp: Bedenke, dass in der Überschrift von einem „Lied“ die Rede ist.
- Triff zum Schluss eine Aussage über die Wirkung des Zusammenspiels von Inhalt und Form. Orientiere dich an der Übersicht auf S. 45. (2–3 Sätze)

Moderne Gedichte verstehen

Moderne Gedichte haben oft kein Metrum, sondern sind in **freien Rhythmen** verfasst. In der Regel gibt es auch **keine Reime**. Trotzdem handelt es sich um Gedichte! Das ist zum Beispiel an den verkürzten Zeilen (Versen) erkennbar. Moderne Gedichte sind oft besonders schwer zu entschlüsseln. Das liegt daran, dass die Verfasser häufig **mit der Sprache** und verschiedenen Bedeutungen **spielen**.

Tipp

Man findet am besten einen Zugang zu einem modernen Gedicht, wenn man nach „**Signalwörtern**“ sucht. Du wirst im Text an einigen Stellen Wörter finden, die üblicherweise in einem ganz **bestimmten Zusammenhang** vorkommen. Sie verweisen auf das zentrale Thema.

Übung 16

Mathias Jeschke: Spiel zwischen Erde und Himmel

Im Augenwinkel der Sturz.
Schrill, scharf gellt der Pfiff.

Ich wende mich hin,
doch niemand gefoult am Boden.

Es war eine Schwalbe.
Ich stehe auf der Lichtung und öffne mich.

Die Vögel jubeln,
die Bäume schwenken ihr Fahnengrün.

Erneut ein schriller Pfiff.
Erwartung wächst.

Da trifft es mich:
Ich stehe am Punkt für den Freistoß.

Quelle: Mathias Jeschke: Spiel zwischen Erde und Himmel, https://e-hausaufgaben.de/Thema-203879-Spiel-zwischen-erde-und-himmel.php

Anmerkung

1 *gellen:* hell und durchdringend klingen, z. B. ein gellender Schrei

Hinweis: Du findest weitere Aufgaben zu diesem Gedicht auf S. 50 und 52.

Aufgaben

1. Schreibe alle Wörter heraus, die darauf hindeuten, dass das Gedicht von Mathias Jeschke auf den Bildbereich Fußball zugreift.

   ____

   ____

   ____

2. Nenne den zweiten thematischen Bereich, der im Gedicht angesprochen wird. Belege deine Antwort mit zwei Beispielen aus dem Text.

   Der zweite Themenbereich ist

   ______________________.

   Beispiele:

   ____

   ____

3. Das Wort „Schwalbe“ (V. 5) hat eine doppelte Bedeutung – entsprechend den zwei Themenbereichen aus dem Gedicht. Erkläre beide Bedeutungen. Stichworte genügen.

   Erste Bedeutung: ______________________________________

   Zweite Bedeutung: ______________________________________

4. Weise nach, dass das Gedicht „Spiel zwischen Erde und Himmel“ in freien Rhythmen verfasst ist, indem du die Silben mit ´ (betont) oder ˘ (unbetont) kennzeichnest.

Auf einen Blick

Gedichte verstehen und untersuchen	
Thema	Bestimme allgemein, womit sich der lyrische Sprecher befasst.
Stimmung	Überlege, welche Atmosphäre im Gedicht zum Ausdruck kommt.
Lyrischer Sprecher	Frage dich, in welcher Situation sich der lyrische Sprecher befindet und was ihn bewegt *(was ist sein Motiv?)*.
Adressat	Beziehe auch mit ein, an wen der lyrische Sprecher seine Worte richtet: an sich selbst, an eine (vertraute) Person, an den Leser?
Form	Beschreibe die Anzahl der Strophen und Verse, das Reimschema und das Metrum. Überlege, welche Wirkung durch diese Formmerkmale erreicht wird.
Aussage	Gehe Strophe für Strophe durch und denke über die jeweilige Bedeutung nach. Stelle abschließend einen Zusammenhang zwischen Form und Inhalt her und triff eine Aussage über die Gesamtwirkung des Gedichts.

Interaktive Aufgaben: Ausdruck und Still

5 Die sprachliche Gestaltung beurteilen

Um einen Text gut zu verstehen, genügt es nicht, nur auf die (oberflächlichen) Inhalte zu achten, denn der Inhalt und die sprachliche Gestaltung sind eng miteinander verwoben. Deshalb solltest du dir zu einem Text immer auch die Frage stellen: *Wie ist ein Sachverhalt oder ein Geschehen dargestellt?*
So kann die **Sprachebene**, für die sich ein Verfasser entscheidet, von Bedeutung sein, ebenso wie seine **Wortwahl**. Auch vom **Satzbau** geht häufig eine bestimmte Wirkung aus. Weitere wichtige Aspekte sind **Sprachbilder** und **Ironie**.

5.1 Die Sprachebene bestimmen

Die Sprachebene, die ein Verfasser für seinen Text wählt, ist **vielsagend**. Damit gibt er z. B. zu erkennen, wie er sich selbst und sein Gegenüber einschätzt. Um die Sprachebene zu bestimmen, kannst du folgende Überlegungen anstellen:

- Verwendet der Verfasser eine **gehobene Sprache**? Greift er des Öfteren zu **Fremdwörtern** oder **Fachbegriffen**? Sind seine Sätze eher lang und kompliziert? Dann zeigt er durch seine Sprache, dass er **anspruchsvoll** ist – auch seinen Lesern gegenüber. Seine Darstellung wirkt **ernsthaft** und **seriös**.
- Entspricht die Ausdrucksweise eher der **Alltagssprache**? Ist sie vielleicht der **Umgangssprache** angenähert? Kommen überwiegend Ausdrücke vor, die dem alltäglichen (mündlichen) Sprachgebrauch entsprechen (so wie die Menschen z. B. im Supermarkt reden)? Ist der Satzbau evtl. **nicht immer korrekt** oder gibt es unvollständige Sätze? Oft wird dadurch eine **Nähe zum Leser** hergestellt. Die Aussagen wirken in diesem Fall eher **lässig** und **salopp**.
- Bewegt sich der Verfasser auf einer mittleren Sprachebene (**Standardsprache**)? Sie zeichnet sich durch **allgemein verständliche Wörter** und korrekte, aber vorwiegend **übersichtlich konstruierte Sätze** aus. Es gibt kaum Abweichungen vom öffentlichen Sprachgebrauch (z. B. dem der Massenmedien) – weder „nach oben“ noch „nach unten“. Die Sprache ist in dem Fall eher **unauffällig**.

Tipp

Auch bestimmte **Gruppensprachen** können in einem Text auffällig sein, z. B. eine Sprache, wie sie Mediziner verwenden. Der Verfasser will damit vielleicht seine Fachkenntnisse zeigen.

Eine Gruppensprache ist auch die **Jugendsprache**. Typisch dafür sind z. B. Neologismen (Wortneuschöpfungen) und Anglizismen (Begriffe aus dem Englischen). Ein Autor setzt Jugendsprache möglicherweise ein, um eine Szene besonders realistisch wirken zu lassen.

Übung 17

a) Bestimme bei den Sätzen in der Tabelle die Sprachebene. Kennzeichne sie so:
   ↑ eher von gehobenem Niveau
   → von mittlerem Niveau
   ↓ eher von niedrigem Niveau (z. B. Umgangs-, Jugend- oder Kiezsprache)

b) Unterstreiche in den Sätzen, die du mit ↑ oder ↓ gekennzeichnet hast, alle Stellen, an denen du die Sprachebene erkannt hast.

Sprach-ebene	Beispielsätze
	Könnten Sie mir freundlicherweise Ihre E-Mail-Adresse zukommen lassen?
	Ich hab schon ewig keine WhatsApp mehr von meiner Freundin gekriegt. Das ist halt echt komisch.
	Wie is'n deine Handynummer? Kannste die mir mal geben?
	Wer früher den Ausdruck „elektronische Medien" benutzte, meinte damit nur Rundfunk und Fernsehen.
	Heute denkt man vor allem an Computer und Internet, wenn jemand von elektronischen Medien spricht.
	PC und Internet gestalten unsere Kommunikation sehr komfortabel, denn sie ermöglichen gleichzeitig die Produktion, die Übertragung und die Rezeption von Nachrichten.
	Wir bieten Ihnen eine kompetente Betreuung aller in technologischer und logistischer Hinsicht anfallenden Aufgaben.
	Mein WLAN-Empfang ist echt unter aller Sau. Ich hoffe, das ändert sich bald mal.
	Es soll Leute geben, die immer noch keinen Internetanschluss haben. Das kann ich nicht nachvollziehen.
	Was kümmern dich die anderen? Du nervst voll!
	Mitteilungen nach außen werden inzwischen immer öfter digital kodiert, vor allem bei Behörden und im Dienstleistungssektor.
	Man sollte sein Passwort öfter ändern. Das ist eine Frage der Sicherheit.

5.2 Auf die Wortwahl achten

Für den Sinn eines Textes spielt die Wortwahl eine entscheidende Rolle. Mit manchen Wörtern verbindet der Leser von vornherein eine bestimmte Vorstellung. Ein Begriff kann **neutrale**, **positive** oder **negative** Gefühle wecken.

Beispiel

neutral	positiv	negativ
Hund Haus	vierbeiniger Freund Villa	Köter Bruchbude

Von besonderer Bedeutung sind diese Wortarten:

- **Nomen:** Achte auf die genauen Bezeichnungen von Personen oder Dingen. Einem *Schelm* kann man z. B. nicht böse sein, vor einem *Gauner* wird man sich dagegen in Acht nehmen.
- **Verben:** Sie geben zu verstehen, ob ein Geschehen aktiv und lebendig wirkt – oder eher statisch und leblos. Von Verben wie *springen, klatschen* oder *stürmen* geht z. B. eine andere Wirkung aus als von Verben wie *stehen, schweigen* oder *sitzen.*
- **Adjektive:** Sie beeinflussen erheblich die Stimmung, die in einem Text zum Ausdruck kommt. Adjektive wie *fröhlich, warm* oder *bunt* erzeugen z. B. eine angenehme, schöne Atmosphäre, dagegen lassen Adjektive wie *trüb, hart* oder *kühl* eine Situation eher unangenehm erscheinen. Wenn ein Text nur wenige oder keine Adjektive enthält, wirkt die Darstellung farblos – so, als hätten die Personen oder Gegenstände gar keine besonderen Eigenschaften.

Tipp

Achte besonders auf **Wiederholungen**. Kommt ein Wort in einem Text mehrmals vor, wird es besonders hervorgehoben – vermutlich weil es eine wichtige Funktion für die Textaussage hat.

Übung 18

Untersuche die Wortwahl im Gedicht „Spiel zwischen Erde und Himmel" (S. 46).

Aufgaben

1. Schreibe Wörter aus dem Gedicht heraus, mit denen man etwas Positives oder Negatives verbindet. Trage sie passend nach Wortarten in die Tabelle ein.
2. Äußere dich zur Wirkung, die von den gefundenen Wörtern ausgeht. Notiere zu jeder Wortart einige Stichworte.
3. Formuliere ein Fazit zu der Atmosphäre, die durch diese Wortwahl erzeugt wird.

   Hinweis: Berücksichtige dazu das gesamte Gedicht.

	Nomen	Verben	Adjektive
1.			
2.			
3.			

5.3 Den Satzbau berücksichtigen

Auch der Satzbau beeinflusst die Wirkung eines Textes auf den Leser:

- **Satzreihen** sind meist leicht verständlich und sprechen damit ein breites Publikum an. Zugleich klingen sie in der Regel sachlich und nüchtern. Satzreihen werden vor allem im mündlichen Sprachgebrauch verwendet.
- **Satzgefüge** zeigen dem Leser an, welche Zusammenhänge zwischen einzelnen Teilsätzen bestehen. Sie klingen oft flüssiger als Satzreihen, sind aber teilweise auch lang und verschachtelt. So können komplizierte Gedanken ausgedrückt werden, was eine anspruchsvolle Leserschaft anspricht. Satzgefüge werden überwiegend im schriftlichen Sprachgebrauch verwendet.
- Besonders kühl und distanziert wirkt der Satzbau dann, wenn **kurze Sätze** ohne verbindende Worte aneinandergereiht werden.
- **Ellipsen** (unvollständige Sätze) bringen häufig Gefühle zum Ausdruck, wie z. B. Freude oder Schrecken, oder sie spiegeln eine spontane Reaktion des Sprechers wider. Sehr häufig kommen Ellipsen im mündlichen Sprachgebrauch (Umgangssprache) vor; sie können aber auch in schriftlichen Texten gezielt eingesetzt werden.
- **Ausrufe-** und **Fragesätze** bringen Lebendigkeit in einen Text. Ausrufesätze drücken z. B. Gefühle wie Erstaunen oder Begeisterung aus. Fragesätze können Zweifel oder Unsicherheit anzeigen. Dadurch wird der Leser stärker einbezogen.

Hinweis: Genaueres zum Satzbau, zum Beispiel zum Unterschied von Satzgefüge und Satzreihe, kannst du ab Seite 125 nachlesen.

Übung 19

Untersuche den Satzbau in Heinrich von Kleists „Anekdote“ (S. 32): Erkläre zuerst, welche Art von Satzbau vorherrscht. Äußere dich dann zu seiner Wirkung. Schreibe ca. 80–100 Wörter. (→ Heft)

5.4 Sprachbilder erkennen

Häufig werden Wörter in einem Text anders verwendet als im normalen Sprachgebrauch. Das ist z. B. bei sprachlichen Bildern der Fall. Sprachbilder kennst du aus dem Alltag, z. B. aus Redewendungen. Anstelle von *„Du hast wohl schlechte Laune.“* könnte man beispielsweise sagen: *„Dir ist wohl eine Laus über die Leber gelaufen.“*

Vier häufig gebrauchte Sprachbilder sind diese:

- **Bildhafter Vergleich:** Eine Person oder eine Sache wird mit etwas verglichen, das aus einem ganz anderen Lebensbereich stammt. Bildhafte Vergleiche erkennst du oft an ihrer „Gelenkstelle“, z. B. „wie“ oder „als ob“.

  Beispiel

  Die beiden glichen einander wie ein Ei dem anderen.
  Es regnete so sehr, als ob die Welt unterginge.

- **Metapher:** Eine Metapher ist eine Art verkürzter Vergleich. Es gibt keine „Gelenkstelle“ zwischen dem Sprachbild und der Person/Sache, auf die es sich bezieht, sondern beides wird gleichgesetzt oder miteinander verschmolzen.

Beispiel

Das Leben ist eine Wüste. (Gleichsetzung: Leben = Wüste)
Der Dschungel der Großstadt erschreckte das Mädchen.
(Verschmelzung: Dschungel als Teil der Großstadt)

- **Personifikation:** Einer unbelebten Sache werden Eigenschaften zugesprochen, die normalerweise nur Menschen haben. Dadurch wirkt sie lebendig.

Beispiel

Der Orkan hat viel Spaß an seinem Tun.

- **Symbol:** Es bringt einen tieferen Sinn zum Ausdruck. Einige Symbole sind allgemein bekannt, z. B. das Herz als Symbol der Liebe. Es gibt auch Texte, die in ihrer Gesamtheit einen symbolischen Sinn haben.

Beispiel

Bei Gedichten, in denen vom *Herbst* die Rede ist, steht die *Jahreszeit Herbst* oft symbolisch für die *späte Lebensphase eines Menschen.*

Tipp

Auch hier genügt es nicht, zu sagen, dass ein bestimmtes Sprachbild in einem Text vorkommt; du musst erklären, welche **Wirkung** davon ausgeht: Ist es ein schönes Bild? Oder ein düsteres?

Übung 20

Lies noch einmal das Gedicht „Spiel zwischen Erde und Himmel“ von Mathias Jeschke (S. 46) und bearbeite dann die Aufgaben.

Aufgaben

1. Welche sprachlichen Bilder werden in dem Gedicht verwendet? Kreuze an.

   In dem Gedicht gibt es …

   ☐ bildhafte Vergleiche. ☐ Personifikationen.
   ☐ Metaphern. ☐ Symbole.

2. Zitiere zu deiner Antwort aus Aufgabe 1 ein passendes Beispiel.

   ____

3. Äußere dich zur Wirkung der Sprachbilder. Ist die dadurch vermittelte Stimmung eher gut oder eher schlecht? Begründe deine Meinung.

   Die Sprachbilder erzeugen eine eher …

   ☐ gute Stimmung.
   ☐ schlechte Stimmung.

   Begründung: ______________________________

   ____

   ____

   ____

   ____

5.5 Ironie richtig deuten

Ironie ist die „Kunst der Verstellung“. Sie dient dazu, **auf humorvolle Weise Kritik an etwas zu üben**. Der Autor stellt dann z. B. eine Handlung oder Verhaltensweise als positiv dar, obwohl er sie in Wirklichkeit schlecht findet. Er drückt seine Kritik – zum Schein – als Lob oder Anerkennung aus.

Beispiel

Du kennst ironische Aussagen aus dem Alltag. Wer zu einem Freund, der vollkommen übernächtigt aussieht, sagt: *„Du siehst ja heute gut aus!“*, meint in Wirklichkeit: *„Oje, was ist denn mit dir los? Du siehst sehr müde aus!“*

Tipp

Wenn jemand im (mündlichen) Gespräch eine ironische Aussage macht, merkst du das sofort: Seine Mimik und sein Tonfall passen dann nicht zu dem, was er sagt.
Im **Schriftlichen** dagegen ist es nicht leicht, zu erkennen, ob etwas ironisch gemeint ist, denn man sieht und hört den Erzähler nicht. Du erkennst eine ironisch zu verstehende Aussage in einem schriftlichen Text am besten daran, dass sie **unpassend oder widersprüchlich** wirkt: Sie passt entweder nicht zu anderen Textaussagen oder nicht zu deinen Erfahrungen.

Übung 21

Lies die Kurzgeschichte „Die Kampagne“ von Peter Maiwald und bearbeite anschließend die Aufgaben.

Peter Maiwald: Die Kampagne

Das ganze Unglück – die Verwirrtheit in den Köpfen! – erklärte unser Stadtschreiber, der es wissen mußte, kommt von den Worten. Ohne Worte kämen die Leute nicht auf dumme Gedanken, und die Irrtümer hätten keine Chance, sich auszudrücken. Die Geschwätzigkeit nähme ebenso ab wie die zahllosen Mißverständnisse, denen wir mit Worten ausgesetzt sind. Der Ärger mit den Schwerhörigen verringerte sich, und die Hörigkeit in der Liebe verlöre an Unglück. Auf Eide, Treueschwüre, Reden und Zeitungen könnte verzichtet werden, in einem Wort: Die Vorteile der Wortlosigkeit sind offensichtlich. So begann die Kampagne: Raus mit der Sprache!

Wir entfernten alle Schilder, Plakate und Inschriften aus unseren Städten und verbrannten alle Bibliotheken. Die Radios spielten wortlos Musik, und im Fernsehen regierte der Stummfilm. Wir waren sprachlos, aber unendlich erleichtert. Niemand konnte uns mehr etwas vormachen. Keiner konnte uns mehr belügen. Niemand konnte uns mehr überreden, und keiner konnte uns mehr etwas in den Mund legen. Allen Wortverdrehern und Redewendungen war endlich das Handwerk gelegt.
Nun, da wir uns nichts mehr zu sagen haben, leben wir friedlich und zufrieden. Wir nehmen alles so hin, wie es ist. In Zweifelsfällen werden wir handgreiflich. Die Liebenden berühren sich und kommen ohne die bekannten mißverständlichen drei Worte aus. Und vor allem: Seit wir sprachlos sind, kann uns nichts mehr erschrecken. Was sollte uns, die wir keine mehr haben, noch die Sprache verschlagen?

Quelle: Peter Maiwald: Die Kampagne. In: Ders.: Das Gutenbergsche Völkchen. Frankfurt am Main: Fischer Verlag 1990. S. 29 (Die Schreibweise entspricht den Regeln der alten Rechtschreibung.)

Aufgaben

1. Nenne drei Probleme, die laut Text durch die Verwendung von Sprache entstehen können. Stichworte genügen.

____

____

2. Gib zwei Textstellen an, in denen etwas Negatives zum Schein positiv dargestellt wird. Erkläre, warum diese Aussagen nur ironisch gemeint sein können.

Erste Textstelle: ______________________________

____

Erklärung der Ironie: ______________________________

____

____

____

____

Zweite Textstelle: ______________________________

____

Erklärung der Ironie: ______________________________

____

____

____

____

Auf einen Blick

Wie du Besonderheiten der sprachlichen Gestaltung erkennst	
Sprachebene	Ist sie eher **gehoben** und wirkt damit ernsthaft und seriös – oder eher der **Umgangssprache** angenähert, sodass die Darstellung lässig und alltagsnah wirkt?
Wortwahl	Gibt es **Wörter**, die bestimmte Vorstellungen oder Assoziationen hervorrufen: positiv, sachlich-neutral oder eher negativ?
Satzbau	Achte auf den Fluss der Sprache. Klingen die **Sätze** ruhig und harmonisch oder wirken sie unterkühlt oder gar verstörend?
Sprachbilder	Welche **sprachlichen Bilder** sind vorhanden und welche Wirkung geht von ihnen aus: eine eher angenehme oder unangenehme?
Ironie	Sind alle Aussagen in sich **stimmig** oder gibt es (oberflächlich gesehen) Unstimmigkeiten, die auf **Ironie** hinweisen?
Gesamtwirkung	Stelle einen **Zusammenhang** zwischen der sprachlichen Gestaltung und dem Inhalt her: Passt die Sprache zum **Inhalt** oder wirkt sie eher unpassend?

Schreibkompetenz

Was muss man können? Was wird geprüft?

Beim Schreiben eines Textes musst du zeigen, dass du in der Lage bist, einen Sachverhalt **angemessen, klar** und **verständlich** auszudrücken. Ein gelungener Text überzeugt sowohl **inhaltlich** als auch **sprachlich**.

In der Prüfung musst du Folgendes leisten:

- Du hast etwas zu sagen, d. h., du verfügst über ausreichende **Kenntnisse** zum **Thema** (z. B. aus deiner Erfahrung oder aus vorliegenden Materialien).
- Du wählst die **wesentlichen Gedanken** zum Thema aus und ordnest sie in einer **sinnvollen Reihenfolge** an.
- Du kennst die Merkmale der geforderten **Textsorte** und beachtest sie.
- Du versetzt dich in den (möglichen) **Leser** hinein und berücksichtigst seine Erwartungen und Vorstellungen. Sowohl die Inhalte als auch die Sprache sollen zum Adressaten passen.
- Du kannst dich in den **Schreiber** hineinversetzen und weißt, was ihn dazu bewegt, seinen Text zu schreiben. Sein Anliegen bringst du geschickt und glaubwürdig zum Ausdruck.
- Du drückst dich **korrekt aus**, schreibst (möglichst) alle Wörter richtig und strukturierst deine Aussagen durch eine passende Zeichensetzung.
- Du gestaltest deinen Text **optisch übersichtlich** und ansprechend (z. B. durch Untergliederung in Absätze, ausreichend Rand und ordentliche Schrift).

Tipp

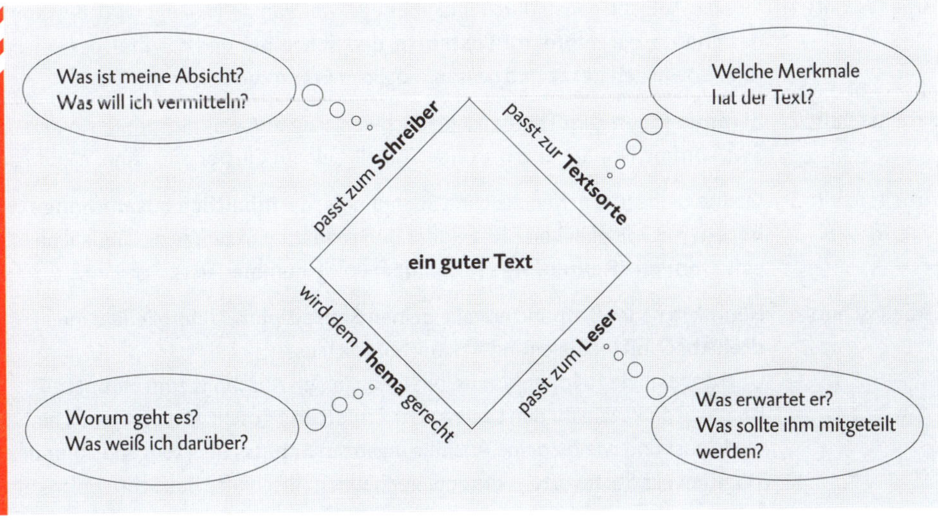

Beispiel

Anfang eines Briefes an die Schulleiterin (hier ohne Briefkopf):

Falsch

Hallo Frau Müller,
wir Schüler finden es total bescheuert, dass Sie was gegen die Einrichtung einer Cafeteria haben. …

- Anrede passt nicht zu förmlichem Brief an die Schulleitung
- Darstellung unhöflich
- Umgangssprache unpassend („total bescheuert", „was" …)

Richtig

Sehr geehrte Frau Müller,
die Schüler sind über Ihre ablehnende Haltung bezüglich der Cafeteria sehr enttäuscht. …

- höfliche Anrede, passt zu einem Brief an die Schulleiterin
- Darstellung sachlich und höflich
- Standardsprache (Schriftsprache) passt zu Anliegen und Adressat

6 Den Schreibprozess steuern

Der Schreibprozess besteht aus **drei Phasen:**

- **Vorbereiten:** Gewöhne dir an, den Schreibprozess sorgfältig zu planen. Das spart dir Zeit beim nächsten Schritt und erleichtert dir das Schreiben.
- **Schreiben:** Hier liegt der Schwerpunkt deiner Arbeit.
- **Überarbeiten:** Plane genug Zeit ein, um deinen Text noch einmal zu lesen und dabei fehlerhafte Stellen und ungeschickte Formulierungen zu verbessern.

Vorbereiten

In der Vorbereitung **durchdenkst** du zunächst die **Aufgabenstellung**, danach **sammelst und ordnest** du deine **Ideen**.

Schritt für Schritt

Das Schreiben vorbereiten

Arbeitsschritt 1 — Lies die Aufgabe genau durch und überlege, was von dir verlangt wird. Bestimme das **Thema**, die geforderte **Textsorte**, den **Schreiber** und das **Ziel**, das er verfolgt, sowie den **Leser** und dessen mögliche **Erwartungen** an den Text.

Arbeitsschritt 2 — **Sammle Ideen** zum Thema. Halte stichwortartig fest, was dir spontan in den Sinn kommt. Notiere es z. B. in einer Tabelle, einem Cluster oder einer Mindmap.

Arbeitsschritt 3 — **Ordne** deine Ideen: Kennzeichne Stichpunkte, die **inhaltlich zusammengehören** (z. B. mit gleichen Farben oder Buchstaben) und bringe die Gedanken in eine **sinnvolle Reihenfolge** (z. B. indem du sie nummerierst).

Arbeitsschritt 4 — Nimm ein neues Blatt und erstelle deinen **Schreibplan**. Untergliedere ihn in **drei Abschnitte:** Einleitung – Hauptteil – Schluss.
Übertrage deine zuvor gesammelten Ideen in den Abschnitt zum **Hauptteil**. Überlege dann, wie du den Leser in der **Einleitung** geschickt zum Thema hinführen kannst und wie du deine Ausführungen am **Schluss** überzeugend abrundest. Trage jeweils Stichworte in die entsprechenden Abschnitte des Schreibplans ein.

Beispiel

Eine **Ideensammlung** (Schritt 2) kann wie eines dieser drei Beispiele aussehen:

Tabelle

Vorteile einer Schulcafeteria	Mögliche Einwände dagegen
• Bessere Konzentration nach Frühstück	• Mensa vorhanden!
• Schüler lernen Verantwortung tragen	• Zeitproblem
• Geldeinnahme für die Schule	• Organisation schwierig
• …	• …

Cluster

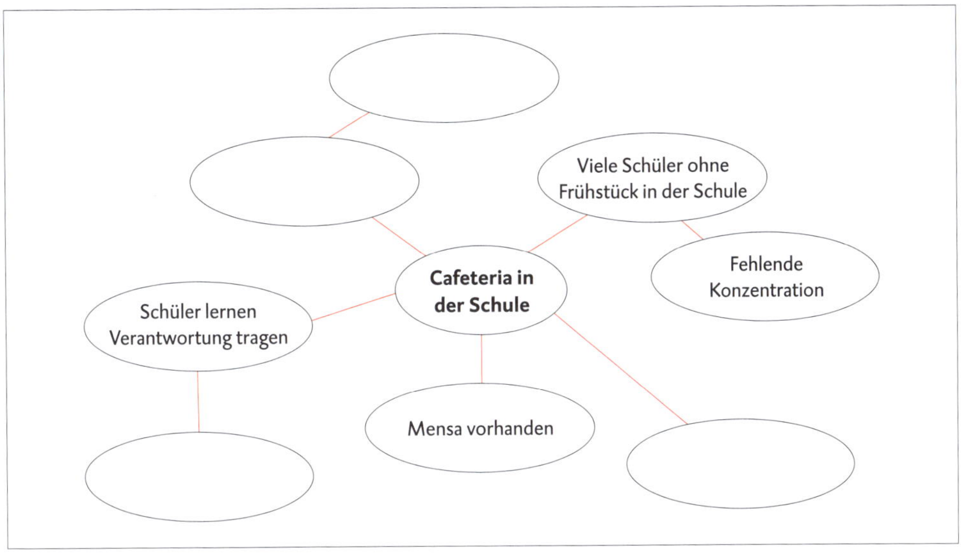

Mindmap

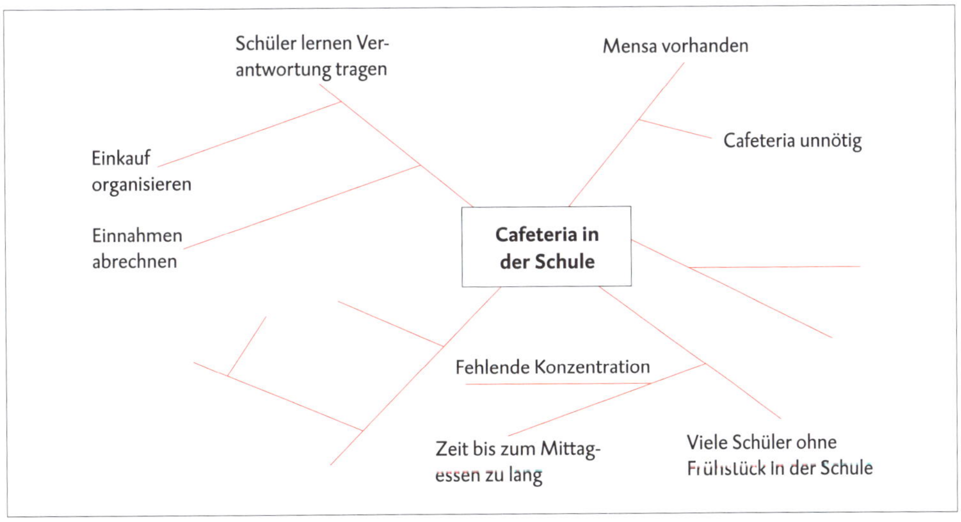

Übung 22

Als Schulsprecher oder Schulsprecherin möchtest du erreichen, dass in eurer Schule eine Cafeteria eingerichtet wird; Schüler und Eltern sollen sie gemeinsam betreiben. Aus diesem Grund schreibst du einen Brief an die Schulleiterin. Dein Ziel ist es, durch gute Argumente ihre Unterstützung zu gewinnen und mögliche Einwände, die sie haben könnte, zu zerstreuen. Bereite das Schreiben dieses Textes vor, indem du die Aufgaben auf der nächsten Seite bearbeitest.

Aufgaben

1. Beantworte die folgenden Fragen. Stichworte genügen.
   a) Um welches Thema geht es?
   ____
   b) Welche Art von Text sollst du schreiben?
   ____
   c) Wer ist der Verfasser des Textes? Was ist sein Anliegen?
   ____
   d) An wen richtet sich der Text? Welche Vorstellungen könnte er/sie haben?
   ____

2. Sammle Einfälle zum Thema (Argumente, Entkräften möglicher Einwände). Die Form, z. B. Tabelle, Mindmap …, ist dir freigestellt. (→ Heft)
   Hinweis: Du kannst auch eines der angefangenen Beispiele (S. 57) nutzen.

3. Ordne deine gesammelten Ideen aus der vorherigen Aufgabe.

Übung 23

Vervollständige diesen Schreibplan zur Schreibaufgabe von S. 57 (Übung 22).
Hinweis: Nutze deine Ergebnisse aus der vorherigen Übung.

Einleitung Hinführung, Anliegen	Höfliche Anrede Aktuelle Situation: viele Schüler ohne Frühstück im Unterricht, Bitte um Unterstützung für Einrichtung einer Cafeteria
Hauptteil Entkräften von Gegenargumenten, eigene Argumente	• Fragen der Ausstattung und Organisation mit Unterstützung der Eltern lösbar • ______________________________ • bessere Leistungsfähigkeit durch Frühstücksmöglichkeit für alle Schüler • ______________________________ • ______________________________
Schluss Bekräftigung mit Hauptargument/ Zusammenfassung, weiteres Vorgehen	Wiederholung der Bitte um Unterstützung, Hauptbegründung: ______________________________ ______________________________ Vorschlag: Gespräch führen Grußformel und Unterschrift

Schreiben

Orientiere dich beim Schreiben deines Textes an dem Schreibplan, den du als Vorbereitung erstellt hast.

Schritt für Schritt

Eine Schreibaufgabe bearbeiten

Arbeitsschritt 1 Am schwierigsten ist oft der Einstieg, also die **Einleitung**. Sie soll den Leser zum Thema hinführen, z. B. durch eine allgemeine Aussage oder ein aktuelles Beispiel. Notiere die Einleitung zuerst probeweise auf einem extra Blatt, ehe du sie ins Reine schreibst. Evtl. brauchst du mehrere Entwürfe. Etwa drei bis vier Sätze genügen.

Arbeitsschritt 2 Schreibe den **Hauptteil**. Nimm dir alle notierten Stichpunkte vor und formuliere deine Gedanken nacheinander sorgfältig aus. Beginne jeweils einen neuen Absatz, wenn du dich dem nächsten Punkt aus deinem Schreibplan zuwendest. Zähle deine Gedanken nicht nur der Reihe nach auf, sondern leite geschickt zwischen den einzelnen Sätzen und Absätzen über (vgl. S. 128 f.).

Arbeitsschritt 3 Nach dem letzten Stichpunkt schreibst du den **Schluss**. Im Idealfall rundet er deinen Text stimmig ab, z. B. durch ein Resümee/Fazit, einen Ausblick auf eine zukünftige Entwicklung oder deine persönliche Meinung. Probiere am besten wieder mehrere Ideen auf einem extra Blatt aus. Dann überträgst du den Schluss unter deinen Text. Es genügen wieder drei bis vier Sätze.

Beispiel

In dem folgenden Auszug aus einem Brief an die Schulleiterin sind die Sätze geschickt durch Konjunktionen oder Adverbien miteinander verbunden:

Immer mehr Schüler kommen ohne Frühstück zur Schule. Das führt dazu, dass sich viele von ihnen spätestens ab der dritten Stunde nicht mehr richtig auf den Unterricht konzentrieren können, weil ihnen der Magen knurrt. Zudem ist zu erwähnen, …

Übung 24

Schreibe die Einleitung und den Schluss für den Brief an die Schulleiterin (vgl. Schreibaufgabe S. 57). Achte darauf, dass es Verbindungen zwischen den Sätzen gibt. Orientiere dich an den Eintragungen in deinem Schreibplan (Übung 23).

Überarbeiten

Lies deinen Text noch einmal sorgfältig durch. Korrigiere dabei ungeschickte Formulierungen und Fehler.

Schritt für Schritt

Den ausformulierten Text überarbeiten

Arbeitsschritt **1** Versuche, deinen Text **innerlich laut zu lesen**; dann bemerkst du mögliche Schwachstellen am ehesten.

Arbeitsschritt **2** Suche nach Fehlern und ungeschickten Formulierungen:

- **Vermeide** unschöne **Wiederholungen**. Ersetze ein wiederholtes Wort besser durch ein Synonym oder Pronomen. Auch bei Satzanfängen und Satzkonstruktionen solltest du abwechseln, damit der Text nicht eintönig klingt.
- Achte auf **Eindeutigkeit**. Überlege , ob dem Leser immer klar ist, **worauf sich deine Aussagen beziehen**. Das gilt vor allem für „Platzhalter" wie **Pronomen**, z. B. Demonstrativpronomen *(dieses, das)* oder Personalpronomen *(er, es, ihnen)*.
- Verzichte auf unübersichtliche **Satzkonstruktionen**. Oft kannst du besonders lange und komplizierte Satzgefüge auf zwei Sätze aufteilen.
- Verwende statt des steif klingenden Nominalstils lieber **ausdrucksstarke Verben**. Schreibe z. B. nicht: *Die Bestellung zur Möblierung der Cafeteria erfolgt über das Ausfüllen eines Formulars.*, sondern besser: *Um Möbel für die Cafeteria zu bestellen, muss man ein Formular ausfüllen.*

Arbeitsschritt **3** **Korrigiere** die Fehler und Schwachstellen, die dir aufgefallen sind:

- Kleinere Korrekturen nimmst du direkt im Text vor: Streiche z. B. ein falsch geschriebenes Wort sauber durch und füge die richtige Schreibweise darüber ein.
- Bei größeren Korrekturen streichst du die ganze Textstelle durch. Versieh sie mit einem Zeichen (z. B. mit * oder *a)* oder 1) und schreibe die korrigierte Version unter Wiederholung dieses Zeichens auf ein Korrekturblatt, das du deiner Arbeit beifügst.
- Solltest du einmal vergessen haben, bei einem neuen Gedanken einen neuen Absatz zu beginnen, kennzeichnest du diese Stelle mit ⌈ .

Beispiel

Wenn die Schüler selbst eine Cafeteria betreiben,

Verantwortung
lernen sie ~~Verandwortung~~ zu tragen.

Sie müssen ~~dann einkaufen und verkaufen.~~)*

**) sich dann um die Einkäufe kümmern und auch den Verkauf übernehmen.*

Tipp

Achte darauf, dass deine **Korrekturen eindeutig** sind. Wenn du mehr als einmal eine größere Textstelle korrigieren musst, nimm jedes Mal ein anderes Zeichen (z. B. *, **, *** oder *a), b), c)* oder 1, 2, 3). Schreibe die Korrekturen nicht durcheinander auf dein Korrekturblatt, sondern richte dich bei der Reihenfolge nach ihrem Vorkommen im Aufsatztext.

Übung 25

Der folgende Abschnitt stammt aus einem Schülertext. Es ist ein Ausschnitt aus einem Brief an die Schulleiterin. Überarbeite den Text und notiere die verbesserte Version darunter.

Hinweis: Es geht vor allem um das Vermeiden von Wiederholungen und das Herstellen sinnvoller Verknüpfungen zwischen den Sätzen.

… Wir haben zwar eine Mensa. Wir bekommen in der Mensa um 13 Uhr ein Mittagessen. Das ist aber für viele Schüler zu spät. Viele Schüler kommen ohne Frühstück zur Schule. Sie haben schon früh am Morgen Hunger. Sie möchten sich vorher etwas zu essen und zu trinken kaufen können. Sie können sich sonst im Unterricht nicht konzentrieren. Für sie wäre eine Cafeteria wichtig. …

Auf einen Blick

So organisierst du deinen Schreibprozess richtig

Lies die Aufgabenstellung genau durch.	Überlege, um welches Thema und um welche Textsorte es geht, wer der Schreiber ist, welches Ziel er verfolgt und an wen der Text gerichtet sein soll.
Sammle Ideen für deinen Text und ordne sie.	Berücksichtige dabei das, was du über das Thema weißt, und das, was du ggf. aus vorliegenden Materialien erfährst. Schreibe deine Ideen zunächst ungeordnet auf; anschließend gruppierst du sie und legst die Reihenfolge fest.
Erstelle einen Schreibplan.	Verwende dafür ein extra Blatt und trage deine Stichpunkte, die du zusammengestellt hast, dort ein. Stelle deine Ideen für die Einleitung voran und ergänze Überlegungen für den Schluss.
Schreibe deinen Text.	Orientiere dich bei Aufbau und Inhalt an deinem Schreibplan. Wähle eine Sprache, die sowohl zur geforderten Textsorte als auch zum Leser und zum Schreiber passt.
Überarbeite den Text.	Lies alles noch einmal gründlich durch und korrigiere, wenn nötig, Fehler und Ausdrucksschwächen.

7 Schreibaufgaben lösen

Es gibt unterschiedliche Arten von Schreibaufgaben. Sie beziehen sich entweder auf einen **Text** bzw. eine **Materialgrundlage** oder auf dein **Erfahrungswissen**. Grundsätzlich lassen sich Schreibaufgaben in zwei Bereiche unterteilen:

- Aufgaben, in denen du dich **sachlich** zu einem Thema äußern sollst

  Beispiel *Stellungnahme, Erörterung, Bericht, informierender Text, Textanalyse, Inhaltsangabe, Charakteristik, Leserbrief …*

- Aufgaben, in denen du **kreativ-produktiv** tätig werden sollst

  Beispiel *persönlicher Brief, Tagebucheintrag, innerer Monolog, Erzählung, Textfortsetzung …*

Tipp

> Oft wird eine Schreibaufgabe **in eine fiktive** (= erfundene) **Situation eingebettet**. Das kann dann zu **gemischten Aufgabenformen** führen.
> Beim Brief an die Schulleiterin zum Beispiel (vgl. S. 57, Übung 22) musst du insofern **kreativ** sein, als du dich in die Rolle des Schülersprechers hineinversetzen und an eine ausgedachte Person schreiben sollst. Deine Argumentation im Brief muss dennoch **sachlich** sein.

7.1 Offene Fragen zu einem Text beantworten

Eine offene Frage zu einem Text verlangt nach einer **ausführlichen Antwort**. Genau genommen sollst du bei dieser Art von Aufgabe einen kompletten **zusammenhängenden Text** schreiben. Im Unterschied z. B. zu einer Inhaltsangabe (vgl. S. 67 ff.) bezieht sich eine solche Frage aber in der Regel nicht auf den ganzen Text, sondern nur auf **einen bestimmten Aspekt**, zu dem du dich äußern sollst. In jedem Fall musst du dich in deiner Antwort **auf den Text beziehen**, um nachzuweisen, dass deine Aussage richtig ist.

Hinweis: Über den richtigen Umgang mit Textbelegen kannst du dich ausführlich auf S. 102 informieren.

Offene Fragen können auch **indirekt gestellt** sein. In dieser Form sind sie **Bestandteil vieler Schreibaufgaben**. Häufig wird das Beantworten der Frage dann als eine Teilaufgabe innerhalb der übergreifenden Aufgabenstellung verlangt. Das ist z. B. der Fall, wenn du im Rahmen einer Textanalyse eine Aussage zum Text bekommst, zu der du Stellung beziehen sollst, oder wenn du eine Erklärung für das Verhalten einer Figur abgeben sollst.

Tipp

> Typische Formulierungen für Aufgaben, bei denen es sich um **indirekt gestellte offene Fragen** handelt, sind z. B.: *Erläutere …, Erkläre …, Begründe …, Beurteile …, Nimm Stellung …*

Es können dir zwei Arten von offenen Fragen zu einem Text gestellt werden:

- **Inhaltsfragen** fragen gezielt nach bestimmten Textinhalten. Du erkennst sie daran, dass sie mit einem Fragepronomen beginnen (z. B.: *Wie …? Warum …?*).
- **Entscheidungsfragen** verlangen von dir eine Entscheidung: Zustimmung oder Ablehnung. Solche Fragen beginnen in der Regel nicht mit einem Fragepronomen. Ein „Ja“ oder „Nein“ als Antwort genügt hier nicht, du musst deine Entscheidung immer auch begründen.

Beispiel

Mögliche offene Fragen zum Text „Anekdote“ von Heinrich von Kleist (S. 32):

- *Warum kommt es zum Kampf zwischen den beiden Boxern?* (Inhaltsfrage)
- *Ist das Verhalten der Zuschauer, die bei dem Boxkampf anwesend sind, zu verurteilen? Begründe deine Meinung.* (Entscheidungsfrage)
- *„Die Boxer gehen beide sehr ehrenhaft miteinander um.“ Hältst du diese Einschätzung für richtig? Begründe deine Meinung.* (Entscheidungsfrage)
- *Erkläre, weshalb dem Boxer aus Portsmouth der Sieg zugesprochen wird. Beziehe dich auf den Text.* (Offene Frage, indirekt ausgedrückt)

Eine **Antwort** auf eine offene Frage **besteht aus drei Teilen:** dem eigentlichen Antwortsatz, einem Textbeleg und einer Erläuterung der Textstelle. Die Reihenfolge dieser drei Teile ist nicht festgelegt. Du kannst z. B. auch mit einem Zitat beginnen, dieses anschließend erläutern und dann erst die eigentliche Antwort geben. Diese ist dann wie eine Schlussfolgerung, die du aus der Textstelle und deren Erläuterung ziehst.

Schritt für Schritt

Offene Fragen beantworten

Arbeitsschritt **1** Durchdenke die Frage. Überlege, worauf sie abzielt.

Arbeitsschritt **2** Suche im Text nach Stellen, aus denen sich die richtige Antwort ableiten lässt. Markiere sie und kommentiere sie am Rand.

Arbeitsschritt **3** Beantworte die Frage. Formuliere deine Antwort klar und prägnant.

Arbeitsschritt **4** Weise nach, dass deine Antwort stimmt. Beziehe dich auf geeignete Textstellen. Es gibt zwei Möglichkeiten, um eine Aussage anhand von Textstellen zu belegen:
- das **wörtliche Zitat:** Dabei gibst du eine Textstelle in deiner Antwort wortwörtlich wieder. Das Zitat setzt du in Anführungszeichen.
- die **Paraphrase** (Umschreibung): Mit ihr beziehst du dich nur sinngemäß auf eine Textstelle: Du „übersetzt“ sie in deine Sprache und verwendest eigene Worte.

Es kann auch vorkommen, dass eine Textstelle allein als Nachweis für deine Antwort nicht reicht. Ziehe dann mehrere Textstellen als Beleg heran.

Arbeitsschritt **5** Stelle einen Zusammenhang zwischen der Textstelle und deiner Antwort her. Es genügt nicht, dass du nur auf eine Textstelle verweist. Du musst auch sagen, warum diese Textstelle geeignet ist, um deine Antwort zu belegen. Erläutere deshalb die Textstelle, die du als Beleg ausgewählt hast.

Tipp

> Formuliere deine Antwort so, dass der Leser sie auch dann versteht, wenn ihm die Frage nicht vorliegt. Vermeide Antworten, die mit den Konjunktionen *weil* oder *dass* beginnen, denn das verführt dazu, unvollständige Sätze zu schreiben.

Beispiel

Vollständige Antworten auf offene Fragen zum Text „Anekdote“ von Heinrich von Kleist (S. 32) könnten so lauten:

Frage	*Warum kommt es zum Kampf zwischen den beiden Boxern?* (Inhaltsfrage)
Antwort	Sie wollen herausfinden, wem die Ehre zukommt, der bessere Boxer zu sein.
Textbeleg (Zitate)	Zur „Entscheidung der Frage, wem von ihnen der Siegerruhm gebühre“ (Z. 6–8), vereinbaren sie einen „öffentlichen Wettkampf“ (Z. 8 f.).
Erläuterung der Textstelle	Bisher ist die Frage, wer von beiden besser boxt, noch nicht entschieden, weil die beiden einander noch nie begegnet sind. Sie kennen sich nur vom Hören-Sagen. Ihr Aufeinandertreffen in London gibt ihnen erstmals die Gelegenheit des gegenseitigen Kräftemessens. Der Kampf, den sie vereinbaren, soll öffentlich ausgetragen werden. Das zeigt, dass es den beiden nicht nur darum geht, herauszufinden, wer der bessere Boxer ist. Wichtig ist für sie auch der Ruhm, den sie dabei ernten können.

Frage	*Ist das Verhalten der Zuschauer, die bei dem Boxkampf anwesend sind, zu verurteilen?* (Entscheidungsfrage)
Verweis auf Textstelle (Paraphrase)	Es heißt im Text, dass das Volk begeistert aufschreit (vgl. Z. 24), nachdem einer der Kämpfer zu Boden gegangen ist, und es dem anderen anschließend den Siegesruhm zuspricht (vgl. Z. 27 f.).
Erläuterung der Textstelle	Offenbar geht es den Zuschauern nur darum, einer Sensation beizuwohnen. Sie fragen sich nicht, wie gefährlich die Verletzungen sind, die die beiden Boxer in diesem Kampf erleiden. Es kümmert sie nicht einmal, dass der am Boden liegende Boxer kurz darauf tot weggetragen wird. Dagegen versäumen sie es nicht, den anderen Boxer zu feiern und ihm den Siegesruhm zuzuerkennen. Das ist sehr oberflächlich und verantwortungslos.
Schlussfolgerung = Antwort	Deshalb finde ich, dass das Verhalten der Zuschauer in der Tat zu verurteilen ist.

Hinweis: Normalerweise trägt man die einzelnen Schritte solcher ausführlicher Antworten nicht in eine Tabelle ein. Das ist in den Beispielen nur der Fall, damit du die Struktur besser nachvollziehen kannst. Wenn du selbst deine Antworten in dieser Weise vorstrukturierst, kannst du sicher sein, dass du keinen Bestandteil vergisst. Außerdem bekommst du so nach und nach ein Gefühl dafür, wie eine zufriedenstellende Antwort aussieht. In der Prüfung schreibst du deine Lösung aber natürlich als zusammenhängenden Text!

Tipp

Eine **Warum**-Frage zielt häufig auf das **Handlungsmotiv** einer literarischen Figur. Das bedeutet: Es wird danach gefragt, was diese Figur dazu bringt, ein **bestimmtes Verhalten** zu zeigen. Im Text steht aber in der Regel nur, was die Figur tut. (Dazu gehört auch das, was sie denkt oder sagt.) Um herauszufinden, was das Motiv ist, das sie zu diesem Verhalten bewegt, stellst du dir am besten drei Fragen. Du kannst dich an dieser Schema-Zeichnung orientieren:

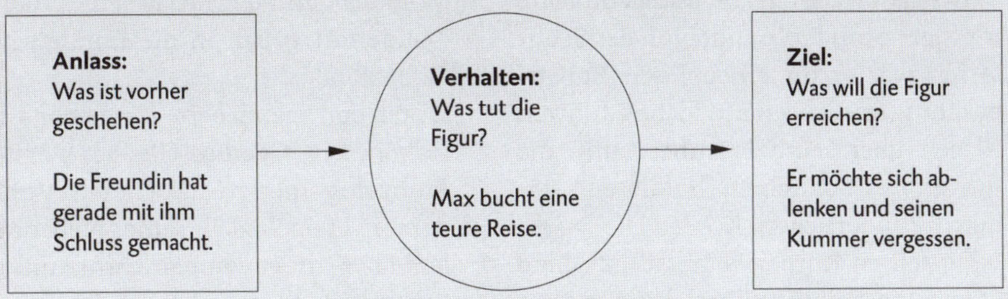

Die Antwort auf die Frage nach dem **Ziel** ist das Handlungsmotiv.

Übung 26

Lies den Textauszug aus der Erzählung „Der Verbrecher aus verlorener Ehre“ von Friedrich Schiller (S. 66) und bearbeite danach die folgenden Aufgaben.

Aufgaben

1. Vervollständige die Schema-Zeichnung: Trage Anlass und Ziel in die leeren Felder ein.

2. Warum sieht Christian nur „den Ausweg, **honett zu stehlen**“ (Z. 46 f.)? Beantworte diese Frage ausführlich.

   Hinweis: Achte darauf, dass deine Lösung alle erforderlichen Bestandteile enthält: Antwort, Textbeleg und Erläuterung.

Friedrich Schiller: Der Verbrecher aus verlorener Ehre (Textauszug)

[...] Christian Wolf war der Sohn eines Gastwirts [...] und half seiner Mutter, denn der Vater war tot, bis in sein zwanzigstes Jahr die Wirtschaft besorgen. Die Wirtschaft war schlecht, und Wolf hatte müßige[1] Stunden. Schon von der Schule her war er für einen losen Buben[2] bekannt. Erwachsene Mädchen führten Klagen über seine Frechheit, und die Jungen des Städtchens huldigten[3] seinem erfinderischen Kopfe. Die Natur hatte seinen Körper verabsäumt[4]. Eine kleine unscheinbare Figur, krauses Haar von einer unangenehmen Schwärze, eine plattgedrückte Nase und eine geschwollene Oberlippe, welche noch überdies durch den Schlag eines Pferdes aus ihrer Richtung gewichen war, gab seinem Anblick eine Widrigkeit[5], welche alle Weiber von ihm zurückscheuchte und dem Witz seiner Kameraden eine reichliche Nahrung darbot.

Er wollte ertrotzen, was ihm verweigert war; weil er missfiel, setzte er sich vor zu gefallen. Er war sinnlich[6] und beredete sich, dass er liebe. Das Mädchen, das er wählte, misshandelte ihn; er hatte Ursache, zu fürchten, dass seine Nebenbuhler glücklicher wären; doch das Mädchen war arm. Ein Herz, das seinen Beteurungen verschlossen blieb, öffnete sich vielleicht seinen Geschenken, aber ihn selbst drückte Mangel, und der eitle[7] Versuch, seine Außenseite geltend zu machen, verschlang noch das Wenige, was er durch eine schlechte Wirtschaft erwarb. Zu bequem und zu unwissend, einem zerrütteten Hauswesen durch Spekulation[8] aufzuhelfen, zu stolz, auch zu weichlich, den Herrn, der er bisher gewesen war, mit dem Bauern zu vertauschen und seiner angebeteten Freiheit zu entsagen, sah er nur einen Ausweg vor sich – den Tausende vor ihm und nach ihm mit besserem Glücke ergriffen haben – den Ausweg, *honett*[9] *zu stehlen*. Seine Vaterstadt grenzte an eine landesherrliche Waldung, er wurde Wilddieb, und der Ertrag seines Raubes wanderte treulich in die Hände seiner Geliebten.

Unter den Liebhabern Hannchens war Robert, ein Jägerbursche des Försters. Frühzeitig merkte dieser den Vorteil, den die Freigebigkeit seines Nebenbuhlers über ihn gewonnen hatte, und mit Scheelsucht[10] forschte er nach den Quellen dieser Veränderung. Er zeigte sich fleißiger in der „Sonne" – dies war das Schild zu dem Wirtshaus –, sein laurendes Auge, von Eifersucht und Neide geschärft, entdeckte ihm bald, woher dieses Geld floss. Nicht lange vorher war ein strenges Edikt[11] gegen die Wildschützen erneuert worden, welches den Übertreter zum Zuchthaus verdammte. Robert war unermüdet, die geheimen Gänge seines Feindes zu beschleichen; endlich gelang es ihm auch, den Unbesonnenen über der Tat zu ergreifen. Wolf wurde eingezogen, und nur mit Aufopferung seines ganzen kleinen Vermögens brachte er es mühsam dahin, die zuerkannte Strafe durch eine Geldbuße abzuwenden.

Robert triumphierte. Sein Nebenbuhler war aus dem Felde geschlagen und Hannchens Gunst für den Bettler verloren. Wolf kannte seinen Feind, und dieser Feind war der glückliche Besitzer seiner Johanne. Drückendes Gefühl des Mangels gesellte sich zu beleidigtem Stolze, Not und Eifersucht stürmen vereinigt auf seine Empfindlichkeit ein, der Hunger treibt ihn hinaus in die weite Welt, Rache und Leidenschaft halten ihn fest. Er wird zum zweiten Mal Wilddieb; [...]

Quelle: Friedrich Schiller: Sämtliche Werke in vier Bänden. 4. Band. Augsburg: Weltbild-Verlag 1998. S. 50 f.

Anmerkungen

1 *müßig:* ohne Beschäftigung
2 *für einen losen Buben:* als dreister, frecher Junge
3 *huldigen:* bewundern, verehren
4 *verabsäumen:* nicht richtig machen, nachlässig sein
5 *Widrigkeit:* gemeint: Hässlichkeit
6 *sinnlich:* sensibel, gefühlvoll
7 *eitel:* vergeblich
8 *Spekulation:* Geschäftstüchtigkeit
9 *honett:* eigentlich „ehrenwert"; hier in der Bedeutung von „allgemein üblich und anerkannt"
10 *Scheelsucht:* Neid
11 *Edikt:* Verordnung, Vorschrift (eine Art Gesetz)

7.2 Den Inhalt eines Textes zusammenfassen

Eine Textzusammenfassung informiert **knapp und sachlich** über den Inhalt eines Textes. Sie besteht wie die meisten Texte aus drei Teilen: einer **Einleitung**, einem **Hauptteil** und einem **Schluss**.
Die **Inhaltsangabe zu einem literarischen Text** und die **Zusammenfassung eines Sachtextes** unterscheiden sich in einigen Punkten. Die Einzelheiten erfährst du auf den folgenden Seiten. Es gibt aber auch Gemeinsamkeiten:

- Nur die **wichtigsten Inhalte** werden wiedergegeben, keine ausschmückenden Details und nichts Nebensächliches.
- Die Zeitform ist das **Präsens** (bei Vorzeitigkeit Perfekt).
- Die sprachliche Darstellung ist **neutral** und **sachlich**, ohne Wertungen.
- Es kommt **nie wörtliche Rede** vor. Äußerungen, die jemand im Text macht, werden in **indirekter Rede** wiedergegeben (also nicht Wort für Wort, sondern **sinngemäß** und im **Konjunktiv**, vgl. S. 122 f.).

Die Inhaltsangabe bei epischen Texten

In einem epischen Text stellt der Verfasser auf kunstvolle Weise ein **fiktionales Geschehen** dar, also eine Handlung, die er sich ausgedacht hat. Der Inhalt, den du wiedergeben sollst, ist die Geschichte, die er erzählt.

Schritt für Schritt

Eine Inhaltsangabe zu einem Erzähltext schreiben

Arbeitsschritt **1** Informiere in der **Einleitung** über die **Textsorte**, den **Titel** des Textes, den **Verfasser**, evtl. das **Jahr der Veröffentlichung** und das **Thema**.
Bei einem epischen Text ist das Thema meist der Kern der Handlung bzw. das, was die vordergründige Handlung zeigt oder aussagt. Dabei gehst du aber noch nicht auf Einzelheiten ein, sondern bleibst allgemein, z. B.: *Es geht um einen Konflikt zwischen zwei Brüdern.* Ein bis zwei Sätze genügen.

Arbeitsschritt **2** Im **Hauptteil** rekonstruierst du die Handlung. Nenne die entscheidenden **Handlungsschritte** und wesentliche **Einzelheiten**. Bringe sie dabei auch in einen Zusammenhang. Frage dich also jeweils: *Wie kommt es dazu?*

Arbeitsschritt **3** Am **Schluss** stellst du knapp und präzise den **Ausgang des Geschehens** dar.

Tipp

Bereite das Verfassen einer Inhaltsangabe mithilfe der **W-Fragen** vor:

- In der **Einleitung** beantwortest du diese W-Fragen: *Wer? Wo? Wann? Was?*
- Im **Hauptteil** beantwortest du die *Wie-* und die *Warum*-Frage.
- Und zum **Schluss** gibst du Auskunft über die Frage: *Welche Folgen …?*

Beispiel

Eine Inhaltsangabe zu Heinrich von Kleists „Anekdote" (S. 32) kann so aussehen:

Einleitung Informationen über Textsorte, Titel, Verfasser und Thema	Die „Anekdote" von Heinrich von Kleist, erschienen im Jahr 1803, handelt von zwei berühmten englischen Boxern, die im Kampf gegeneinander antreten, um herauszufinden, wer von ihnen der Bessere ist. Dieser Wettstreit endet für beide tödlich.
Hauptteil Rekonstruktion des Ablaufs: die einzelnen Schritte der Handlung	Die Männer sind sich zuvor nie begegnet, weil sie an unterschiedlichen Orten wohnen. Als sie erstmals in London zusammentreffen, nutzen sie die Gelegenheit, um in der Öffentlichkeit einen Zweikampf auszutragen. Vor den Augen der begeisterten Zuschauer verpassen sie einander so starke Schläge, dass beide dadurch ihr Leben verlieren. Trotzdem geht einer von ihnen als Sieger aus dem Kampf hervor, nämlich derjenige, der nicht sofort tödlich getroffen zu Boden gegangen ist, sondern erst einen Tag später an den Folgen eines Blutsturzes stirbt.
Schluss Ergebnis/Ausgang des Geschehens	Die Boxer haben zwar ihr Ziel erreicht: Einer von ihnen hat den anderen k. o. geschlagen. Mit ihrem Tod haben aber beide einen hohen Preis für ihre Ruhmsucht bezahlt.

Übung 27

Lies noch einmal die Kurzgeschichte „Marathon" (S. 37 f.) und schreibe eine Inhaltsangabe dazu. (→ Heft) Als Vorbereitung füllst du den Schreibplan aus.

Einleitung Textsorte, Titel, Verfasser, Thema	______ ______ ______
Hauptteil Die einzelnen Handlungsschritte	1. ______ 2. ______ 3. ______ ______ ______ ______ ______ ______ ______ ______ ______ ______ ______
Schluss Ergebnis/Ausgang des Geschehens	______ ______

Die Inhaltsangabe bei Gedichten

In einem Gedicht stellt ein lyrischer Sprecher kunstvoll verdichtet seine Gedanken und Gefühle dar. Es wird also in der Regel keine Geschichte erzählt, deren Handlungsverlauf man wiedergeben könnte (Ausnahme: Ballade, vgl. S. 41). Deshalb erscheint es auf den ersten Blick ziemlich schwierig, den Inhalt eines Gedichts zusammenzufassen. Bei genauer Betrachtung ist das aber ganz einfach.

Schritt für Schritt

Den Inhalt eines Gedichts zusammenfassen

Arbeitsschritt 1 In der **Einleitung** nennst du auch hier die **Textsorte** (Gedicht), den **Titel**, den **Dichter** und evtl. das **Erscheinungsjahr**. Das **Thema** benennst du, indem du sagst, worüber sich der lyrische Sprecher **Gedanken** macht.
Du kannst dich auch schon zu **wesentlichen Formmerkmalen** äußern (Anzahl der Strophen und der Verse je Strophe).

Arbeitsschritt 2 Im **Hauptteil** rekonstruierst du den Gedankengang des lyrischen Sprechers. Wenn das Gedicht aus mehreren Strophen besteht, nimmst du dir am besten **jede Strophe einzeln** vor. Gehe jeweils kurz auf die Gedanken oder die Zustände ein, die der lyrische Sprecher dort zum Ausdruck bringt.

Arbeitsschritt 3 Zum **Schluss** kannst du dich dazu äußern, wie das Gedicht auf den Leser wirkt, z. B., indem du sagst, welche **Stimmung** darin zum Ausdruck kommt.

Beispiel

Eine Inhaltsangabe zu dem Gedicht „Septemberliches Lied vom Storch" (S. 42) könnte so anfangen:

In dem Gedicht „Septemberliches Lied vom Storch" von Günter Eich beschreibt der lyrische Sprecher eine idyllische Situation in der Natur, die sich am Anfang des Herbstes zeigt: Zwar naht bereits die kalte Jahreszeit, aber da die Sonne noch fast so hell und warm scheint wie im Sommer, entsteht ein trügerischer Eindruck. Das ist auch am Verhalten der Tiere zu erkennen.

Der Storch hat bereits gespürt, dass der Sommer vorbei ist, und den Flug nach Süden angetreten. Die anderen Tiere aber genießen die letzten Sonnenstrahlen. Dank der Abwesenheit des Storches ist dies gefahrlos möglich. ....

Tipp

Bei mehrstrophigen Gedichten solltest du darauf achten, dass deine Aussagen zu den einzelnen Strophen **nicht alle gleich anfangen:** *In der ersten Strophe ... In der zweiten Strophe ...* usw. Bringe **Abwechslung** in deine Formulierungen, z. B. so: *In der ersten Strophe äußert der lyrische Sprecher seine Gedanken zu ... Anschließend wendet er sich ... zu ...*

Übung 28

Schreibe eine Inhaltsangabe zu dem Gedicht „Septemberliches Lied vom Storch" (S. 42). (→ Heft) Du kannst die Einleitung aus dem Beispiel oben verwenden.

Die Zusammenfassung von Sachtexten

Auch bei einem Sachtext gibt es keinen Handlungsverlauf, den du in der Inhaltsangabe wiedergeben kannst. Bei der **Inhaltszusammenfassung** von Sachtexten gibt es deshalb einige Besonderheiten.

Schritt für Schritt

Den Inhalt eines Sachtexts zusammenfassen

Arbeitsschritt 1 In der **Einleitung** informierst du über die **Textsorte** (z. B. Bericht, Reportage ...), den **Titel** des Textes, den **Verfasser** und die **Quelle** (z. B. den Namen der Zeitung und das Datum der Veröffentlichung) sowie über das **Thema** des Textes.

Arbeitsschritt 2 Im **Hauptteil** stellst du im Einzelnen dar, welche Informationen der Verfasser über das Thema vermittelt. Stelle auch **Zusammenhänge** her *(Handelt es sich um eine allgemeine Aussage, ein Beispiel, eine Begründung, eine Bedingung, eine Folge ...?)* und bringe diese durch Konjunktionen oder Adverbien zum Ausdruck.

Arbeitsschritt 3 Am **Schluss** rundest du die Textzusammenfassung ab, indem du noch einmal auf die entscheidenden oder besonders interessanten Informationen verweist.

Tipp

In der Einleitung deiner Inhaltsangabe kannst du natürlich nur **Informationen** wiedergeben, die dir **bekannt sind**. Wenn du z. B. nicht weißt, wer einen Text geschrieben hat und wo er erschienen ist, belässt du es bei der Nennung des Titels.

Beispiel

So könnte der Anfang einer Inhaltsangabe zu einem Sachtext aussehen:

In der Reportage „Terminator mit menschlichem Antlitz“ von Florian Falzeder, erschienen am 21.10.2013 in der Tageszeitung taz, *stellt der Verfasser Menschen vor, die sich als sogenannte Cyborgs ansehen. Einige von ihnen treffen sich regelmäßig in Räumen des Berliner Hackervereins „c-base“, um sich auszutauschen. Der Verfasser nimmt ein solches Treffen zum Anlass, um sich mit den Teilnehmern über ihre Erfahrungen und Ziele zu unterhalten.*

Falzeder erklärt, dass der Begriff „Cyborg“ aus der Raumfahrt stammt. Ursprünglich bezog er sich auf Menschen, die nach den Vorstellungen von Wissenschaftlern mithilfe von Technik so umgestaltet werden, dass sie im Weltraum überleben könnten. ...

Tipp

Bedenke, dass es die **Eindrücke und Einschätzungen des Verfassers** sind, die du bei einer Inhaltsangabe zu einem Sachtext zusammenfassend darstellst. Es sind (meist) keine Tatsachen! Deshalb musst du seine Aussagen in **indirekter Rede** wiedergeben (vgl. S. 123), z. B. so:
Falzeder erinnert daran, dass das Thema „Mensch und Maschine“ bereits in vielen Science-Fiction-Werken behandelt worden sei.

Wenn du vermeiden willst, dass du durchgängig den Konjunktiv verwenden musst, kannst du zu einem **Trick** greifen: Weise ausdrücklich darauf hin, dass deine folgenden Sätze Aussagen des Verfassers sind. Dann kannst du die nachfolgenden Inhalte „ganz normal“ im Indikativ wiedergeben, z. B.: *Drei solcher Cyborgs stellt der Verfasser vor: den Amerikaner Tim Cannon, der anstrebt, dem Ziel der Unsterblichkeit näher zu kommen.*

Übung 29

Verfasse eine Inhaltsangabe zum folgenden Text „Terminator mit menschlichem Antlitz“. (→ Heft) Du kannst die Einleitung und den Anfang des Hauptteils aus dem Beispiel (S. 70) übernehmen.

„Wer will nicht unsterblich sein?“ Tim Cannon raucht abwechselnd Elektro- und Filterzigaretten und denkt über die Zukunft nach. Auf dem Weg zur Unsterblichkeit gilt es, ein Hindernis zu überwinden: „das Fleisch“, den menschlichen Körper. „Faulendes Obst wirfst du ja auch nach einem Tag weg!“ Soweit ist der Mittdreißiger noch nicht, aber er arbeitet daran. Schritt für Schritt baut er seinen Körper mit Technik aus. Tim Cannon ist ein sogenannter Cyborg.

Der Begriff kommt ursprünglich aus der Raumfahrt und bedeutet „kybernetischer Organismus“: In den 1960er-Jahren entwickelten Wissenschaftler die Idee, den Menschen technisch umzubauen, damit er im Weltraum überleben kann.

Tim Cannon bleibt eher auf dem Boden und erweitert seine Sinne – er trägt einen Chip, einen Magneten und ein selbstgebautes Gerät, das seine Temperatur misst und über Bluetooth sendet, in seinem Körper. Der US-Bürger […] nennt sich Body-Hacker, ist begeisterter Bastler und gerade in Deutschland zu Besuch.

In Berlin stößt er auf Gegenliebe. In der c-base[2] an der Spree treffen sich […] regelmäßig ein paar Dutzend Menschen. Die Räume gleichen einer Raumstation, die nach den Vorstellungen ihrer Macher durch einen Zeitreiseunfall vor viereinhalb Milliarden Jahren auf der Erde bruchlandete – gelebte Science-Fiction von Hackern.

Geteilte Werte

Die Ortswahl sei naheliegend, sagt Enno Park, der Initiator der deutschen Cyborg-Treffen. Hacker und Cyborgs teilen viele Werte. Die Technologie müsse offen und frei verfügbar sein, fordern Body- genauso wie Computer-Hacker. Schließlich wandern die Geräte in den Körper. Ein künstliches Herz, an dem Google Patente besitzt – für die Cyborgs ist das ein unvorstellbarer Gedanke. Also bauen sie ihre Teile selbst.

[…] In welche Richtung soll die Verschmelzung von Mensch und Maschine gehen? Dass sie längst Realität ist, darüber sind sich hier alle einig. Es gibt Herzschrittmacher und Prothesen. Das Smartphone wächst immer näher an den Körper. […]

Enno Park trägt als einer von 30 000 Menschen in Deutschland ein Cochlea-Implantat[3]. Dieses sendet elektronische Signale direkt in seinen Hörnerv. Seit zwei Jahren kann der 40-Jährige mit Hilfe von Technik wieder hören. „Da habe ich gemerkt, ich bin ja jetzt ein Cyborg!“ Das Thema ließ ihn nicht mehr los und er rief die Berliner Cyborg-Runde ins Leben.

Magnet in der Fingerkuppe

Rin Räuber folgte seinem Ruf. Die Programmiererin hat wie Tim Cannon einen Magneten in ihrer Fingerspitze. „Damit kann ich elektromagnetische Felder spüren", sagt die 29-Jährige. In der Nähe einer Mikrowelle oder eines Netzteils kribbelt es in ihrem Finger. Am stärksten spürt sie den Diebstahlschutz, der am Ausgang vieler Supermärkte steht. Mit dem Implantat nimmt sie eine sonst unsichtbare Welt wahr.

Dieser Bastler-Realität, dem Spiel mit dem eigenen Körper, steht ein riesiger Science-Fiction-Kosmos gegenüber. Seit Mensch-Maschinen-Verschmelzung denkbar ist, wird darüber geschrieben und diskutiert. [...]

In Hollywood-Filmen werde der Cyborg oft als böse, willenlose Kampfmaschine dargestellt, wie der von Arnold Schwarzenegger verkörperte Terminator. Dem will Park eine positive Geschichte gegenüberstellen, einen Terminator mit menschlichem Antlitz. Er und seine Mitstreiter wollen eine Debatte anregen, sich mit der alltäglichen Technik im menschlichen Körper auseinandersetzen. „Denn viele von uns sind schon Cyborgs, ohne es wirklich zu wissen."

Quelle: Florian Falzeder, taz, 21. 10. 2013; www.taz.de/!5056686

Anmerkungen

1 *Cyborg:* Zusammensetzung aus den Wörtern ***cyb**ernetic* (deutsch: kybernetisch) und ***org**anism* (deutsch: Organismus). Mit dem Adjektiv *kybernetisch* beschreibt man ein Gerät, das vom Menschen mithilfe von Technik gezielt gesteuert wird.

2 *c-base:* ein Verein in Berlin, der sich als Zentrum der Berliner Hackerszene versteht

3 *Cochlea-Implantat:* eine Hörprothese für Gehörlose. Mit ihrer Hilfe werden Geräusche an den Hörnerv weitergeleitet. Voraussetzung ist, dass der Hörnerv noch intakt ist.

Auf einen Blick

So gestaltest du deine Inhaltsangabe/Textzusammenfassung richtig

- Drücke dich **sachlich** aus. Verwende keine Umgangssprache. Kommentiere die Inhalte nicht.
- Schreibe im **Präsens**. Bei Vorzeitigkeit verwendest du das **Perfekt**.
- Benutze **eigene Worte**. „Klebe" nicht an den Formulierungen im Text. Solltest du doch einmal eine Formulierung übernehmen, kennzeichnest du sie durch Anführungszeichen als Zitat.
- Achte darauf, dass du die einzelnen Gedanken oder Handlungsschritte nicht einfach nur aufzählst. Zeige durch geeignete Konjunktionen oder Adverbien **Zusammenhänge** auf.
- Verzichte auf direkte Rede. Wenn du Äußerungen oder Gedanken einer Person wiedergibst, überträgst du sie in die **indirekte Rede**. Dabei verwendest du den Konjunktiv I (vgl. S. 122 f.).
- Untergliedere den Text in **Absätze**. Grenze auch immer Einleitung und Schluss vom Hauptteil ab.

7.3 Einen Text analysieren

Man analysiert einen Text, indem man ihn in Bestandteile **zerlegt** und daraus neue **Erkenntnisse gewinnt**. Diese werden im **Präsens** dargestellt. Untersucht werden sowohl die **Inhalte** als auch die **formale** und **sprachliche Gestaltung**.

In einer Textanalyse beantwortest du nacheinander ausführlich diese **drei Fragen:**

- **Was steht im Text?** Erstelle eine (kurze) Inhaltsangabe.
- **Wie ist das, was im Text steht, zu verstehen?** Deute verschiedene Textstellen, die für das Verständnis von Bedeutung sind, und stelle Zusammenhänge zwischen ihnen her.
- **Wie ist das, was im Text steht, dargestellt?** Untersuche den Aufbau und die sprachliche Gestaltung des Textes. Nenne die einzelnen Gestaltungsmerkmale und äußere dich immer auch zu deren Wirkung.

Die Textanalyse bei epischen Texten

In epischen Texten wird die Handlung durch einen vom Autor erfundenen Erzähler dargestellt. Bei der Analyse untersuchst du, welcher **Inhalt** dem Leser vermittelt werden soll und mithilfe welcher **erzählerischer Mittel** das geschieht.

Vorbereiten

Eine gute Textanalyse kannst du nur schreiben, wenn du den Text genau verstanden hast. Lies daher absolut gründlich. Danach erstellst du deinen **Schreibplan**.

Schritt für Schritt

Eine Textanalyse vorbereiten

Arbeitsschritt 1	Lies den Text genau. Markiere dabei wichtige oder **auffällige Textstellen**. Mache dir auch Randnotizen zum Sinn der markierten Textstellen.
Arbeitsschritt 2	Auf Grundlage deiner Randkommentare formulierst du **deutende Aussagen** zum Text. Notiere diese auf einem extra Blatt.
Arbeitsschritt 3	Lege nun eine **Reihenfolge** fest. Nummeriere die deutenden Aussagen entsprechend. Bemühe dich dabei um einen **steigernden Aufbau:** Beginne mit einer Aussage, die eher offensichtlich ist, und setze die anspruchsvollste an den Schluss. Für eine sinnvolle Abfolge kannst du auch überlegen, welche Aussagen sich aufeinander beziehen, sodass sich gut **Überleitungen** herstellen lassen.
Arbeitsschritt 4	Lies den Text noch einmal und markiere **Auffälligkeiten bei Sprache und Form** – am besten in einer neuen Farbe. Vermerke am Rand das jeweilige sprachliche Mittel (z. B. Besonderheiten der Wortwahl, Metaphern, Wiederholungen).
Arbeitsschritt 5	Erstelle deinen **Schreibplan** (in Stichworten): Notiere die Informationen für die **Inhaltsangabe** (= Einleitung und Anfang des Hauptteils), die **deutenden Aussagen** in der festgelegten Reihenfolge (= 2. Teil des Hauptteils) und **Besonderheiten der Gestaltung** (= 3. Teil des Hauptteils).
Arbeitsschritt 6	Überlege, wie du deine Textanalyse am **Schluss** abrunden kannst, z. B. mit einer zusammenfassenden Gesamtdeutung oder einer Äußerung dazu, wie dir der Text gefällt (mit Begründung). Halte die Ideen für den Schluss in deinem Schreibplan fest.

Tipp

Beziehe auch die **Überschrift** in deine Überlegungen mit ein. Stelle einen **Zusammenhang** zwischen ihr und dem Text her.

Beispiel

So könnten deine Notizen für erste deutende Aussagen (Schritt 2) aussehen:

Helga M. Novak: Schlittenfahren

1 Das Eigenheim steht in einem Garten. Der Garten ist groß.

doppeldeutige Überschrift: 1. Spiel der Kinder, 2. schimpfen
gute Wohnsituation, wohlhabend?

Durch den Garten fließt ein Bach. Im Garten stehen zwei Kinder. Das eine der Kinder kann noch nicht sprechen. Das andere Kind ist größer. Sie sitzen auf einem Schlitten. Das kleinere Kind weint. Das größere sagt, gib den Schlitten her. Das kleinere weint. Es schreit.

idyllisch oder gefährlich?
nicht mal zwei Jahre alt
nur ein Schlitten
Streit um den Schlitten
wütend, hilflos

Aus dem Haus tritt ein Mann. Er sagt, wer brüllt, kommt rein. Er geht in das Haus zurück. Die Tür fällt hinter ihm zu.

Mann = Vater: fragt nicht nach Gründen, macht seine Drohung nicht wahr

Das kleinere Kind schreit.

Der Mann erscheint wieder in der Haustür. Er sagt, komm rein. Na wird's bald. Du kommst rein. Wer brüllt, kommt rein.

Komm rein.

Der Mann geht hinein. Die Tür klappt.

Das kleinere Kind hält die Schnur des Schlittens fest. Es schluchzt.

Der Mann öffnet die Haustür. Er sagt, du darfst Schlitten fahren, aber nicht brüllen. Wer brüllt, kommt rein. Ja. Ja. Jaaa. Schluss jetzt.

Das größere Kind sagt, Andreas will immer allein fahren.

Der Mann sagt, wer brüllt, kommt rein. Ob er nun Andreas heißt oder sonstwie.

Er macht die Tür zu.

Das größere Kind nimmt dem kleineren den Schlitten weg. Das kleinere Kind schluchzt, quietscht, jault, quengelt.

Der Mann tritt aus dem Haus. Das größere Kind gibt dem kleineren den Schlitten zurück. Das kleinere Kind setzt sich auf den Schlitten. Es rodelt.

Der Mann sieht in den Himmel. Der Himmel ist blau. Die Sonne ist groß und rot. Es ist kalt.

Der Mann pfeift laut. Er geht wieder ins Haus zurück. Er macht die Tür hinter sich zu.

Das größere Kind ruft, Vati, Vati, Vati, Andreas gibt den Schlitten nicht mehr her.

Die Haustür geht auf. Der Mann steckt den Kopf heraus. Er sagt, wer brüllt, kommt rein. Die Tür geht zu.

Das größere Kind ruft, Vati, Vativativati, Vaaatiii, jetzt ist Andreas in den Bach gefallen.

Die Haustür öffnet sich einen Spalt breit. Eine Männerstimme ruft, wie oft soll ich das noch sagen, wer brüllt, kommt rein.

Quelle: Helga M. Novak: Schlittenfahren. In: Dies.: Aufenthalt in einem irren Haus. Gesammelte Prosa. Frankfurt a. M.: Schöffling & Co. Verlagsbuchhandlung GmbH 1995, S. 82 f.

Übung 30

Lies den Text „Schlittenfahren“ von Helga M. Novak (S. 74) noch einmal genau und bearbeite dann die Aufgaben.

Aufgaben

a) Formuliere deutende Aussagen zu der Kurzgeschichte „Schlittenfahren“ oder bereite sie vor. Markiere dazu weitere Textstellen und notiere am Rand jeweils passende Kommentare.

Tipp

Um **deutende Aussagen** zu formulieren, solltest du dir möglichst oft die **Warum**-Frage stellen. Wenn es in der Kurzgeschichte „Schlittenfahren“ z. B. heißt, dass der Vater vor die Tür tritt und seine Kinder ermahnt, ruhig zu sein, dann solltest du dich fragen: *Warum tut er das?* Antworten auf solche Warum-Fragen helfen dir, die **Handlungsmotive** einer Figur zu verstehen (vgl. S. 65). Denn man tut und sagt nichts ohne Grund. Diese Gründe sollst du herausfinden.

b) Suche im Text „Schlittenfahren“ nach Besonderheiten der sprachlichen Gestaltung (z. B. Wortwahl, Satzbau). Markiere sie mit einer anderen Farbe und kommentiere sie wieder am Rand.

Tipp

Achte bei der Untersuchung von **Form** und **sprachlicher Gestaltung** besonders auf …

- den **Aufbau**, d. h. die mögliche Untergliederung des Textes in Sinnabschnitte,
- die **Wortwahl**, v. a. auf die verwendeten Nomen, Adjektive und Verben (vgl. S. 49 f.),
- den **Satzbau**, z. B. auf die Verteilung von Satzgefügen oder Satzreihen (vgl. S. 51),
- besondere **Stilmittel**, z. B. Sprachbilder oder auffällige Wiederholungen (vgl. S. 51 f. und 140 f.),
- die **Haltung des Erzählers:** Zeigt er Anteilnahme oder verhält er sich eher wie ein kühler Beobachter (vgl. S. 35)?

c) Auf der nächsten Seite findest du einen Schreibplan, der die Analyse der Kurzgeschichte „Schlittenfahren“ vorbereitet. Er wurde bereits begonnen. Vervollständige ihn. Nutze dazu deine Ergebnisse aus den Aufgaben a) und b) und notiere auf dieser Grundlage deutende Aussagen.

Hinweis: Du musst keine vollständigen Sätze schreiben.

Einleitung Basisinformationen	Kurzgeschichte „Schlittenfahren" von Helga M. Novak Wann: an einem schönen Wintertag Wo: im eigenen Garten Wer: zwei kleine Kinder, Vater Was: Unfall eines der Kinder beim Schlittenfahren im Garten
Hauptteil, Teil 1 Inhaltsangabe	• Kinder streiten sich um Schlitten • Vater fühlt sich wiederholt durch den Lärm belästigt • tritt mehrmals vors Haus, ermahnt Kinder zur Ruhe, droht („Wer brüllt, kommt rein.", z. B. Z. 20) • geht zurück ins Haus → macht Drohungen nicht wahr • Streit zwischen Kindern hält an • kleineres Kind fällt mit Schlitten in den Bach • Vater bemerkt Gefahr nicht • fühlt sich weiter belästigt; geht ins Haus zurück
Hauptteil, Teil 2 Deutende Aussagen zum Text	• Spielsituation gefährlich für Kinder (Bach!) • ein Kind noch sehr klein (kann noch nicht sprechen)
Zwischenergebnis und Überschrift	
Hauptteil, Teil 3 Besonderheiten der sprachlichen Gestaltung	• Wortwahl: einfach, fast naiv („Haus", „Schlitten", „Garten") • „Eigenheim" passt nicht zur sonstigen Wortwahl
Schluss	

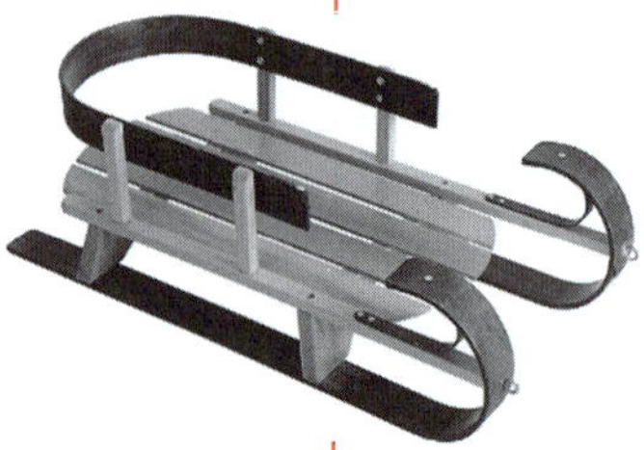

Schreiben

Auf der Grundlage deines Schreibplans beginnst du nun mit dem Schreiben.

Schritt für Schritt

Eine Textanalyse verfassen

Arbeitsschritt **1** Schreibe die **Inhaltsangabe**. (Wie das geht, kannst du auf S. 67 f. nachlesen.) Sie bildet die Einleitung und den ersten Teil des Hauptteils (vgl. Kasten auf S. 73).

Arbeitsschritt **2** Führe deine **deutenden Aussagen** aus. **Belege** sie anhand von Textstellen. (Du kannst dich am Vorgehen bei offenen Fragen orientieren, vgl. S. 62 ff.)

Arbeitsschritt **3** Formuliere ein **Zwischenergebnis**. Überlege, was die Textaussagen in ihrer Gesamtheit zeigen. Hier bietet sich auch an, Bezug auf die **Überschrift** zu nehmen.

Arbeitsschritt **4** Gehe auf die **sprachliche Gestaltung** ein. Nenne die Besonderheiten und äußere dich zu ihrer **Wirkung**. Stelle auch einen Bezug zum Textinhalt her. Überlege z. B., ob die sprachliche Gestaltung die Stimmung eher unterstreicht oder nicht.

Arbeitsschritt **5** Formuliere ein **Ergebnis/Fazit:** Äußere dich zusammenfassend dazu, was der Text zeigt bzw. aussagt. Du kannst an dieser Stelle auch das Verhalten der Figuren bewerten oder dich begründet dazu äußern, wie dir der Text gefällt.

Beispiel

So könntest du die ersten deutenden Aussagen aus dem Schreibplan zur Kurzgeschichte „Schlittenfahren“ (S. 74) ausführen und anhand des Textes belegen:

Die Situation in dem Garten ist gefährlich für die Kinder, denn sie sind noch klein. Das jüngere der beiden dürfte noch nicht einmal zwei Jahre alt sein, da es noch nicht sprechen kann (vgl. Z. 4 f.). Eigentlich müsste der Vater die Jungen bei ihrem Spiel mit dem Schlitten beaufsichtigen. Immerhin fließt ein Bach durch den Garten (vgl. Z. 3). Es könnte also leicht passieren, dass sie beim Rodeln ins Wasser fallen. Trotzdem sind sie ganz allein draußen.

Tipp

Sage nicht nur, was im Text steht, sondern erkläre auch, **was es bedeutet**. Das ist der **Sinn**, der dahintersteckt. Achte außerdem darauf, deine Aussagen durch **Überleitungen** zu verbinden.

Übung 31

Analysiere die Kurzgeschichte „Schlittenfahren“ von Helga M. Novak. (→ Heft)

Auf einen Blick

Worauf du beim Verfassen einer Textanalyse achten solltest

- Die **Vorbereitung** ist das Wichtigste: Du musst den Text zuerst wirklich **gründlich lesen** und untersuchen, sonst weißt du gar nicht, was du in deiner Textanalyse schreiben sollst.
- Gib nicht einfach das wieder, was im Text steht, sondern **deute es** (bei literarischen Texten) oder stelle die entscheidenden **Zusammenhänge** her (bei Sachtexten).
- Fasse **Inhalte, die zueinanderpassen**, als Gruppe zusammen, um dazu deutende Aussagen zu machen. Es kann sein, dass Sinnzusammenhänge erst hergestellt werden können, wenn du dich auf **mehrere Textstellen** beziehst, und die können über den ganzen Text verstreut sein.
- **Belege deine Aussagen** anhand des Textes. Bloße Verweise auf Textstellen reichen aber nicht aus. Erläutere stets deren Sinn.
- Beschreibe **Formmerkmale** und **sprachliche Mittel** und zeige deren **Wirkung** auf.
- Vergiss nicht, die **Überschrift** zu berücksichtigen. Das gilt besonders für literarische Texte, denn hier trägt sie immer zum Gesamtsinn des Textes bei.

Die Gedichtanalyse

Grundsätzlich gehst du bei der Analyse eines Gedichts so vor wie bei der Analyse einer Erzählung. Beachte aber diese **Besonderheiten:**

- Erkunde zunächst die **Situation** und die **Haltung des lyrischen Sprechers:**
  - Gibt er sich als lyrisches Ich zu erkennen oder bleibt er eher im Hintergrund?
  - Zu wem spricht er: zu sich selbst? zu einem Gegenüber? zu den Lesern?
  - Welche Situation beschreibt er?
- Äußere dich zu den **Gedanken und Gefühlen** des lyrischen Sprechers. Versuche, eine Verbindung zur dargestellten Situation herzustellen.
- Berücksichtige die **Formmerkmale**. Dabei geht es vor allem um die Frage, wie regelmäßig das Gedicht gestaltet ist (z. B. Reime, Metrum).
- Auch der **Klang der Sprache** spielt eine Rolle: Stimmlose Konsonanten (z. B. t, k oder p) und helle Vokale (e und i) klingen in der Regel eher kühl und hart, stimmhafte Konsonanten (z. B. m, n oder w) und dunkle Vokale (a, o und u) eher harmonisch und warm.
- Gerade bei Gedichten spielen **Sprachbilder** und **Stilmittel** eine wichtige Rolle. Überlege, wie diese wirken: harmonisch oder irritierend, fröhlich oder traurig?

Hinweis: Detaillierte Erläuterungen zu den Merkmalen und der Form von Gedichten findest du ab Seite 44 in diesem Buch. Informationen zu Sprachbildern findest du auf S. 51 f., weitere Stilmittel im Merkwissen auf S. 140 f.

Tipp

Wie bei der Analyse eines epischen Textes musst du dich auch hier immer fragen, **wie die Darstellung** (Form und Sprache) **wirkt** und wie sie sich **zum Textinhalt verhält:** Unterstreicht sie die Stimmung des Gedichts? Welche Inhalte werden durch sie hervorgehoben? usw.

Beispiel

Bei dem Gedicht „Septemberliches Lied vom Storch" (S. 42) gibt es im Großen und Ganzen einen Gleichklang zwischen dem Inhalt einerseits und Form und Sprache andererseits. Die Stimmung, die das Gedicht ausstrahlt, ist ruhig und harmonisch: Derjenige, der früher für Gefahr gesorgt hat – der Storch – ist verschwunden. So haben die anderen Tiere ihre Ruhe und können unbesorgt die Sonne genießen. Diese Harmonie spiegelt sich erkennbar in der Form wider: Es gibt ein regelmäßiges Reimschema (Paarreim), und es liegt auch ein regelmäßiges Versmaß vor (vierhebiger Jambus). Die Sprache wirkt ebenfalls harmonisch: Der Dichter reiht seine Aussagen ruhig aneinander. Eine kleine „Störung" gibt es dennoch: in der zweiten und in der letzten Strophe. Die Konjunktionen „aber" (V. 5) und „obgleich" (V. 13) deuten darauf hin, dass die Harmonie trügerisch ist. …

Tipp

Songtexte gehören übrigens ebenfalls zu den Gedichttexten, auch sie sind in Strophen und Versen verfasst. Verfahre bei der Analyse eines Liedtextes genauso wie bei einer Gedichtanalyse.

Analysiere den Songtext „Das zweite Gesicht“ von Peter Fox. (→ Heft)

Übung 32

Peter Fox: Das zweite Gesicht (2008)

1 Die Stimme bebt und der Blick ist Eis
Gleich geht jemand hier zu weit
Die Zunge ist geladen und bereit
Die Wörter von der Leine zu lassen, sich Feinde zu machen

Die Pfeilspitzen voller Gift
Der Feind wackelt, wenn du triffst
Du triumphierst, wenn er kippt
Doch morgen um diese Zeit tut es dir leid

Hahnenkampf um einen Haufen Mist
Jemanden opfern für einen lauen Witz
Eine Spinne tot-duschen, wenn du in der Wanne sitzt
Einem Dummen zeigen, dass du schlauer bist

Denn es steckt mit dir unter einer Haut
Und du weißt, es will raus ans Licht
Die Käfigtür geht langsam auf und da zeigt es sich:
Das zweite Gesicht

Ein Biest lebt in deinem Haus
Du schließt es ein, es bricht aus
Das gleiche Spiel jeden Tag
Vom Laufstall bis ins Grab

Ein Biest lebt in deinem Haus
Du schließt es ein, es bricht aus
Es kommt durch jede Tür
Es wohnt bei dir und bei mir

Du willst nach vorn, die anderen wollen zurück
Du hast Visionen, doch sie kommen nicht mit
Jemand steht zwischen dir und deinem Glück
Und es macht dich rasend, du kannst es nicht ertragen

Du guckst dir zu und du hörst dich reden
Du bist grad sensationell daneben
Versuchst vom Gas zu gehen, dein Fuß ist grad gelähmt
Du siehst die Wand und fährst dagegen

Du spielst falsch, um nicht zu verlieren
Dann feiern, als wär nix passiert
Dein Gewissen ist betrunken
Die Frau deines Freundes kommt mit zu dir

Es steckt mit dir unter einer Haut
Und du weißt, es will raus ans Licht
Die Käfigtür geht langsam auf und da zeigt es sich:
Das zweite Gesicht

[Wiederholung des Refrains V. 17–24: „Ein Biest lebt …“ bis „… bei dir und bei mir“]

Ein Biest lebt in deinem Haus
Du schließt es ein, es bricht aus

Die Sachtextanalyse

Ein Sachtext ist in der Regel so formuliert, dass die Aussagen nicht erst interpretiert werden müssen. Deshalb geht es hier nicht so sehr darum, deutende Aussagen zu machen; wichtig ist stattdessen vor allem der **Aufbau des Textes**, also die Frage, wie der Verfasser seine **Aussagen strukturiert** hat. Achte dazu auf die Anordnung der Inhalte und auf die Verteilung von allgemeinen Aussagen und Beispielen. Zeige auf, welche Zusammenhänge im Text dargestellt sind.

Bedenke im Einzelnen Folgendes:

- In der Regel stellt ein Sachtext keine Handlung, sondern einen bestimmten **Sachverhalt** dar. Bestimme deshalb immer zuerst das **Thema**.
- Frage dich, welche **Absicht der Verfasser** verfolgt (vgl. S. 17): Will er ganz sachlich über das Thema informieren? Oder will er den Leser beeinflussen?
- Überlege, was für einen **Leser** der Verfasser im Sinn hat: einen Fachmann oder einen interessierten Laien?
- Berücksichtige, **woher** der Verfasser seine **Kenntnisse** zu dem Thema hat. Äußert er sich aufgrund eigenen Wissens oder eigener Beobachtungen oder hat er seine Informationen aus zweiter Hand, z. B. aus einem anderen Text?
- Unterscheide **allgemeine Aussagen**, **Erläuterungen** und **Beispiele** (vgl. S. 5): Allgemeine Aussagen vermitteln die wichtigsten Informationen. Erläuterungen dienen der Präzisierung und Beispiele veranschaulichen das Gesagte.
- Gehe auch hier auf die **sprachliche Gestaltung** ein (vgl. S. 75). Mit der Sprache verrät der Verfasser, wie seine Darstellung zu verstehen ist: ernsthaft, sachlich – oder spöttisch-ironisch? Anerkennend – oder kritisch?

Beispiel

Textauszug aus „Terminator mit menschlichem Antlitz“ (S. 71 f.):

Beispiel	Tim Cannon ist ein sogenannter Cyborg.
Erläuterung allgemeine Aussage	Der Begriff kommt ursprünglich aus der Raumfahrt und bedeutet „kybernetischer Organismus“: In den 1960er-Jahren entwickelten Wissenschaftler die Idee, den Menschen technisch umzubauen, damit er im Weltraum überleben kann.
Beispiel	Tim Cannon bleibt eher auf dem Boden und erweitert seine Sinne [...].

Tipp

Suche im Text zunächst nach **allgemeinen Aussagen**. Sie beziehen sich auf die wesentlichen Sachverhalte, die grundsätzlich gelten oder in den meisten Fällen zutreffen. Hast du die allgemeinen Aussagen identifiziert, musst du noch **Zusammenhänge** zwischen ihnen **herstellen**. Besonders wichtig ist es, zwischen Grund und Folge zu unterscheiden.

Übung 33

Analysiere den Text „Terminator mit menschlichem Antlitz“ von S. 71 f. (→ Heft)

Hinweis: Du kannst als ersten Teil die Einleitung und Inhaltsangabe aus Übung 29 (vgl. Seite 70 f.) verwenden.

7.4 Eine literarische Figur charakterisieren

Wenn du aufgefordert wirst, die Persönlichkeit einer literarischen Figur zu beschreiben, geht es um das Verfassen einer **Charakteristik**. Dazu musst du **aus den Verhaltensweisen** einer Figur ihre **Charaktereigenschaften ableiten**. Bei literarischen Texten wird selten direkt gesagt, welche Eigenschaften eine Figur auszeichnen. Das kann man meist nur anhand ihres Verhaltens erkennen.

Schritt für Schritt

Eine Charakteristik schreiben

Arbeitsschritt 1 In der **Einleitung stellst du die Figur vor**. Nenne äußere Merkmale wie Name, Geschlecht, Alter, Familienstand, Beruf, Wohnverhältnisse u. Ä., soweit der Text die Informationen liefert. Auch das Aussehen gehört dazu.

Arbeitsschritt 2 Im **Hauptteil** beschreibst du den **Charakter** der Figur. Nenne ihre Charaktereigenschaften (z. B. stolz, neidisch, hilfsbereit) und erkläre, woran du sie erkennst. Belege deine Aussagen durch Textstellen, aus denen sich die Eigenschaften ablesen lassen.

Arbeitsschritt 3 Am **Schluss** rundest du deine Charakteristik ab, indem du die Figur zusammenfassend **bewertest**. Fällt die Bewertung negativ aus, kannst du versuchen, eine Erklärung dafür zu finden (z. B.: Befindet sich die Figur in einer schwierigen Situation?).

Beispiel

Ein Auszug aus einer Charakteristik des Vaters aus der Kurzgeschichte „Schlittenfahren“ von Helga M. Novak (S. 74) könnte so lauten:

Aussage zu einer Charaktereigenschaft Textbelege Erläuterung/ Schlussfolgerung	Der Vater handelt gegenüber seinen Kindern verantwortungslos. Er lässt sie allein im Garten Schlitten fahren, und das, obwohl sie noch sehr klein sind (vgl. Z. 4 f.). Hinzu kommt, dass es dort nicht ungefährlich ist, denn es fließt ein Bach durch den Garten (vgl. Z. 3). Es kann also leicht passieren, dass eines der Kinder beim Schlittenfahren ins eiskalte Wasser fällt.

Tipp

Nutze auch dein **Erfahrungswissen**, um aus dem Verhalten einer Figur Charaktereigenschaften abzuleiten. Frage dich: *Wann verhält man sich so?* Überlege dann, ob dein Erfahrungswissen zum Text passt. Eventuell musst du auch **mehrere Textstellen** berücksichtigen.

Übung 34

Schreibe eine Charakteristik über die Figur Christian Wolf aus der Erzählung „Der Verbrecher aus verlorener Ehre“ von Friedrich Schiller (S. 66). (→ Heft)

Auf einen Blick

Was du beim Schreiben einer Charakteristik beachten solltest

- Das Prinzip ist dasselbe wie bei einer Textanalyse: Du formulierst **Aussagen zum Text** (genauer: zu einer Figur) und **belegst sie** anhand von Textstellen. Die Sprachanalyse entfällt hier.
- **Markiere** zur Vorbereitung alle **Textstellen**, die etwas über den Charakter der Figur verraten.
- Formuliere **Aussagen zu den Charaktereigenschaften** der Figur. Berücksichtige auch ihre **Handlungsmotive** (vgl. S. 65). Diese sind wichtig für eine abschließende Bewertung.
- Beziehe dich auf Textstellen, um die Richtigkeit deiner Aussagen **nachzuweisen**.
- Stelle jede Charaktereigenschaft in einem eigenen **Absatz** dar.
- Verwende das Tempus **Präsens**.

7.5 Texte vergleichen

Für einen Textvergleich werden dir in der Regel **zwei Texte** vorgelegt, die **dasselbe Thema** behandeln. Den ersten Text kannst du als **Basistext** ansehen; ihn musst du zuerst untersuchen. Anschließend nimmst du dir den zweiten Text vor: Überlege, inwiefern er sich vom ersten Text **unterscheidet**. Denn deine Aufgabe ist es, herauszufinden, was das **Besondere** an jedem der Texte ist.

Tipp

Häufig sind in den Texten **unterschiedliche Sichtweisen** auf das Thema dargestellt. So kann z. B. der Verfasser des ersten Textes – oder der Erzähler bzw. der lyrische Sprecher – eine **positive** Sicht zum Thema zum Ausdruck bringen, der des zweiten dagegen eine **negative**.

Da es in den beiden Texten um das gleiche Thema geht, betreffen die Unterschiede in erster Linie die **Darstellung**. Denn die Texte können sich nicht nur durch eine unterschiedliche **Einstellung zum Thema** unterscheiden, sondern insbesondere auch durch Abweichungen in **Sprache und Form**.
Um die **wesentlichen Unterschiede** herauszufinden, stellst du dir am besten die folgenden Fragen:

- Was ist das **gemeinsame Thema** und **wie** wird es jeweils **dargestellt**?
  Sehen die Verfasser den Gegenstand ihrer Betrachtung eher positiv oder negativ?
- Gibt es Unterschiede im **Sprachniveau**?
  Frage dich z. B., ob der Text in der Standardsprache verfasst ist oder auch umgangssprachliche Ausdrücke enthält.
- Was fällt im Hinblick auf die **Wortwahl** auf?
  Achte insbesondere auf die Verwendung von Nomen, Verben und Adjektiven: Rufen sie beim Leser z. B. eher positive oder negative Vorstellungen hervor?
- Welche **Satzarten** werden verwendet?
  Aussagesätze wirken eher sachlich; Fragen oder Ausrufesätze können darauf hindeuten, dass der Sprecher von Gefühlen bewegt ist oder dass der Verfasser den Leser miteinbeziehen möchte.
- Wie unterscheiden sich die **sprachlichen Bilder**?
  Überlege auch hier, welche Vorstellungen sie wecken: positive oder negative?
- Bei **Gedichten:** Gibt es Unterschiede in der **Form**?
  Beachte die Anordnung der Verse in Strophen, das Reimschema und das Versmaß. Regelmäßigkeiten in der Form wirken harmonisch, durch Unregelmäßigkeiten können einzelne Textelemente besonders hervorgehoben werden.

Tipp

Oft reagiert ein Verfasser mit seinem Text auf bestimmte aktuelle Ereignisse oder greift Stimmungen auf, die gerade – bei ihm selbst oder in der Gesellschaft – vorherrschen. Deshalb solltest du immer auch auf die **Lebensdaten des Autors** bzw. auf das **Jahr der Veröffentlichung** achten. Das kann dir helfen, eine **Erklärung** dafür zu finden, warum sich die Texte in ihren Grundaussagen unterscheiden. Diese Informationen kannst du am **Schluss** deines Textvergleichs einbringen.

Schritt für Schritt

Einen Textvergleich schreiben

Arbeitsschritt **1** **Lies** beide Texte **zügig** durch und finde heraus, was das **gemeinsame Thema** ist.

Arbeitsschritt **2** Lies jetzt beide Texte nacheinander ganz genau. Achte dabei auf **sprachliche** und ggf. **formale Besonderheiten**. Berücksichtige auch, ob eine **bestimmte Haltung** zum Thema zum Ausdruck kommt (z. B. kritisch oder befürwortend). Markiere alle Textstellen, die du für wesentlich hältst und an denen sich Unterschiede zeigen, und notiere wichtige Überlegungen dazu am Rand.

Arbeitsschritt **3** Schreibe eine **Einleitung**, in der du dich zu beiden Texten äußerst. Nenne das Thema, das sie verbindet. Wenn du zwischen den beiden Texten gravierende Unterschiede festgestellt hast, die auf den ersten Blick zu erkennen sind, solltest du das auch schon kurz erwähnen.

Arbeitsschritt **4** Beginne den **Hauptteil** mit der Analyse des **ersten Textes**. Gehe detailliert vor. Orientiere dich dazu an den Hinweisen auf S. 73 ff. Vergiss nicht, dich auf Textstellen zu beziehen, um deine Aussagen zu belegen.

Arbeitsschritt **5** Äußere dich danach zu den Besonderheiten des **zweiten Texts**. Schreibe auf, wodurch er sich vom ersten Text unterscheidet.

Arbeitsschritt **6** Formuliere ein abschließendes **Ergebnis**. Du kannst dich auf die Entstehungszeit beziehen, um die Unterschiede zwischen den Texten zu erklären. Oder du sagst, welcher der beiden Texte dir besser gefällt, und begründest das.

Übung 35

Lies die Gedichte „Gefunden“ von Johann Wolfgang von Goethe und „Das alte Lied“ von Fridolin Tschudi. Bearbeite dann die folgenden Aufgaben, die einen Vergleich der beiden Texte vorbereiten.

Johann Wolfgang von Goethe (1749–1832): Gefunden

Ich ging im Walde
So für mich hin,
Und nichts zu suchen,
Das war mein Sinn.

Im Schatten sah ich
Ein Blümchen stehn,
Wie Sterne leuchtend,
Wie Äuglein schön.

Ich wollt es brechen,
Da sagt es fein:
Soll ich zum Welken
Gebrochen sein?

Ich grub's mit allen
Den Würzlein aus.
Zum Garten trug ich's
Am hübschen Haus.

Und pflanzt es wieder
Am stillen Ort;
Nun zweigt es immer
Und blüht so fort.

Quelle: Gunter E. Grimm: Deutsche Nationallyrik. Reclam Verlag: Stuttgart 1995.

Fridolin Tschudi (1912–1966): Das alte Lied

Ich ging im Walde
so für mich hin,

und nichts zu suchen,
das war mein Sinn.

Jedoch o weh! das, was ich fand,
ist meiner Klage Gegenstand:

ich fand im dunklen Waldrevier
Konservenbüchsen und Papier,

Papier, Papier und überall
vom Rost zerfressenes Metall,

zermalmt, verschmiert, verbeult, verdreht,
doch nicht vom Wind hierher geweht,

vielmehr von denen unentwegt
verstreut, verschüttet, hingelegt

und fortgeschmissen, taub und blind,
die sozusagen Menschen sind,

weil Säue (heißt es allgemein)
es nicht gewesen können sein

Hier traf ich haufenweise Schmutz
trotz Heimat- und Gewässerschutz

Den Dreck trifft man im Schweizerland[1]
an manchem Wald- und Wiesenrand

und, wenn nicht dort, bestimmt seit je
in jedem einst so saubern See,

der, algengrün und rot vor Scham
sich deshalb längst das Leben nahm

und, wie das Lied hier expliziert[2],
nur noch als Leiche existiert ...

Ich ging im Holz so für mich hin,
und goethisch-heiter war mein Sinn,

jedoch o weh! er war's nicht mehr
nach all dem Unrat ringsumher

Anmerkungen

1 *Schweizerland:* Der Verfasser des Gedichts stammt aus der Schweiz.

2 *explizieren:* näher erläutern, erklären

Quelle: Fridolin Tschudi: Ausgewählte Verse. Sanssouci-Verlag: Zürich 1966.

Aufgaben

1. Bestimme das Thema, mit dem sich beide Gedichte befassen.

____

____

2. Nenne für jedes Gedicht zwei Gefühle, die das lyrische Ich zu erkennen gibt.

„Gefunden“: ________________________________

„Das alte Lied“: ______________________________

3. Vergleiche die beiden Gedichte in Bezug auf Besonderheiten von Sprache und Form. Kreuze an, auf welches Gedicht die einzelnen Aussagen zutreffen.

	Goethe: Gefunden	Tschudi: Das alte Lied
a) Es gibt mehrere gleich lange Strophen.	☐	☐
b) Es gibt ein festes Metrum.	☐	☐
c) Das Gedicht weist Reime auf.	☐	☐
d) Es gibt viele Wörter, mit denen man negative Vorstellungen verbindet.	☐	☐
e) Die verwendeten Sprachbilder wecken überwiegend positive Vorstellungen.	☐	☐
f) Das Gedicht enthält Ausrufesätze.	☐	☐

4. Überlege jetzt, welche Merkmale bei jedem Gedicht überwiegen: diejenigen, die eine positive Wirkung erzeugen, oder diejenigen, die eher negativ wirken.

Ergebnis	Goethe: Gefunden	Tschudi: Das alte Lied
Die Gesamtwirkung ist eher …	☐ positiv.	☐ positiv.
	☐ negativ.	☐ negativ.

5. Finde eine Erklärung dafür, weshalb sich die beiden Gedichte bezüglich ihrer Grundstimmung unterscheiden. Beziehe dich auf die Entstehungszeit.

Übung 36

Schreibe einen Textvergleich der Gedichte „Gefunden" und „Das alte Lied". Orientiere dich an den Arbeitsschritten auf S. 82 und nutze deine Ergebnisse aus Übung 35. (→ Heft)

Interaktive Aufgaben: Einen Leserbrief schreiben

7.6 Einen argumentativen Text schreiben: Erörterung und Stellungnahme

Ziel eines argumentativen Textes ist es, den Leser von der Richtigkeit einer Meinung zu einem Thema zu **überzeugen**. Um das zu erreichen, muss man stichhaltige Argumente anführen. Es gibt **Pro- und Kontra-Argumente:** Mit einem Pro-Argument äußert man Zustimmung, ein Kontra-Argument drückt Ablehnung aus.
Manche Aufgaben verlangen von dir, dass du dich beim Verfassen eines argumentativen Textes vor allem auf **dein Erfahrungswissen** beziehst. Es gibt aber auch argumentative Schreibaufgaben auf der **Grundlage eines Textes**. Dann musst du bei deiner Argumentation die Textinformationen berücksichtigen.

Der Aufbau eines Arguments

Ein vollständiges Argument besteht aus mindestens zwei Teilen:

- einer **These** (Behauptung) und
- einer ausführlichen **Begründung**.
- Oft bietet es sich an, die Begründung durch ein passendes **Beispiel** anzureichern. Es macht das Argument anschaulicher, lebendiger und interessanter.

Die **Reihenfolge** der einzelnen Bestandteile eines Arguments ist **nicht festgelegt**. Man kann mit einer These beginnen und die Begründung (mit Beispiel) folgen lassen. Es ist aber auch möglich, als Erstes ein Beispiel anzuführen, das man anschließend erläutert *(Was zeigt dieses Beispiel?)*. Danach folgt eine Schlussfolgerung; das ist in diesem Fall die These.

Tipp

Besonders „rund" wirkt ein Argument, wenn es am Anfang und am Ende **von einer These „eingerahmt"** wird. Die These am Schluss dient als Bekräftigung der Anfangsthese. Man sollte nur darauf achten, die These am Anfang des Arguments anders auszudrücken als am Schluss.

Beispiel

Sollten Schüler am Nachmittag einen Nebenjob annehmen?

Zu dieser Frage könnte ein **Pro-Argument** so aussehen:

These	Es ist eine gute Idee, wenn Schüler nachmittags einen Nebenjob annehmen.
Begründung Veranschaulichung durch **Beispiele** Weitere Erläuterungen zur Begründung	Denn so verdienen sie ihr eigenes Geld, und wenn sie sich davon hin und wieder etwas Neues kaufen, z. B. ein Kleidungsstück oder ein Videospiel, dann freuen sie sich nicht nur über ihre Einkäufe, sondern sie können auch voller Stolz sagen: „Das habe ich mir selbst erarbeitet!" Jugendliche, die kein eigenes Geld verdienen, kennen dieses Gefühl nicht.
Schlussfolgerung (= Bekräftigung der These)	Deshalb kann man es jedem Jugendlichen nur empfehlen, einen Nachmittagsjob anzunehmen.

Übung 37

Formuliere zu der Frage, ob Schüler am Nachmittag einen Nebenjob ausüben sollten, ein **Kontra-Argument**. Achte darauf, dass dein Argument vollständig ist. Benenne die einzelnen Bestandteile in der linken Spalte (vgl. Beispiel S. 86).

Bestandteile	**Kontra-Argument**

Tipp

Wenn dir kein **wahres Beispiel** einfällt, um die Begründung in einem Argument zu veranschaulichen, kannst du dir auch eines **ausdenken**. Es sollte aber **glaubwürdig** sein. Vielleicht gehst du einfach von dir selbst aus, z. B.:
Ich würde mir gern durch einen Nebenjob ein wenig Geld hinzuverdienen. Das könnte ich sparen, um mir davon später meinen Führerschein zu finanzieren.

Arten von argumentativen Texten

Unterschiede von Stellungnahme und Erörterung

Unterscheide bei den argumentativen Texten **Stellungnahme** und **Erörterung:**

- Mit einer **Stellungnahme** äußerst du ausführlich und begründet deine Meinung zu einem Thema. Du beziehst dabei **von vornherein eine bestimmte Position** und gibst diese gleich zu Anfang bekannt. Anschließend führst du zwei bis drei Argumente aus, um deine Haltung zu begründen. Am Schluss formulierst du ein Ergebnis, in dem du deine Meinung noch einmal bekräftigst.

- Bei der **Erörterung** gelangst du erst am Ende zu einem Ergebnis. Man unterscheidet zwei Formen: die **lineare** und die **kontroverse** Erörterung.
  - Bei einer **linearen Erörterung** behandelst du eine Fragestellung aus **nur einer Blickrichtung**. Dementsprechend besteht der Hauptteil in der Regel nur aus einem Abschnitt (**eingliedrige** Erörterung).
    So kann es z. B. sein, dass du nach den Vorteilen einer Entwicklung gefragt wirst (**nur** nach den Vorteilen!). Oder du sollst für ein bestimmtes Problem eine Erklärung oder Lösungsmöglichkeiten suchen. Du stellst dann mehrere passende Überlegungen an (Vorteile, Erklärungsansätze, Lösungsvorschläge). Das sind deine Argumente (Thesen und zugehörige Begründungen). Ordne sie so an, dass eine **Steigerung nach Wichtigkeit** zu erkennen ist. Zum Schluss kommst du zu einem Ergebnis.
  - Bei einer **kontroversen Erörterung** betrachtest du ein Thema von **zwei Seiten:** Du wägst Für und Wider ab und gelangst so am Schluss zu deiner Meinung. Eine solche Erörterung ist meist **zweigliedrig**, d.h., der Hauptteil besteht aus zwei Abschnitten: einem **Pro- und** einem **Kontra-Teil**.
    Im Hauptteil trägst du nacheinander mehrere Argumente für jede Seite vor. Ordne die Argumenten-Blöcke (Pro, Kontra) so an, dass du am Ende vom Hauptteil **nahtlos zu der Position** überleiten kannst, **die du selbst einnimmst:** Wenn du die Pro-Meinung vertrittst, beginnst du die Erörterung mit den Kontra-Argumenten; bist du für die Kontra-Seite, beginnst du mit dem Pro-Teil.

Tipp

Auch bei einer Stellungnahme ist es sinnvoll, zunächst ein bis zwei **Argumente der Gegenseite** anzuführen und sie zu entkräften. Bei einem Gegenargument solltest du immer schnell deutlich machen, dass es schwach ist. Lege das Argument so an, dass der Leser geradezu auf das „erlösende Aber“ wartet, z. B.: *Zwar ist es richtig, dass … Aber man darf nicht vergessen, …*

Beispiel

So könnten Aufgaben zur Stellungnahme und zur Erörterung lauten:

- **Stellungnahme:** *Einige Politiker fordern, dass Eltern von Schülern, die regelmäßig die Schule schwänzen, das Kindergeld entzogen wird. Nimm begründet Stellung zu dieser Forderung.*
- **Lineare (eingliedrige) Erörterung:** *Es gibt immer wieder Schüler, die anfangen, regelmäßig die Schule zu schwänzen. Welche Gründe kann es dafür geben? Erörtere diese Frage.*
- **Kontroverse (zweigliedrige) Erörterung:** *Erörtere die folgende Fragestellung: Sollte Eltern, deren Kinder regelmäßig die Schule schwänzen, das Kindergeld entzogen werden?*

Tipp

Oft wird dir bei Aufgaben zum Argumentieren eine bestimmte **Schreibsituation vorgegeben**, z. B. sollst du jemanden durch einen Brief von etwas überzeugen. Dann baust du den argumentativen Teil deines Textes genauso auf wie bei einer Stellungnahme oder einer Erörterung. Zusätzlich musst du aber noch die **Merkmale der** jeweiligen **Textsorte** berücksichtigen (z. B. Datum, Anrede, Grußformel, Ansprache des Adressaten usw.).

Übung 38

Verfasse eine Stellungnahme zur ersten Aufgabe aus den Beispielen auf S. 88. (→ Heft) Verfahre so:

- Entscheide dich für die Position, die du einnehmen willst: Sollte Eltern, deren Kinder regelmäßig die Schule schwänzen, das Kindergeld entzogen werden – ja oder nein?
- Wähle aus der (ungeordneten) Ideenliste drei Stichpunkte aus, die du zu vollständigen Argumenten ausformulieren willst. Lege ihre Reihenfolge fest, indem du sie nummerierst.
- Schreibe einen Einleitungssatz, in dem du deine Position schon klar zum Ausdruck bringst.
- Entkräfte danach ein mögliches Argument der Gegenseite.
- Führe anschließend deine drei Argumente aus.
- Formuliere zum Schluss ein Ergebnis, in dem du deine anfangs geäußerte Position nochmals bekräftigst.

Ideenliste

1. Eltern evtl. machtlos, Bestrafung der Falschen
2. Geld als Druckmittel effektiv
3. wichtiger: Gründe für das Schulschwänzen herausfinden
4. besserer Kontakt zwischen Schule und Elternhaus nötig
5. Einsparungen bei sozialen Leistungen können an die Schulen fließen
6. Erziehung der Eltern zur Erfüllung ihrer Fürsorgepflicht
7. rechtliche Durchsetzbarkeit fraglich
8. Unterstützung für Kinder wichtiger als Strafe
9. Verantwortung liegt bei Eltern, Staat kann nur hier aktiv werden
10. Schule attraktiver machen durch Verbesserung des Unterrichts

Auf einen Blick

Was du beim Schreiben eines argumentativen Textes beachten solltest	
Nicht zu viele Argumente anführen	Auf die reine Anzahl der Argumente kommt es nicht an. Vier überzeugende Argumente sind besser als sechs schwache!
Nach ansteigender Wichtigkeit argumentieren	Ordne deine Argumente nach ansteigender Wichtigkeit an: Beginne mit dem schwächsten und steigere dich dann. Am Schluss steht das überzeugendste Argument. Bei Argumenten der Gegenseite verfährst du genau umgekehrt (das stärkste zuerst).
Abwechslungsreich gestalten	Wechsle beim Aufbau der Argumente ab. Ordne These, Begründung und Beispiel nicht immer in der gleichen Reihenfolge an.
Verknüpfungen herstellen	Zähle deine Argumente nicht nur auf, sondern stelle Überleitungen zwischen ihnen her. Gehören zwei aufeinanderfolgende Argumente zur selben Seite (z. B. Pro), wählst du eine reihende Überleitung, z. B.: *Hinzu kommt … Außerdem … Überdies …* Passen zwei aufeinanderfolgende Argumente nicht zusammen (z. B. Pro und Kontra), verwendest du eine Überleitung, die einen Gegensatz ausdrückt, z. B.: *Aber … Andererseits … Allerdings …*
Durch Absätze strukturieren	Stelle jedes Argument in einem eigenen Absatz dar. Beginne also mit jedem neuen Argument einen neuen Absatz.

7.7 Einen informierenden Text verfassen

Interaktive Aufgaben: Einen informierenden Artikel für die Schülerzeitung schreiben

Mit einem informierenden Text vermittelt der Schreiber seinen Lesern **Wissen über ein bestimmtes Thema**. Du bekommst in diesem Fall zur Vorbereitung eine **Materialsammlung** rund um ein Thema, z. B. verschiedene Texte, ein Diagramm usw. Für deinen Text musst du dann die entscheidenden **Informationen** sinnvoll **auswählen**, sie geschickt **anordnen** und verständlich **darstellen**.

Tipp

> Es wird *nicht* von dir erwartet, dass du alle Informationen verwendest, die die Materialien enthalten. Im Gegenteil: Du sollst zeigen, dass du in der Lage bist, **genau die Informationen auszuwählen** und strukturiert wiederzugeben, die für die Aufgabe wesentlich sind.

Beachte im Hinblick auf die Darstellung dies:

- Schreibe **sachlich** und **neutral** – ohne persönliche Kommentare. (Ausnahme: Am Schluss kannst du kurz deine eigene Meinung äußern.)
- Die Zeitform ist das **Präsens**.
- Berücksichtige die **Schreibsituation:** Schreibst du zu einem bestimmten **Anlass** (z. B. Schulaufführung, Jahrestag), nimmst du darauf Bezug. Ist dir eine **Textsorte** vorgegeben, musst du deren Merkmale beachten (z. B. Datum und Anrede bei Briefen). Sprich deine **Leser** direkt an, wenn die Situation das nahelegt, und richte deine Sprache an ihnen aus (z. B. mehr oder weniger förmlich).
- Verwende unbedingt **eigene Worte**! Schreibe nicht aus den Materialien ab.

Schritt für Schritt

Einen informierenden Text schreiben

Arbeitsschritt **1** — **Informationen auswählen:** Lies alle Materialien sorgfältig durch. Markiere Textstellen, die du für bedeutsam hältst, und notiere am rechten Rand Stichpunkte zu den Inhalten. So behältst du die Übersicht, wo du welche Information findest.

Arbeitsschritt **2** — **Inhalte zuordnen:** Sieh dir deine Randkommentare noch einmal an und überlege, welche Informationen inhaltlich zusammengehören. Diese kennzeichnest du mit gleichen Buchstaben oder Zeichen.

Arbeitsschritt **3** — **Zusammenhänge feststellen:** Finde Oberbegriffe/Zwischenüberschriften für die zuvor gekennzeichneten „Informationsgruppen", z. B. *Problem*, *Ursachen* etc.

Arbeitsschritt **4** — **Die Reihenfolge bestimmen:** Lege fest, wo in deinem Text die jeweiligen Informationen vorkommen sollen – eher am Anfang, in der Mitte oder am Ende. Im Zweifelsfall folgst du dem Prinzip: vom Allgemeinen zum Besonderen/Detail. Nummeriere die Textstellen und Oberbegriffe entsprechend.

Arbeitsschritt **5** — **Den Schreibplan erstellen:** Übertrage deine Zwischenüberschriften und Notizen stichwortartig in einen Schreibplan. Sie gehören in den Hauptteil. Notiere immer auch die Quellen. Dann ergänzt du Ideen für die Einleitung und den Schluss.

Arbeitsschritt **6** — **Den Text schreiben:** Wecke in der **Einleitung** das Interesse des Lesers und führe zum Thema hin (z. B. durch ein anschauliches Beispiel, einen aktuellen Bezug). Im **Hauptteil** formulierst du die Notizen aus deinem Schreibplan aus. Zähle aber nicht bloß Fakten auf, sondern stelle Zusammenhänge her. Am **Schluss** kann ein Fazit oder ein Appell an die Leser den Text abrunden. Oder du äußerst einen weiterführenden Gedanken oder deine Meinung zum Thema.

Beispiel

Ein Schreibplan zum Thema „Kinderarbeit" könnte so beginnen:

Einleitung Hinführung (Beispiel, Definition)	Kinderarbeit heute, z. B. Schuhputzer in Indien • Arbeit von Kindern unter 15 Jahren • regelmäßiges Arbeiten für Geld	M 3, M 1
Hauptteil (1) Verbreitung	• überwiegend in Entwicklungsländern, vor allem in Lateinamerika und Afrika, im Nahen Osten sowie in Asien • …	M 4
Hauptteil (2) Ursachen	• …	
…	• …	

Tipp

Geeignete **Zwischenüberschriften** bzw. **Oberbegriffe** findest du z. B., indem du dir bestimmte Fragen stellst. Zum Thema „Kinderarbeit" könnten es diese Fragen sein:

- **Was** ist Kinderarbeit? (→ Definition/Erläuterung)
- **Wo** gab oder gibt es Kinderarbeit? (→ Regionen, in denen Kinderarbeit üblich ist)
- **In welchem Ausmaß** gibt es Kinderarbeit? (→ Häufigkeit/Umfang von Kinderarbeit)
- **Warum** gibt es Kinderarbeit? (→ Ursachen von Kinderarbeit)
- **Wie** wirkt sich Kinderarbeit aus? (→ Folgen von Kinderarbeit)
- **Was** kann man **gegen** Kinderarbeit tun? (→ Lösungsmöglichkeiten/Gegenmaßnahmen)

Übung 39

Ihr habt euch im Gesellschaftskundeunterricht mit dem Thema Kinderarbeit beschäftigt. Gemeinsam mit eurem Lehrer bereitet ihr nun eine Ausstellung zu diesem Thema vor. Bei der Eröffnung der Ausstellung wirst du ein Referat halten, in dem du die Besucher – Schülerinnen und Schüler, Eltern und Lehrkräfte – über wichtige Aspekte von Kinderarbeit informierst. Der Text dieses Referats soll auch in einer Broschüre für die Besucher abgedruckt werden.

Verfasse hierfür auf Grundlage der Materialien 1 bis 6 (S. 92–94) einen informierenden Text zum Thema „Kinderarbeit". (→ Heft)

Gehe so vor:

- Führe in der **Einleitung** zum Problem hin. Definiere, was Kinderarbeit ist, und informiere in Kürze über Kinderarbeit heute.
- Im **Hauptteil** vermittelst du die wesentlichen Informationen über Kinderarbeit, d. h. über ihre Verbreitung, Ursachen und Folgen sowie über mögliche Maßnahmen dagegen.
- Am **Schluss** sprichst du einen Appell aus: Fordere die Zuhörer auf, künftig möglichst keine Produkte mehr zu kaufen, die aus Kinderhand stammen.

Hinweis: Bereite das Schreiben deines Textes durch einen Schreibplan vor. Du kannst dafür den bereits begonnenen Plan von oben als Muster verwenden. Vergiss nicht zu notieren, welchem Material du die Informationen entnimmst.

M 1 Kinderarbeit heute

Man spricht von Kinderarbeit, wenn Kinder regelmäßig zum Zweck des Gelderwerbs arbeiten gehen. Als Kinder gelten in diesem Zusammenhang Personen, die jünger als 15 Jahre sind. Diese Altersgrenze hat die ILO[1] so festgelegt.

Ein Kind, das seiner Mutter gelegentlich im Haushalt hilft, verrichtet demnach keine Kinderarbeit, denn es erledigt nur hin und wieder einige Arbeiten. Diese übernimmt es auch nicht, um Geld zu verdienen. Weder bekommt es für seine Dienste einen Stundenlohn, noch stellt es Dinge her, die anschließend auf dem Weltmarkt mit Gewinnabsicht verkauft werden.

Es sind also drei Kriterien, die erfüllt sein müssen, damit man von Kinderarbeit sprechen kann: das Alter der Kinder (unter 15), die Regelmäßigkeit des Arbeitens und der Zweck der Arbeit (das Geldverdienen).[2]

Anmerkungen
1 *ILO:* Internationale Arbeitsorganisation, eine Unterorganisation der Vereinten Nationen
2 Jugendliche ab 13 Jahren dürfen aber durch leichte Tätigkeiten, z. B. Babysitten, ihr Taschengeld aufbessern.

M 2 Kinderarbeit weltweit

[...] Millionen Mädchen und Jungen müssen Tag für Tag unter gefährlichen und ausbeuterischen Bedingungen schuften. Sie ruinieren ihre Gesundheit und können nicht zur Schule gehen. Einige dieser Kinderarbeiter stellen Waren her, die in die ganze Welt exportiert werden: T-Shirts, Kaffee, Kakao, Tee, Orangensaft, Natursteine, Kosmetik und glitzernde Strass-Steine. Mittlerweile gibt es eine Vielzahl von Initiativen, die sich gegen die Ausbeutung von Kindern engagieren: *terre des hommes*[1]-Projektpartner eröffnen Schulen, helfen Schuldknechten[2] in die Freiheit, leisten Rechtshilfe, werben für die Einschulung und stärken Kinderarbeiter in ihren Rechten.

Quelle: Barbara Küppers, Terre des Hommes Deutschland e. V.

Anmerkungen
1 *terre des hommes:* französisch für „Erde der Menschen"; eine Kinderschutzorganisation
2 *Schuldknecht:* Jemand, der wie ein Sklave arbeiten muss, um seine Schulden zu tilgen. Kinderarbeiter sind manchmal wie Schuldknechte, weil ihre Eltern bei jemandem Schulden haben (vgl. auch M 5).

M 3 Schuhe putzen für ein paar Rupies

Täglich machen Raj und Lal ihre Runde durch Karol Bagh, vorbei am Bazar, an den kleinen Läden, die bunte Stoffe, Lederwaren, Schuhe oder Heiligenstatuen feilbieten. In dem bunten Viertel mitten im Herzen von Delhi[1] haben sich zahlreiche billige Hotels angesiedelt. Rucksacktouristen aus dem Westen bevölkern die Straßen. Auf sie haben es Raj und Lal abgesehen. Die beiden Zwölfjährigen arbeiten als Schuhputzer. Für zehn Rupien, umgerechnet nicht einmal 20 Cent, putzen und polieren die beiden Jungen die Schuhe der Touristen. Sieben Tage die Woche, von morgens bis abends. Ihre Körper sind klein, die Haare verfilzt, die Hände verhornt und schmutzig. Raj und Lal sind zwei von schätzungsweise 13 Millionen Kinderarbeitern im Alter zwischen fünf und 14 Jahren in Indien. Die Zahl ist eine vorsichtige Schätzung der Regierung. Der indische Journalist und Buchautor M. V. Kamath vermutet, dass die Zahl deutlich höher liegt. „Es gibt mindestens 70 bis 80 Millionen Kinder in Indien, die nicht die Schule besuchen. Was machen diese Kinder? Man muss davon ausgehen, dass sie alle arbeiten." [...]

Raj und Lal gehen an diesem Tag jedenfalls nicht zur Schule. Sie arbeiten. Bei stickigen 43 Grad schleppen sie ihre schweren Holzkoffer durch die engen, staubigen Gassen, balancieren sie über die Straßengräben, in denen Abwasser und Küchenabfälle versickern. Mehrere Kilo wiegt das Arbeitsgerät. Verschiedene Schuhcremes, Bürsten, Schuheinlagen und auch Werkzeuge haben die Kinder dabei. „Mam, shoe clean? Mam, please, shoe clean?", rufen sie und zerren an einer Europäerin, die schwarze Halbschuhe trägt.

Eigentlich möchte die Holländerin die Dienste der Jungen nicht in Anspruch nehmen. [...] „Mam, 10 Rupies! Mam!", insistieren[2] die Kinder. Raj und Lal haben gelernt, energisch zu sein. Dann gucken sie die Frau mit großen, traurigen Augen an, greifen nach ihrer Hand. Die Touristin zieht ihre Hand erst erschrocken zurück, dann lässt sie es geschehen. [...] Die beiden kleinen Schuhputzer tun ihr leid. [...]

Quelle: Tina Groll, ZEIT online vom 27. 4. 2010; www.zeit.de/wirtschaft/2010-04/indien-kinderarbeit/komplettansicht (aus didaktischen Gründen stellenweise gekürzt und leicht geändert)

Anmerkungen
1 *Delhi*: eine Großstadt im Nordosten Indiens
2 *insistieren*: mit Nachdruck auf etwas bestehen, beharren

M 4 Wo Kinder arbeiten müssen

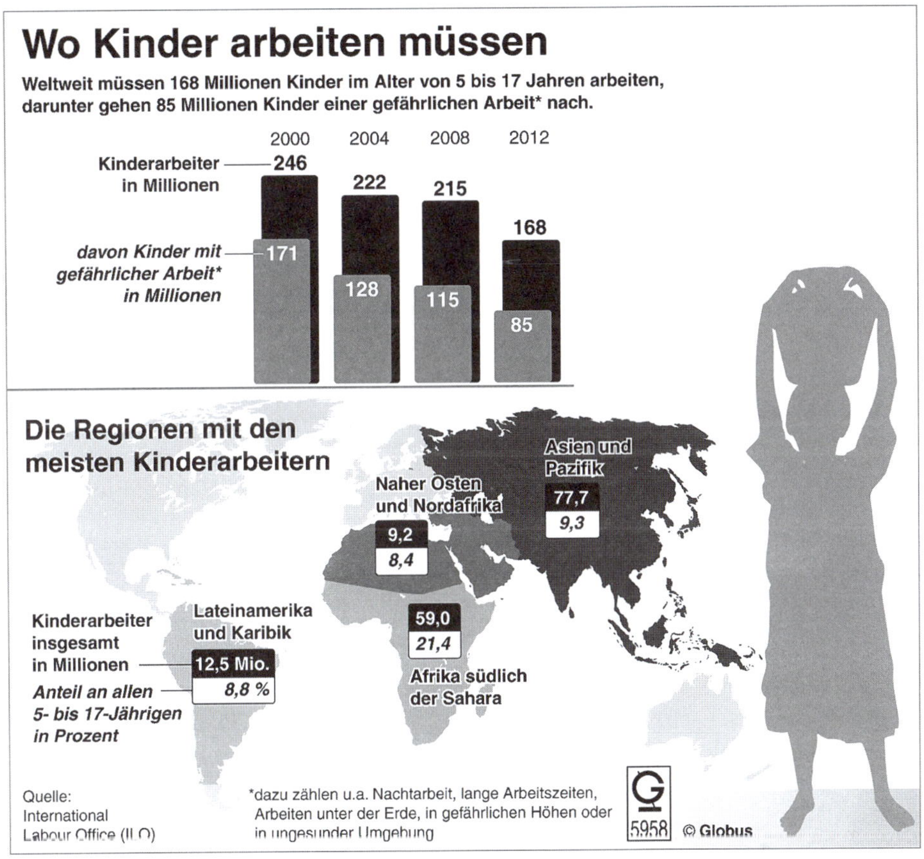

M 5 Ursachen von Kinderarbeit

Die Ursachen von Kinderarbeit liegen im wirtschaftlichen Ungleichgewicht dieser Welt und in einem Teufelskreis von mangelhaften Sozialsystemen, fehlender Bildung, Armut und Ausbeutung. [...] In den Entwicklungsländern können sich viele Eltern einen Schulbesuch der Kinder nicht leisten oder sehen zum Teil auch gar keine Notwendigkeit. In manchen Kulturen gilt es als selbstverständlich, dass Kinder als Zeichen ihrer Dankbarkeit mitarbeiten müssen, um die Familie zu ernähren. Diese Tradition kann allerdings von kleinen Jobs und etwas Mithilfe bis hin zu brutaler Ausbeutung reichen. Nicht selten bedeutet das: Die Kinder müssen Geld heimbringen, egal wie.

Oft geht es auch darum, die Schulden der Eltern abzuarbeiten. Besonders in Südasien gibt es die sogenannte Schuldknechtschaft. Arbeitgeber leihen ihren Angestellten zu Wucherzinsen Geld und lassen sie nicht mehr gehen, bevor alles zurückbezahlt ist. Wegen der Hungerlöhne hat kaum ein Arbeiter die Chance, das Geld mitsamt den Zinszahlungen aufzubringen. Die Schulden werden weitergegeben an die nächste Generation und alle Familienmitglieder, auch die Kinder, werden zu Sklaven des Unternehmers.

Besonders in Afrika führen Bürgerkriege und die Verbreitung von Aids auch dazu, dass viele Kinder zu Waisen werden und sich dann alleine durchschlagen müssen.

Quelle: http://kinderarbeit.wordpress.com/ursachen-von-kinderarbeit/

M 6 Was Verbraucher tun können

[...] Wichtig bei allen Anstrengungen gegen ausbeuterische Kinderarbeit ist, dass jedes einzelne Kind tatsächlich eine sinnvolle Alternative bekommt: In der Regel ist das der Besuch einer Schule oder eine Ausbildung. Allein mit Aufrufen zum Boykott von Firmen und Produkten ist es nicht getan. Beispiele aus der Vergangenheit haben gezeigt, dass solche Aufrufe nur zur Entlassung der Kinder führten, ohne ihnen aber eine alternative Überlebensperspektive anzubieten. [...]

Kaufen Sie, wo möglich, Produkte aus fairem Handel oder mit einem seriösen Sozialsiegel. Diese Kennzeichnungen sind eine Möglichkeit zu erkennen, unter welchen Bedingungen Produkte hergestellt wurden. Die Angabe des Herstellungslandes sagt wenig aus, denn dort kann es Betriebe ohne Kinderarbeiter geben und solche, die Kinder ausbeuten. Auch Markenartikel und teure Designerprodukte können unter Beteiligung von Kindern hergestellt sein. Der Endpreis einer Ware allein lässt in der Regel keine Rückschlüsse auf die Herstellungsbedingungen zu.

Sorgen Sie dafür, dass auch Großverbraucher zu gesiegelten Produkten greifen: In Kantinen kann TransFair-Kaffee ausgeschenkt werden, Gewerkschaften, Vereine oder Pfarrgemeinden können nur noch Blumen aus gesiegelter Produktion oder heimischen Betrieben verschenken. Sportvereine können Bälle aus fairem Handel anschaffen. [...]

Quelle: Barbara Küppers, Terre des Hommes Deutschland e. V.; www.tdh.de/content/themen/schwerpunkte/kinderarbeit/was_verbraucher_tun_koennen.htm

7.8 Produktiv-kreative Texte schreiben

Aufgaben, die produktiv-kreativ angelegt sind, beziehen sich meist auf einen **literarischen Text**. Eine solche Schreibaufgabe verlangt von dir, dass du auf der Grundlage des Originaltextes einen neuen Text schreibst. Zum Beispiel sollst du

- den Text **umgestalten** (z. B. Teile einer Kurzgeschichte in ein Gedicht oder einen Dialog umwandeln),
- eine **Fortsetzung** zu einem Text schreiben,
- die **Perspektive einer der beteiligten Figuren** einnehmen und dich aus ihrer Sicht schriftlich äußern,
- die **Perspektive eines unbeteiligten Beobachters** einnehmen und einer Figur aus dem Text schriftlich deine Meinung mitteilen, ihr einen Rat geben o. Ä.

Die **Informationen**, die du dem **Originaltext** entnehmen kannst, bilden die Grundlage für dein Schreiben. Du musst ihn deshalb gut verstanden haben. Hinsichtlich Form und Sprache musst du dich an der **Textsorte** und an der **Schreibsituation** orientieren, die dir in der Aufgabenstellung vorgegeben sind.

Am häufigsten kommen diese Textsorten vor:

- Tagebucheintrag
- innerer Monolog
- persönlicher Brief
- Rede
- Leserbrief
- formaler Brief, z. B. Bitte, Beschwerde

Als Erstes musst du die Aufgabenstellung genau durchdenken. Frage dich:

- Welche **Art von Text** (**Textsorte**) soll ich schreiben?
  Welche besonderen Merkmale zeichnen einen solchen Text aus? Welche Form und welche Sprache ist passend für diese Textsorte?

- Aus wessen **Sicht** soll ich den Text schreiben (**Schreiber**)?
  Um wen handelt es sich bei dem Schreiber: Was für eine Person ist es? Was will diese Person erreichen? Was weiß sie, was weiß sie nicht? In welcher Situation befindet sich die Person? Welche Sprache wird sie verwenden?

- Wer ist der **Adressat**?
  An wen richtet sich der Text? In welcher Beziehung steht die Person zum Schreiber? Welche Meinung vertritt diese Person zu dem Thema? Welche Kenntnisse hat sie, welche nicht? Welche Erwartungen hat diese Person an Sprache und Form eines solchen Textes?

- Um welches **Thema** geht es?
  Welche Informationen vermittelt der Text dazu? Welches Erfahrungswissen hast du zu diesem Thema?

Wähle eine **Sprache** und **Form**, die zur Textsorte, zum Schreiber und zum Leser passen und die auch dem Thema gerecht werden.

Tipp

> Bei produktiv-kreativen Schreibaufgaben solltest du dich unbedingt **am Text orientieren**, denn deine Darstellung muss stimmig sein und **genau dazu passen**. Das gilt sowohl für die **Sprache** als auch für den **Inhalt**. Schreibe nichts, was dem Text widerspricht! Erfinde z. B. kein Happy-End, wenn der Originaltext das nicht nahelegt.
>
> Trotzdem musst du auch deine **Fantasie** spielen lassen und deinen Text durch dein **Erfahrungswissen** anreichern. Überlege, was sich über den Schreiber oder den Leser glaubhaft hinzuerfinden lässt. Denke dir passende Einzelheiten aus.

Textsorten beim kreativ-produktiven Schreiben

Die wichtigsten **Textsorten** im Bereich produktiv-kreatives Schreiben sind:

Tagebucheintrag

Textsorte: *Ziel:* Erinnerungen festhalten, Erlebnisse verarbeiten
Aufbau: Beginn in der Regel mit der Erinnerung an ein Erlebnis, das an diesem Tag stattgefunden hat; Ende evtl. mit Gedanken über die Zukunft
Form und Sprache: Der Text wirkt spontan. Er ist so geschrieben, wie es dem Schreiber in den Sinn kommt, stellenweise ist Umgangssprache möglich (nicht zu viel). Der Schreiber äußert vor allem Gefühle und Gedanken.
Tempus: Perfekt oder Präteritum (für die Darstellung des Erlebten), Präsens und Futur (für die Gedanken über das Erlebte)

Schreiber: in der Regel eine Figur aus einem literarischen Text (meist die Hauptfigur); evtl. auch eine Figur, die man sich als Beobachter des Geschehens vorstellen soll

Adressat: der Schreiber selbst; evtl. spricht er auch das Tagebuch direkt an *(Liebes Tagebuch …)*

Thema: ein Erlebnis des Tages, das den Schreiber bewegt hat (z. B. eine Konfliktsituation)

Innerer Monolog

Textsorte: *Ziel:* Gedanken und Gefühle verarbeiten
Aufbau: meist unmittelbarer Einstieg ohne Einleitung, oft mit der Erinnerung an ein Erlebnis oder der aktuellen Empfindung einer ungeklärten Situation; offenes, oft in die Zukunft gerichtetes Ende
Form und Sprache: Der innere Monolog ist eine Art Gespräch einer Person mit sich selbst. Gedanken und Gefühle werden so wiedergegeben, wie sie der Person in den Sinn kommen: spontan und teilweise ungeordnet. Unvollständige Sätze, Fragen und Umgangssprache sind erlaubt. Auslassungspunkte oder Gedankenstriche kennzeichnen Gedankensprünge. Es werden keine Anführungszeichen gesetzt.
Tempus: Präsens und Perfekt

Schreiber: in der Regel eine Figur aus einem literarischen Text, in die man sich hineinversetzen muss; evtl. auch eine Person, die das Geschehen des Originaltextes beobachtet

Adressat: der Schreiber selbst, also derjenige, der sich Gedanken macht

Thema: ein Erlebnis, das Emotionen auslöst, eine ungeklärte Situation

Persönlicher Brief

Textsorte: *Ziel:* schriftlicher Austausch oder Kontaktaufnahme mit einer vertrauten Person
Aufbau: Beginn mit Briefkopf (nur Ort und Datum, darunter die Anrede: *Liebe/r …* oder: *Sehr geehrte/r …*); im eigentlichen Brieftext oft zuerst Hinwendung an den Adressaten, dann Bezugnahme auf den Anlass des Schreibens bzw. Nennen des Anliegens, danach genauere Ausführungen zum Thema, abschließend nochmaliges Herausstellen des Anliegens und ggf. Aussagen zum künftigen Verbleib; Ende mit Grußformel und Unterschrift
Form und Sprache: Die Kommunikationssituation wird erkennbar (z. B. durch gelegentliche direkte Ansprache des Empfängers). Die Darstellung ist einfühlsam, die Sprache an den Erwartungen des Empfängers ausgerichtet, aber auch zum Schreiber passend.
Tempus: überwiegend Präsens, ggf. auch Perfekt oder Futur

Schreiber: in der Regel eine Figur aus einem literarischen Text, in die man sich hineinversetzen muss; evtl. auch eine Person, die das Geschehen des Originaltextes beobachtet

Adressat: eine andere Figur aus dem Text oder eine außenstehende Person, in die man sich hineinversetzen soll

Thema: entsprechend dem Anliegen des Schreibers: z. B. Entschuldigung, Appell, Bitte, Grüße, Genesungswünsche etc.

Rede

Textsorte: *Ziel:* öffentlicher Vortrag zu einem bestimmten Anlass/Thema, um zu informieren (Referat), Gefühle zum Ausdruck zu bringen (Festrede) oder zu etwas aufzufordern (Aufruf)
Aufbau: Beginn mit Begrüßung und angemessener Anrede der Zuhörer *(Liebe Gäste …, Verehrte Zuhörer …, Guten Morgen, 10 b …)*; kurze Bezugnahme auf den Anlass, gefolgt von einem Gedanken, der die Aufmerksamkeit der Zuhörer weckt (auch in umgekehrter Abfolge möglich), dann genauere Ausführungen zum Thema; abschließend – je nach Art der Rede – Zusammenfassung, Appell oder Rückbezug auf den Einstieg bzw. Anlass
Form und Sprache: Die Kommunikationssituation wird erkennbar, (z. B. durch direkte Ansprache der Zuhörer). Ausdrucksweise und Wortwahl passen zum Publikum, zum Redner und zum Thema.
Tempus: überwiegend Präsens, ggf. Perfekt (bei Darstellung im Rückblick) oder Futur (z. B. bei Darstellung von Erwartungen)

Redner: eine Person, in die man sich hineinversetzen soll (z. B. eine Figur aus einem Text oder eine beliebige andere Person wie ein Schüler der Abschlussklasse)

Adressat: eine Personengruppe, die aus einem bestimmten Anlass zusammengekommen ist und die man sich vorstellen soll

Thema: entsprechend dem Anliegen des Redners, z. B. Information, Würdigung, Warnung oder Appell

Formaler Brief

Textsorte: *Ziel:* Vorbringen eines Anliegens (z. B. einer Bitte, Beschwerde o. Ä.)
Aufbau: Beginn mit vollständigem Briefkopf (Name und Anschrift des Schreibers, Datum, darunter Name und Anschrift des Empfängers), darunter Nennen des Anliegens (Betreffzeile), dann höfliche Anrede des Empfängers *(Sehr geehrte/r ...)*;
im eigentlichen Brieftext zunächst Bezugnahme auf den Anlass des Schreibens, danach Vortragen des Anliegens und Begründung desselben, abschließend Ausdruck einer Erwartungshaltung;
Ende mit Grußformel und Unterschrift
Form und Sprache: Standardsprache, höflich, klar und sachlich.
Tempus: Präsens (zur Darstellung des Anliegens), Futur (zum Ausdruck von Erwartungen), Perfekt (bei Rückblicken)

Schreiber: eine Person, die sich mit einem Anliegen an eine öffentliche Stelle wendet, z. B. an eine Behörde, Institution oder ein Unternehmen

Adressat: Mitarbeiter einer Behörde, einer Institution oder eines Unternehmens

Thema: ein Anliegen, das man gegenüber der Behörde, der Institution oder dem Unternehmen vertritt, z. B. zur Lösung eines Problems, oder Reaktion auf ein offizielles Schreiben; Grundlage kann ein Sachverhalt aus einem (literarischen oder sachlichen) Text sein

Leserbrief

Textsorte: *Ziel:* Meinungsäußerung, in der Regel als Reaktion auf einen Pressetext
Aufbau: Beginn mit Bezugnahme auf den Zeitungsartikel, der kommentiert werden soll (Titel des Artikels, Name der Zeitung, Erscheinungsdatum) – auch als Betreffzeile möglich;
im Brieftext Nennen des Ereignisses oder der Entwicklung, über die berichtet wurde, danach Äußern der eigenen Meinung und Begründung der eigenen Position; am Ende eine Art Fazit
Form und Sprache: In deutlicher Sprache formuliert, um die eigene Position klar zum Ausdruck zu bringen; überwiegend sachlich, gelegentlich auch zugespitzt oder provozierend. Stellenweise ist Umgangssprache möglich (nicht zu viel).
Tempus: Präsens (für die Darstellung der eigenen Gedanken), Perfekt (für Dinge, die sich ereignet haben und auf die man sich bezieht), Futur (für Entwicklungen)

Schreiber: der Leser einer Zeitung oder Zeitschrift

Adressat: zunächst die Redaktion, hauptsächlich aber die anderen Leser der Zeitung/Zeitschrift

Thema: ein aktuelles Ereignis oder eine Entwicklung, die in der Diskussion stehen

Beispiel

Eine produktive Schreibaufgabe zur Kurzgeschichte „Schlittenfahren" von Helga M. Novak (S. 74) könnte darin bestehen, einen **Tagebucheintrag** zu verfassen. Die Aufgabenstellung und der Anfang einer Lösung könnten dann so aussehen:

Eine Nachbarin der Familie hat den Vorfall im Garten zufällig beobachtet. Durch ihr rasches und tatkräftiges Eingreifen hat sie den kleinen Jungen gerade noch aus dem eiskalten Bach retten können. Sie kann es nicht fassen, dass der Vater der beiden Kinder seine Aufsichtspflicht so grob vernachlässigt hat. Die Beinahe-Katastrophe geht ihr nicht mehr aus dem Kopf. Am Abend versucht sie, ihre Gedanken zu ordnen, indem sie in ihr Tagebuch schreibt.
Verfasse diesen Tagebucheintrag aus Sicht der Nachbarin.

Heute habe ich etwas geradezu Unglaubliches erlebt, das mir gar nicht aus dem Sinn geht – und das in unmittelbarer Nachbarschaft! Der kleine Sohn unserer neuen Nachbarn ist beim Schlittenfahren in den eiskalten Bach gefallen. Beinahe wäre er ertrunken. Zum Glück kam ich zufällig gerade vom Einkaufen zurück und sah das Unglück. Ohne mich zu besinnen, riss ich die Pforte auf, stürzte hinunter zum Bach und zog den Kleinen heraus. Die Kinder hatten schon eine ganze Weile im Garten gespielt – allein! Es lag ja Schnee, und das Wetter war herrlich. Da kann man ja verstehen, dass sie ihren neuen Schlitten ausprobieren wollten. Aber dass der Vater sich überhaupt nicht um seine Kinder gekümmert hat, ist mir unbegreiflich. Der jüngste Sohn dürfte erst knapp zwei Jahre alt sein, er kann ja noch nicht einmal sprechen. Da hätte man die beiden doch nicht unbeaufsichtigt Schlitten fahren lassen dürfen! Ich bin fassungslos! – Wo war eigentlich die Mutter? Mir scheint, viele Eltern sind heutzutage mit der Erziehung ihrer Kinder heillos überfordert …

Übung 40

Lies noch einmal die Erzählung „Marathon" von Reinhold Ziegler (S. 37 f.). Bearbeite dann die beiden produktiv-kreativen Schreibaufgaben. (→ Heft)

1. Das Erlebnis des Marathonlaufs mit seinem Sohn geht dem Vater nicht aus dem Kopf. Um sich über seine Gedanken und Gefühle klar zu werden, schreibt er am Abend einen Eintrag in sein Tagebuch.

   Hinweis: Denke dir für den Sohn einen Namen aus. Falls du willst, dass der Vater auch auf seine Frau zu sprechen kommt, überlegst du dir auch für sie einen Namen.

2. Am Tag nach dem Marathonlauf mit seinem Vater verlässt der Sohn seine Eltern und fährt wieder zu sich nach Hause. Während der Fahrt mit der Bahn denkt er noch einmal über das Erlebnis des Vortages nach. Er ist froh darüber, dass er seinem Vater zum ersten Mal ehrlich seine Meinung gesagt hat. Kurzentschlossen nutzt er die Zeit in der Bahn, um seinem Vater einen Brief zu schreiben.

Interaktive Aufgaben: Ausdruck und Stil

8 Einen Text überzeugend gestalten

8.1 Geschickt formulieren

Von einem guten Text erwartet man diese Qualitäten der Darstellung:

- **Verständlichkeit:** Der Text enthält keine unübersichtlichen, endlos langen „Bandwurmsätze". Die einzelnen Sätze werden auch nicht nur aneinandergereiht, sondern die Zusammenhänge zwischen ihnen sind deutlich zu erkennen.
- **Interessantheit:** Der Text ist sprachlich abwechslungsreich und verzichtet auf unnötige Wiederholungen. Es werden treffende und ausdrucksstarke Wörter verwendet. Grundlegende allgemeine Aussagen werden nach Möglichkeit durch Beispiele veranschaulicht.
- **Prägnanz:** Die wesentlichen Informationen sind an herausragender Stelle positioniert (z. B. am Anfang oder Ende eines Absatzes). Sie gehen nicht in einer Fülle von Erläuterungen unter. Außerdem sind sie klar und prägnant formuliert, am besten in Form von Hauptsätzen.

Tipp

Ein guter Text macht **auch äußerlich einen ansprechenden Eindruck.** Achte darauf, …
- dass deine **Schrift** sauber und gut zu lesen ist,
- dass du Aussagen, die inhaltlich zusammengehören, in **Absätzen** zusammenfasst und
- dass du rund um den Text einen ausreichenden **Rand** (zwei bis drei Zentimeter) lässt.

Beispiel

Im folgenden Text sind die wesentlichen Aussagen unterstrichen. Wörter, die **Zusammenhänge** herstellen, sind fettgedruckt. Treffende, ausdrucksstarke Begriffe sind grau markiert.

Der Größere ist meistens schuld

Größere Männer scheinen gegenüber kleineren häufig im Vorteil zu sein. **Seit Langem** ist bekannt, dass sie mehr Geld verdienen, und oft haben sie auch die schöneren Frauen. Im Fußball scheint es **aber** so etwas wie eine ausgleichende Gerechtigkeit zu geben. Bei Fouls treffen die Schiedsrichter **nämlich** oft eine Entscheidung zugunsten kleinerer Spieler. **Diese** Entdeckung haben Forscher der Universität Rotterdam gemacht. **Sie** analysierten über 100 000 Fouls aus der Bundesliga, der Champions League und WM-Spielen, **und dabei** fanden **sie** etwas Interessantes heraus: Unfaires Verhalten wurde in den meisten Fällen den größeren Spielern angelastet.

Ganz so unparteiisch, **wie** man meint, sind Schiedsrichter **also** vielleicht gar nicht. Anscheinend denken sie, dass größere Spieler kräftiger und aggressiver sind, und neigen **deshalb** im Zweifel dazu, ihnen die Schuld zuzuschieben. **Das** wäre eine mögliche Erklärung für das Phänomen, dass kleinere Männer im Stadion überraschend häufig bevorzugt behandelt werden.

Übung 41

Hier hat eine Schülerin eine Fortsetzung der Kurzgeschichte „Marathon" (S. 37 f.) verfasst. Ihr Lehrer hat zu ihrem Text sowohl positive als auch negative Kommentare an den Rand geschrieben. Überarbeite die Textstellen, die er kritisiert.

Von da an hat sich die Beziehung zu meinem Vater vollkommen geändert.	*guter Einstieg!*
Das heißt nicht, dass wir nicht mehr zusammen gelaufen sind.	*doppelte Verneinung unschön* / *Tempus: Warum Perfekt?*
Natürlich sind wir weiter zusammen gelaufen, denn daran waren wir gewöhnt, solange ich zurückdenken kann.	*Wiederholung („zusammen gelaufen")*
Das Problem war nur, dass wir sonst fast nichts zusammen gemacht haben.	*Ausdruck: besser treffendere Wortwahl*
Vor allem haben wir nie richtig miteinander geredet, jedenfalls nicht über Zeug, das uns bewegt hat.	*Ausdruck: Umgangssprache* / *Tempus: Warum Perfekt?*
Ich erinnere mich eigentlich nur an das ewige „Auf, auf!", mit dem mein Vater mich immer antrieb, und daran, dass er mir immer einzureden versuchte, eine Olympiahoffnung zu sein.	*Hier besser neuen Satz anfangen, sonst zu lang.*
Jetzt erst verstehe ich, dass mein Vater im Grunde gar keine Probleme mit mir hatte, dadurch dass ich nicht die Erfolge erzielte, die er sich gewünscht hätte, sondern er hatte Probleme mit sich selbst.	*Unübersichtliche Satzkonstruktion, bitte auf zwei Sätze aufteilen.* / *Wiederholung („Probleme")*
Irgendwann hatte er schlagartig begriffen, dass er keinen Sinn in seinem Leben sah, …	*gute Formulierung*

Auf einen Blick

Wie du deinen Text gut formulierst	
Treffende Wörter verwenden	Schreibe z. B. nicht: *Sie machte das Fenster auf.* Besser ist: *Sie öffnete das Fenster.*
Unübersichtliche Satzkonstruktionen vermeiden	Am besten schreibst du Satzgefüge aus nur einem Hauptsatz und höchstens zwei Nebensätzen. Vermeide „Schachtelsätze", v. a. solche, in denen zwei Konjunktionen direkt aufeinanderfolgen wie z. B. hier: *Viele Schüler denken, dass, wenn sie keine Markenkleidung tragen, sie gemobbt werden.* Besser: *Viele Schüler denken, dass sie gemobbt werden, wenn sie keine Markenkleidung tragen.*
Wichtige Informationen richtig platzieren	Schreibe Hauptsätze, um deine wichtigen Aussagen prägnant zum Ausdruck zu bringen. Verlagere Zusatzinformationen, die eher als beiläufig anzusehen sind, in Nebensätze.
Satzanfänge unterschiedlich gestalten	Beginne nicht immer mit dem Subjekt. Stelle auch einmal eine adverbiale Bestimmung oder ein Objekt an den Satzanfang. Das macht deinen Text abwechslungsreicher und interessanter.
Sätze sinnvoll verbinden	Wähle zum Verknüpfen von Sätzen passende Konjunktionen und Adverbien. Verwende z. B. *weil* oder *denn* für einen Grund, *wenn* oder *falls* für eine Bedingung und *aber* oder *doch* für einen Gegensatz.
Eine angemessene Sprache wählen	Vermeide umgangssprachliche Ausdrücke in Textsorten, die Standardsprache erfordern. Das gilt auch für umgangssprachlich verkürzte Wörter wie z. B. *rein* (statt *herein*), *mal* (statt *einmal*) usw.
Wiederholungen vermeiden	Achte darauf, bestimmte Wörter nicht unnötig zu wiederholen. Ersetze z. B. Nomen durch passende Pronomen oder Synonyme, z. B. so: *Große Männer sind erfolgreicher. Sie verdienen mehr Geld.*

8.2 Zitate gezielt einsetzen

Bei der Arbeit mit Texten musst du deine Aussagen immer wieder anhand von Zitaten belegen. Dabei geht es nicht darum, möglichst viele Zitate anzuführen. Entscheidend ist vielmehr, dass du deine Aussagen mit **besonders aussagekräftigen Textstellen** untermauerst.

Auf einen Blick

Wie zitiert man richtig?

- Schreibe **wortwörtlich** auf, was im Text steht. Verfälsche nichts!
  Du musst nicht immer ganze Sätze zitieren. Manchmal genügen auch einzelne Wörter.
  Du kannst Sätze auch durch Auslassungspunkte verkürzen: *„Gestern [...] war er auf der Halfpipe."*
- Setze wörtlich zitierte Textstellen in **Anführungszeichen**.
- Ergänze nach dem Zitat die **Zeilennummer** (bei Gedichten: Versnummer).
  Setze die Zeilenangabe in Klammern: *„xxx."* (Z. ...)
- **Verknüpfe** die Zitate gut mit deinem eigenen Text.
  Füge nicht einfach das Zitat ein, sondern führe **mit eigenen Worten** dazu hin, z. B. durch eine deutende Aussage zum Text:
  Dass die junge Frau in Wirklichkeit gar nicht so selbstsicher ist, wie es den Anschein hat, wird an ihrem Verhalten deutlich. So heißt es: „xxx ..." (Z. ...).
- **Erläutere** jeweils auch den **Sinn** des Zitats.
  Es genügt nicht, eine Textstelle nur zu zitieren oder gar nur eine Zeilenangabe zu machen.
  Mit der Erläuterung machst du deutlich,
  - **warum** die zitierte Textstelle **eine Aussage**, die du zum Text gemacht hast, **unterstützt** oder
  - **was** man an der Textstelle hinsichtlich der Handlung oder einer Figur **erkennen** kann.

  Die Erläuterung kann dem Zitat vorangestellt sein oder ihm nachfolgen.

Beispiel

So könntest du in einem Aufsatz zum Text „Schlittenfahren" (S. 74) zitieren:

- *Das kleinere Kind dürfte kaum zwei Jahre alt sein. Es heißt nämlich: „Das eine der Kinder kann noch nicht sprechen." (Z. 4 f.)*
- *„Wer brüllt, kommt rein." (Z. 8 f., 13 f., 20, 23, 39, 43 f.). Diese Worte wiederholt der Mann immer wieder. Das zeigt, dass es ihn gar nicht interessiert, weshalb die Kinder streiten oder schreien. Sie scheinen ihm gleichgültig zu sein.*
- *Am Schluss öffnet er die Tür nur noch „einen Spalt" (Z. 42). Der Vater macht sich also nicht einmal mehr die Mühe, die Tür ganz zu öffnen. Das Geschrei der Kinder ist ihm offenbar nur lästig.*

Tipp

Zitiere nur Textstellen, **deren Sinn** dem Leser **nicht auf den ersten Blick klar** ist.
Einen Satz wie: *Das kleine Kind setzt sich auf den Schlitten.* solltest du also nicht zitieren.
Greife Textstellen heraus, die mehr sagen, als der Leser vielleicht spontan denkt.

Deine Erläuterungen kannst du beispielsweise mit diesen Worten beginnen:

- *Das zeigt, dass ...*
- *Daran kann man erkennen, dass ...*
- *Hier wird deutlich, dass ...*
- *Wenn ..., dann ...*
- *Also/Folglich ...*

Übung 42

Lies noch einmal die Erzählung „Marathon“ von Reinhold Ziegler (S. 37 f.) und bearbeite dazu die folgenden Aufgaben. (→ Heft)

Aufgaben

1. Was kann man an den folgenden Textstellen erkennen? Erkläre ihren Sinn.
   a) „Später standen wir beieinander, alle die, denen Laufen Spaß machen musste.“ (Z. 77 f.)
   b) „Von nun an war ich, wie die Zeitungen schrieben, abonniert auf Sieg, das große deutsche Talent, unsere Olympiahoffnung und vieles andere mehr [...].“ (Z. 91–94)
   c) „Wie fremd saß ich dort an dem vertrauten Esstisch, trank Kaffee mit meinen Eltern wie früher und fand doch keine Worte, um das Versagen auszulöschen oder an die kleinen Siege meiner Vergangenheit anzuknüpfen.“ (Z. 121–127)

2. Suche im Text nach Belegen für die folgenden Aussagen und erkläre, warum sie als Belege geeignet sind. (Manchmal gibt es mehrere Möglichkeiten.)
   a) Hass ist das vorherrschende Gefühl, das der Ich-Erzähler empfindet, wenn er an seinen Vater denkt.
   b) Im Rückblick hat der Ich-Erzähler den Eindruck, dass sein Vater für ihn von Anfang an eine Karriere als Läufer im Sinn gehabt hat.
   c) Der Vater hat seinen Sohn nie danach gefragt, ob er überhaupt eine Karriere als Läufer machen will.
   d) Der Sohn will sich an seinem Vater rächen.
   e) Der Ich-Erzähler hat nicht wirklich das Ziel, seinen Vater umzubringen.

3. Wähle aus dem letzten Abschnitt (Z. 183–201) eine Textstelle aus, von der du meinst, dass sie etwas Wichtiges über die Entwicklung der Beziehung zwischen Vater und Sohn aussagt.

   Schreibe einen kompletten Absatz, der aus drei Teilen besteht:
   - einer Aussage zum Text,
   - einem Zitat, das diese Aussage belegt, und
   - einer Erklärung, die zeigt, dass das Zitat als Beleg für die Aussage geeignet ist.

   Hinweis: Die Reihenfolge der drei Teile ist nicht festgelegt.

Interaktive Aufgaben: Rechtschreibung und Zeichensetzung

9 Richtig schreiben

9.1 Rechtschreibung

Achte darauf, dass du deine Texte möglichst fehlerfrei schreibst, denn in deinem Aufsatz werden auch Rechtschreibung und Zeichensetzung bewertet.

Die wichtigsten Rechtschreibregeln

Dies sind die wichtigsten **Regeln zur Rechtschreibung:**

Kurz gesprochene Vokale

*Über den QR-Code kannst du **Lernvideos** zu wichtigen Rechtschreibregeln abrufen*

Auf einen betonten, **kurzen Vokal** folgen **zwei Konsonanten:** entweder zwei **gleiche** oder zwei **verschiedene**.

Sonne, Mutter, doppelt
Winter, Perle, faltig, denken

Hörst du zwei verschiedene Konsonanten nach kurzem Vokal, schreibst du **keinen** Doppelkonsonanten. Ausnahme: Der Doppelkonsonant gehört zum Wortstamm.

Veranstaltung
(nicht: *Veranstalltung*)
bestellt (wegen: *bestellen*)

Die Konsonanten k und z werden nach kurz gesprochenen Vokalen zu **ck** und **tz** (statt kk und zz).

Zicke, Katze

s-Laute

Es gibt zwei Arten von s-Lauten:

Für den **stimmhaften**, **weich** bzw. summend gesprochenen s-Laut schreibt man immer ein einfaches **s**.

Sahne, Esel, Bluse, tosen

Für den **stimmlosen**, **scharf** bzw. zischend gesprochenen s-Laut schreibt man entweder **ss** oder **ß**:

- Nach **kurzem Vokal** schreibt man **ss**.
- Nach **langem Vokal** und **Diphthong** (= Doppellaut, z. B. ei, au, eu) schreibt man **ß**.

Kuss, Wasser, vermissen
Spaß, Gruß, fleißig, außen

Lang gesprochene Vokale

In den meisten Fällen werden **lange Vokale** nicht besonders gekennzeichnet.

Lage, reden, Tube

Vor **l**, **m**, **n** oder **r** folgt nach einem langem Vokal oft ein **Dehnungs-h**.
Dies gilt aber nicht in allen Fällen. Beachte deshalb besonders bei Wörtern mit langem Vokal das Stammprinzip (vgl. Tipp S. 106)!

Stuhl, zahm, gähnen, Lehrer

Aber: *Schule, Tal, schonen, Ware*

Bei einigen Wörtern wird der lang gesprochene Vokal **verdoppelt**. Diese musst du lernen.

Haar, Boot, Staat, Seele;
staatlich, seelisch

Lang gesprochener i-Laut

In der Regel schreibt man den langen **i**-Laut als **ie**.	*Tier, Fliege, lieben*
In wenigen Wörtern schreibt man das lange i als **einfaches i**. Viele dieser Wörter enden auf **-ine**.	*Krise, Bibel, lila, Maschine, Apfelsine*
Das **Dehnungs-h** zur Kennzeichnung des langen i-Lauts gibt es nur in einigen Pronomen.	*ihm, ihr, ihnen*

Zusammen- und Getrenntschreibung

Zusammen schreibt man zwei (oder mehr) benachbarte Wörter, wenn sie nur **eine einzige Sache bezeichnen**. (Fachbegriff für zusammengesetztes Wort: **Kompositum**)	*fortsetzen, Wäschekorb* (= Korb für die Wäsche, nicht Wäsche und Korb)
Wörter mit einem Fugenbuchstaben, z. B. dem **Fugen-s**, schreibt man **zusammen**.	*Gerichtsurteil, Eignungstest*
Achte bei benachbarten Wörtern auch auf die Aussprache:	
• Hat das **erste** Wort die **Hauptbetonung**, schreibt man **zusammen**.	*Éselsohr, férnsehen, fléischfressend*
• Haben **beide** eine eigene **Hauptbetonung**, schreibt man **getrennt**.	*fröhlich spíelen, Brót bácken, schrécklich dúmm*
Getrennt schreibt man meistens bei Kombinationen mit Verben: Verb + Verb, Nomen + Verb, Adjektiv + Verb.	*schwimmen gehen, Milch trinken, laut singen*

Groß- und Kleinschreibung

Satzanfänge und **Überschriften** beginnen **groß**.	*Es ist kalt. Schneller ans Ziel*
Nomen schreibt man **groß**. Erkennen kann man sie an	
• bestimmten **Endungen**, z. B. *-ung, -heit, -nis, -keit*;	*Sendung, Sturheit, Zeugnis;*
• bestimmten **Begleitern**, z. B. Artikel, Pronomen, unbestimmte Zahlen- und Mengenangaben und Adjektive.	*der, die, ein; mein, deine, dieser; wenig, einige, etwas, nichts;*
Aber **nicht jedes Nomen** hat einen typischen **Begleiter**.	
Auch Wörter anderer Wortarten können im Satz **als Nomen verwendet** werden. Solche **Nominalisierungen** musst du wie andere Nomen **großschreiben**. Erkennungszeichen sind auch hier Nomenbegleiter.	*das Weinen, dein Lachen, beim (= bei dem) Lesen, etwas Neues, nichts Besonderes, ewiges Hin und Her*
Komposita schreibt man **groß**, wenn ihr letzter Bestandteil ein Nomen ist. In allen anderen Fällen schreibt man sie **klein** – auch wenn sie mit einem Nomen beginnen.	*Besen|stiel, Wetter|karte* *fahnen|flüchtig, glas|klar*
Großgeschrieben werden auch die **Höflichkeitsformen** der **Anrede**.	*Ich grüße Sie. Wie geht es Ihnen? Und Ihrem Sohn?*

Tipp

Wenn du nicht weißt, ob es sich bei einem Wort um ein Nomen handelt, weil du **keinen typischen Begleiter** entdeckst, kannst du **zur Probe** eine unbestimmte Zahlen- oder Mengenangabe einfügen, z. B. so: *Wir brauchen noch Käse.* → *Wir brauchen noch* ***etwas*** *Käse.* Wichtig: Du darfst sonst nichts an dem Satz verändern!

Tipp

Bei Unsicherheiten kann dir das **Stammprinzip** weiterhelfen. Es besagt, dass alle Wörter derselben Wortfamilie ihre typischen Schreibweisen in allen Wortformen beibehalten. Suche

- nach einer Form des Wortes, bei der du die **richtige Schreibweise hören** kannst, z. B.: *Wal**d** oder Wal**t**? – Wäl**d**er; bun**d** oder bun**t**? – bun**t**e; heft**ik** oder heft**ig**? – heft**ig**er*
- nach einem anderen Wort **aus derselben Wortfamilie**, das du kennst, z. B.: *l**ä**stig – L**a**st – bel**ä**stigen; e**ss**en – (er) i**ss**t – E**ss**tisch; f**ah**ren – (er) f**äh**rt – gef**äh**rlich – F**äh**rte*

Übung 43

Begründe die Schreibweise der fettgedruckten Stellen. Nenne zur Begründung eine andere Wortform oder ein anderes Wort aus derselben Wortfamilie.

l**ä**cheln	____________	Beh**ä**lter	____________
Hem**d**	____________	Fä**h**re	____________
Gestan**k**	____________	belie**b**t	____________
Gestal**t**	____________	Lei**d**	____________
Stau**b**	____________	Bar**t**	____________

Übung 44

Erkläre, warum die unterstrichenen Wörter in dem Text falsch geschrieben sind. Korrigiere die Schreibweise und nenne die Regel. Stichworte genügen.

Einfache Mittel verbessern den „Durchfluss"

[…] Fussgänger zeigen ein viel komplexeres verhalten als Autofahrer. Das entstehen spontaner Staus auf dicht befarenen Autobahnen kann man inzwischen sehr gut erkleren: Ein einziger unaufmerksamer Fahrer, der plözlich stark bremmst, genügt. Fußgänger sind im vergleich dazu deutlich schwiriger zu modellieren.

Menschen laufen nicht in fessten Spuren, bleiben auch gern mal Stehen, wechseln spontan die richtung und versuchen, großem Gedrenge aus dem Weg zu gehen.

Je genauer Wissenschaftler Pasanten simulieren können, umso besser lassen sich Gebeude, Kreuzfahrt Schiffe oder Bahnhöfe planen. Unnötiges Gedrenge oder gar Panik werden so vermiden. Modellrechnungen haben Beispielsweise gezeigt, dass einfache Mittel den „Durchfluss" an Not Ausgengen verbessern können. Ein Pfeiler genükt, denn er spalltet die schibende Menschenmasse. So singt der Druck auf die Tür, durch die sich alle so schnell wie möglich zwengen wollen.

Aber nicht immer ist der einzelne Spielball der wogenden Maße. Bei entsprechend viel Platz kann sich ein Fußgänger nähmlich auch entscheiden, nach rechts oder lings auszuweichen, stehenzubleiben oder umzukehren.

Korrektur/ Regel

Quelle: Holger Dambeck, SPIEGEL online vom 7. 6. 2010; www.spiegel.de/wissenschaft/mensch/0,1518,699080,00.html

9.2 Zeichensetzung

Zeichen dienen dazu, einen Text **optisch** so **zu untergliedern**, dass der Leser keine Mühe hat, die Sinnzusammenhänge zu verstehen. Am wichtigsten sind die Satzschlusszeichen (**. ? !**), die Kommas und die Anführungszeichen.

Die wichtigsten Regeln der Zeichensetzung

Satzschlusszeichen

Satzschlusszeichen markieren das Ende eines Satzes. Man setzt
- einen **Punkt** nach einem Aussagesatz,
- ein **Fragezeichen** am Ende eines Fragesatzes und
- ein **Ausrufezeichen** nach einer dringenden Aufforderung, einem Befehl oder einem Ausruf.

Ich tanze gern.
Gehst du heute in die Disco?
Komm doch mit! Hör auf!
Was für ein Pech!

Kommas

Über den QR-Code kannst du **Lernvideos** zu wichtigen Kommaregeln abrufen

Das Komma trennt die **Glieder einer Aufzählung** – es sei denn, sie sind durch *und* oder *oder* verbunden. Die Glieder einer Aufzählung können kurz oder lang sein.

Anja, Kris und Selim lachten.
Sie kam nach Hause, duschte, aß etwas und legte sich hin.

Das Komma trennt **Gegensätze**: Es steht z. B. vor Konjunktionen und Adverbien wie *aber, (je)doch, sondern.*

Der Mann ist nicht schön, aber reich.

Das Komma trennt **Sätze** voneinander. Das gilt für
- **Hauptsätze**, die eine Satzreihe bilden, und
- Satzgefüge aus **Haupt- und Nebensatz** (vgl. S. 126 f.). Ein Nebensatz, der in einen Hauptsatz **eingeschoben** ist, wird vorne und hinten durch Komma vom Hauptsatz abgetrennt.

Das Smartphone ist günstig, ich kaufe es.
Wenn es regnet, bleibt sie hier.
Der Vulkan, der auf Island ausgebrochen war, behinderte tagelang den Flugverkehr.

Das Komma trennt **nachgestellte Erläuterungen** vom vorangehenden Hauptsatz ab. Wenn eine Erläuterung (z. B. eine Apposition) in einen Hauptsatz **eingeschoben** ist, wird sie vorne und hinten durch Komma abgetrennt.

Ich habe schon Mathe gelernt, und zwar gestern.
Mein Freund, ein echter Chaot, verliert ständig etwas.

Das Komma trennt die **Anredeformel** vom Namen.

Guten Morgen, Herr Müller.

Tipp

Ob man Hauptsätze durch **Punkt, Semikolon oder Komma** voneinander abtrennt, hängt davon ab, wie stark man die Grenze markieren will: Der **Punkt** ist der stärkste Einschnitt zwischen zwei Hauptsätzen, das **Komma** der schwächste, dazwischen liegt das **Semikolon**.

Anführungszeichen

Anführungszeichen kennzeichnen **wörtliche Rede**, d. h. Worte, die jemand sagt oder denkt und die man wörtlich wiedergibt.

„Ganz schön mutig“, dachte Heiko, als er Dilara im Boxring sah.

Mit Anführungszeichen markiert man **Textbelege**, die man wörtlich wiedergibt. Das gilt auch für **Überschriften**.

Der Roman „Katz und Maus“ von Günter Grass …

Übung 45

Setze im Text die fehlenden Kommas und begründe sie: Nenne je kurz die Regel.

Schotten leben gefährlich

Korrektur/Regel

In Schottland lebt einer neuen Studie zufolge fast jeder Erwachsene mit einem bedeutenden Gesundheitsrisiko mehr als die Hälfte haben sogar drei oder mehr Risikofaktoren. Die Forscher der Universität Glasgow untersuchten die fünf lebensgefährlichen Angewohnheiten Rauchen Trinken Bewegungsmangel schlechte Ernährung und Übergewicht und fanden heraus dass niemand es den Schotten bei deren Anhäufung gleichtut. „Schotten leben gefährlich" sagte David Conway Leiter der jetzt veröffentlichten Studie. „Nur 2,5 Prozent der Bevölkerung tragen überhaupt keine Risikofaktoren" sagte Conway in einem Interview.

Die im Wissenschaftsjournal „BMC Public Health" veröffentlichte Forschungsarbeit befasst sich mit einem neuen wissenschaftlichen Ansatz bei dem nicht nur einzelne Risikofaktoren sondern auch deren Anhäufung untersucht wird. „Ungesunde Verhaltensweisen bündeln sich die Kombination ist dabei synergetisch[1] dadurch steigt das allgemeine Risiko unverhältnismäßig an" bedauert Conway. [...]

Grundlage der Studie war eine staatliche Gesundheitsumfrage aus dem Jahr 2003 Daten lagen für 6574 Männer und Frauen vor. Als gefährdet stuften die Wissenschaftler beispielsweise Menschen ein die zum Zeitpunkt der Befragung rauchten Männer die mehr als 24 Gramm und Frauen die mehr als 16 Gramm Alkohol pro Tag zu sich nahmen. Als fettleibig galten Menschen mit einem Body-Mass-Index (BMI) von über 30. [...]

Obwohl Conway mit einem wenig ermutigenden Ergebnis rechnete wurde er vom Ernst der Lage doch überrascht. Mehr als 85 Prozent der Erwachsenen hatten mindestens zwei Risikofaktoren 55 Prozent hatten sogar drei und fast ein Fünftel brachte es sogar auf alle fünf. Die am weitesten verbreitete Angewohnheit war schlechte Ernährung [...]. Zehn Prozent der Befragten waren sowohl Raucher als auch starke Trinker von diesen zehn Prozent hatten sich drei Viertel noch zwei oder drei weitere Risikofaktoren zugelegt.

Als mögliche Ursachen werden soziale und wirtschaftliche Faktoren vermutet – Menschen aus den ärmsten Gegenden mit dem schlechtesten Bildungsstand lebten am ungesündesten. [...]

Quelle: AFP; www.n-tv.de/wissen/Schotten-leben-gefaehrlich-article917387.html

Anmerkung 1 *synergetisch*: zusammenwirkend

Kompetenz Sprachwissen und Sprachbewusstsein

Interaktive Aufgaben: Ausdruck und Stil

Flashcards: Wichtiges wiederholen

Was muss man können? Was wird geprüft?

Was man früher als „Grammatikkenntnisse" bezeichnete, nennt man heute den Kompetenzbereich „**Sprachwissen**". Dabei geht es aber nicht nur um angelerntes Wissen. In der Prüfung wird vorausgesetzt,

- dass du über die **Grammatik** der deutschen Sprache gut **Bescheid weißt**, z. B. über Wortarten, Satzglieder oder die Zeitformen des Verbs, und
- dass du diese Grammatikkenntnisse auch **anwenden kannst**. Beispielsweise genügt es nicht zu wissen, welche Wörter Konjunktionen sind, sondern du musst diese auch gezielt einsetzen können, um Sinnzusammenhänge zwischen Sätzen deutlich zu machen.

Mit diesem Kapitel kannst du deine Grammatikkenntnisse auffrischen.

Darüber hinaus geht es auch um eine bewusste Verwendung der Sprache („**Sprachbewusstsein**"). Das bedeutet, es wird von dir erwartet, dass du dich gewählt und **präzise ausdrücken** und das **Niveau** einer sprachlichen Äußerung beurteilen kannst. Du solltest auch in der Lage sein, Fragen nach **Wortbedeutungen** zu beantworten sowie **Stilmittel** und **Sprachbilder** zu erkennen.

Hinweis: Weitere Informationen und Übungen zu diesen Aspekten findest du in den folgenden Kapiteln des Buchs: „Die sprachliche Gestaltung beurteilen" (S. 48 ff.), „Geschickt formulieren" (S. 100 f.) und „Stilmittel" (S. 140 f.).

In der **Prüfung** werden deine Fähigkeiten im Bereich „Sprache" **anhand von Texten** geprüft, und zwar in der Regel auf zweierlei Weise:

- Du erhältst eine **Textgrundlage**. Diese sollst du entweder insgesamt im Hinblick auf bestimmte Aspekte untersuchen, z. B. auf darin verwendete Stilmittel oder die Wortwahl; oder dir werden einzelne Aufgaben zu ganz konkreten Textstellen vorgelegt, z. B. ein Synonym oder Antonym zu einem Begriff aus dem Text zu finden. Auch beides kann der Fall sein.
- Du sollst **selbst Texte schreiben**. Das kann von Kurzantworten bis zu einem vollständigen Aufsatz reichen. Hier musst du zeigen, dass du sprachlich abwechslungsreich und frei von Grammatikfehlern formulieren kannst.

10 Wortarten unterscheiden

In der Fülle der Wörter, die es in der deutschen Sprache gibt, kann man eine Ordnung erkennen: Wörter, die Ähnliches bezeichnen, lassen sich zu einer Gruppe zusammenstellen; sie gehören derselben Wortart an.

Beispiel

fliegen, erst, Haus, später, wann, weil, kommen, Auto, schreiben, ...
Die Wörter *fliegen, kommen* und *schreiben* bezeichnen Ähnliches, nämlich eine Tätigkeit. Sie gehören zur Gruppe der **Verben**.

Tipp

Es gibt Wörter, die sich unterschiedlichen Wortarten zuordnen lassen, z. B. *das, auch* und *aber*. Welcher Wortart ein Wort angehört, lässt sich immer am sichersten aus seiner **Verwendung im Satz** erkennen.

Übung 46

Gib für alle fett gedruckten Wörter des Textes die richtige Wortart an. Schreibe sie auf die Linie darunter. Die Übersicht auf der nächsten Seiten kann dir in Zweifelsfällen weiterhelfen.

Die **Digitalisierung** schreitet stetig voran. **Deutlich** wird das **überall**, auch in

____

manchen Haushalten. In *Smart Homes* **können** die Bewohner **ihr** Leben in vielen

____

Bereichen per Knopfdruck regeln. **In diesen** Häusern stehen **schon intelligente**

____

Kühlschränke, **die** den Besitzern Bescheid geben, **wenn ein bestimmtes**

____

Lebensmittel fehlt. **Vieles** kann man **sogar** allein **mit** seiner Stimme regeln, z. B.

____

das **Einschalten** von Licht **oder das** Abspielen von Musik. Dafür **sorgen** Sprach-

____

assistenten wie **Alexa**. Allerdings sollte man das **Gerät lieber** ausschalten, falls

____

man **es** nicht nutzen **will**. **Sonst** kann es passieren, **dass** das, was man sagt,

____

außerhalb der eigenen **vier** Wände mitgehört **wird**. Das will **wohl** niemand.

____

Auf einen Blick

Die wichtigsten Wortarten

Fachbegriff und Funktion	Beispiele
VERÄNDERBARE WORTARTEN	
NOMEN bezeichnen Lebewesen und Dinge. Man unterscheidet: • Nomen, die etwas **Reales** bezeichnen (Konkreta) • Nomen, die etwas **Gedachtes** bezeichnen (Abstrakta)	 *Haus, Ball, Auto, Junge* *Frieden, Angst, Freiheit*
EIGENNAMEN geben Lebewesen oder Dingen persönliche Namen.	*Samira*: Name eines Mädchens *Paris*: Name einer Stadt
VERBEN bezeichnen eine **Handlung / Tätigkeit**. Man unterscheidet: • **Vollverben** • **Hilfsverben** • **Modalverben**	 *gehen, essen, liegen* *haben, sein, werden* *können, wollen, sollen, müssen, dürfen*
ADJEKTIVE bezeichnen **Eigenschaften**. Auch Zahlen (Zahladjektive) gehören dazu.	*gelb, fröhlich, leicht, still* *drei, zehn, hundert*
ARTIKEL sind **Begleiter** von **Nomen**. Es gibt: • **bestimmte** Artikel • **unbestimmte** Artikel	 *der, die, das* *ein, eine*
PRONOMEN sind **Begleiter** oder **Stellvertreter** von Nomen. Die wichtigsten sind: • **Personalpronomen** • **Possessivpronomen** • **Reflexivpronomen** • **Demonstrativpronomen** • **Indefinitpronomen** • **Relativpronomen** • **Fragepronomen**	 *ich, du, er/sie/es, wir, ihr, sie* *mein, dein, sein/ihr/sein, unser, euer, ihr* *mich, dich, sich, uns, euch, sich* *diese, -r, -s; jene, -r, -s; der/die/das (da)* *etwas, nichts, wenig, kein, alle/s, einige* *der, die, das; welcher, welche, welches* *wer? wo? was? wann? wie? warum?*
UNVERÄNDERBARE WORTARTEN	
ADVERBIEN bezeichnen die genaueren **Umstände** einer Handlung, zum Beispiel: • den Ort (wo? woher? wohin?) → **Lokaladverbien** • die Zeit (wann? seit wann? bis wann? wie lange? wie oft?) → **Temporaladverbien** • Art und Weise oder Ausmaß (wie? wie sehr?), Erweiterungen oder Einschränkungen → **Modaladverbien** • den Grund (warum?) → **Kausaladverbien**	 *dort, hier, oben, überall* *gestern, jetzt, morgens, nachts, selten, schon, oft, manchmal* *gern, lieber, irgendwie, anders; sehr, äußerst, kaum; auch, sonst; allerdings, nur* *deshalb, daher, somit, also, folglich*
PRÄPOSITIONEN bezeichnen das **Verhältnis**, in dem Personen oder Dinge zueinander stehen.	*an, bei, mit, vor, zwischen, neben, über, unter, innerhalb, gegen*
KONJUNKTIONEN verbinden Wörter, Wortgruppen oder Sätze miteinander. Man unterscheidet: • **nebenordnende** Konjunktionen, die Gleichrangiges verbinden (z. B. Hauptsätze) • **unterordnende** Konjunktionen, die Nicht-Gleichrangiges verbinden (z. B. Haupt- und Nebensätze)	 *und, oder, denn, aber, doch* *als, weil, obwohl, nachdem, wenn, dass*
PARTIKELN können Aussagen präzisieren, indem sie sie z. B. kommentieren, verstärken oder abschwächen.	*ja, bloß, sehr, wohl, besonders, fast, total, eben, kaum, sogar, vielleicht*

10.1 Nomen

Nomen zeichnen sich durch folgende Eigenschaften aus:

- Sie haben ein bestimmtes **grammatisches Geschlecht** (**Genus**). Weil sich das Genus eines Nomens im Deutschen nicht von der „Natur“ der jeweiligen Sache ableiten lässt, spricht man vom **grammatischen** Geschlecht: z. B.: *der Tisch, die Lampe, das Mädchen.*

- Nomen haben einen **Numerus**, d. h., sie können im **Singular** (Einzahl) und im **Plural** (Mehrzahl) stehen. Es gibt verschiedene Arten der Pluralbildung:
  - Anfügen einer **Endung:** z. B. *Auto → Autos, Schule → Schulen, Wal → Wale*
  - Umwandlung des Stammvokals (a, o, u) in einen **Umlaut**: z. B. *Laden → Läden, Mutter → Mütter*
  - **beides**: z. B. *Hut → Hüte, Fass → Fässer, Sohn → Söhne*
  - gar **keine Kennzeichnung** (Singular- und Pluralformen sind gleich): z. B. *das Segel → die Segel, der Lehrer → die Lehrer*

  Von manchen Nomen gibt es **nur** die **Singularform**; das betrifft vor allem Unzählbares: z. B. *das Mehl, der Sand, der Regen.* Es gibt auch Nomen, die **nur** im **Plural** verwendet werden: z. B.: *die Leute, die Eltern.*

- Man kann Nomen **deklinieren**. Je nach ihrer Verwendung im Satz setzt man sie in den entsprechenden Fall (**Kasus**): **Nominativ**, **Genitiv**, **Dativ** oder **Akkusativ**.
  Als Subjekt (oder Teil eines Subjekts) steht ein Nomen immer im Nominativ; als Objekt (oder Teil eines Objekts) oder Teil einer adverbialen Bestimmung kann es im Genitiv (selten), Dativ oder Akkusativ (beide häufig) stehen.

Auf einen Blick

Deklination: Singular

Kasus (Fall)	Maskulinum	Femininum	Neutrum
Nominativ (wer? was?)	**der** Tisch	**die** Lampe	**das** Bild
Genitiv (wessen?)	**des** Tisches	**der** Lampe	**des** Bildes
Dativ (wem?)	**dem** Tisch	**der** Lampe	**dem** Bild
Akkusativ (wen? was?)	**den** Tisch	**die** Lampe	**das** Bild

Deklination: Plural

Kasus (Fall)	Maskulinum	Femininum	Neutrum
Nominativ (wer? was?)	**die** Tische	**die** Lampen	**die** Bilder
Genitiv (wessen?)	**der** Tische	**der** Lampen	**der** Bilder
Dativ (wem?)	**den** Tischen	**den** Lampen	**den** Bildern
Akkusativ (wen? was?)	**die** Tische	**die** Lampen	**die** Bilder

Woher weiß man, welcher Kasus vorliegt?

Um den Kasus eines Nomens zuverlässig zu bestimmen, musst du immer den **Satzzusammenhang** berücksichtigen. Das gilt besonders fürs Femininum, wo viele Formen identisch sind. Wenn du z. B. den Kasus eines Nomens wie *Lampe* bestimmen willst, reicht der Blick auf die Endung oder den begleitenden Artikel nicht aus. Erst die **Verwendung in einem Satz** verschafft Klarheit. Stelle deshalb immer die entsprechenden Fragen: *Wer ...? Wessen ...? Wem ...? Wen ...?*

Beispiel

Der Schein der Lampe war hell.
Wessen Schein war hell? *der (Schein) der Lampe* → Genitiv

Der Lampe fehlt eine Glühbirne.
Wem fehlt eine Glühbirne? *der Lampe* → Dativ

Tipp

> Wenn ein Nomen eine Sache bezeichnet, solltest du die **Was-Frage** immer mit der **Wer-Frage** bzw. der **Wen-Frage** kombinieren, um den Kasus zu bestimmen. Die Was-Frage ist nämlich nicht eindeutig und kann sowohl auf Nominativ als auch auf Akkusativ hinweisen.

Übung 47

Welche Kasus kommen bei den folgenden Beispielen infrage? Trage jeweils alle Fälle ein, die vorliegen könnten. Orientiere dich an der tabellarischen Übersicht.

die Geschenke	
den Löwen	
der Frage	

Woher weiß man, welchen Kasus man verwenden muss?

Welcher Kasus in einem Satz erforderlich ist, hängt vom zugehörigen **Verb** ab. Falls sich zwischen ein Verb und das zugehörige Nomen eine **Präposition** gedrängt hat, entscheidet diese über den Kasus. Man sagt auch, dass Verben oder Präpositionen den Kasus „regieren“.

Beispiel

- **Genitiv-Verben:** (jemand**es**/etwas) gedenken, erinnern (z. B. *der Toten gedenken, sich eines Vorfalls erinnern*), (sich) erfreuen, annehmen (z. B. *sich des Lebens erfreuen, sich einer Sache annehmen*)
- **Dativ-Verben:** (jemand**em**) danken, helfen, vertrauen, gefallen, verzeihen (z. B. *dem Freund danken, helfen, vertrauen, ...*)
- **Akkusativ-Verben:** (jemand**en**/etwas) lieben, hassen, kennen, kaufen, mögen, bauen, haben (z. B. *eine Frau lieben, hassen, kennen ...*)
- **Genitiv-Präpositionen:** trotz, wegen, statt, anstelle (z. B. *trotz des schlechten Wetters, wegen der guten Noten, statt/anstelle einer Belohnung*)
- **Dativ-Präpositionen:** mit, von, bei (z. B. *mit dem Freund, von einem Fest, bei dem Gewitter*)
- **Akkusativ-Präpositionen:** für, ohne, gegen (z. B. *für den Besuch, ohne den Hund, gegen den Wind*)

Tipp

In manchen Sätzen werden Nomen **ohne** begleitenden **Artikel** verwendet. Um den Kasus solcher Nomen sicher zu bestimmen, kannst du **probeweise** einen Artikel oder ein Pronomen **voranstellen**, z. B. so:
Auf Reisen kann man viel entdecken. → Auf (den/einigen) Reisen kann man viel entdecken.
Achte aber darauf, dass du in dem Satz **keine weiteren Veränderungen** vornimmst!

Übung 48

Bestimme den Kasus der unterstrichenen Nomen. Schreibe zusätzlich das Wort heraus, das für den Kasus „verantwortlich" ist (das zugehörige Verb oder die zugehörige Präposition).

Krähen sind extrem clevere Werkzeugnutzer

Krähen können komplizierte Aufgaben[1] mit Hilfe von Werkzeugen lösen [...]. Wissenschaftler in Neuseeland haben mit einem Experiment[2] gezeigt, dass die Tiere ihre Hilfsmittel höchst strategisch zum Einsatz[3] bringen.
Der Versuchsaufbau erinnert an ein Geschicklichkeitsspiel[4]: Um an die Belohnung[5] heranzukommen, muss man eine Kiste mit einem Loch[6] öffnen. Dafür braucht man einen langen Stock. Doch der liegt in einer Gitterbox[7]. Und nur mit Hilfe[8] eines zweiten, kleineren Stocks[9] lässt er sich dort herausmanövrieren. Dumm nur, dass dieses so dringend benötigte Hölzchen an einer Schnur von der Decke[10] hängt ...
Um an Fleisch[11] zu kommen, können Geradschnabelkrähen [...] diese Aufgaben[12] jedoch durchaus bewältigen, wie Forscher [...] gezeigt haben.

Quelle: Christoph Seidler/ddp, SPIEGEL Online 21. 4. 2010; www.spiegel.de/wissenschaft/natur/kognitive-faehigkeiten-kraehen-sind-extrem-clevere-werkzeugnutzer-a-690186.html (gekürzt)

1 ______________________

____

2 ______________________

____

3 ______________________

____

4 ______________________

____

5 ______________________

____

6 ______________________

____

7 ______________________

____

8 ______________________

____

9 ______________________

____

10 ______________________

____

11 ______________________

____

12 ______________________

____

10.2 Adjektive

Adjektive kann man **steigern**. Neben ihrer Grundform (**Positiv**) gibt es zwei Steigerungsformen: **Komparativ** und **Superlativ**. Gebildet werden die Steigerungsformen mit den Endungen **-er** und **-(e)st:** z. B. *lieb – lieber – (am) liebsten.*

Man unterscheidet **drei Verwendungsweisen** von Adjektiven:

- Als **Attribut** bezieht sich ein Adjektiv auf ein **Nomen**; es passt sich dem Nomen im Kasus an: *der freche Junge, das schüchterne Kind*
- Als **Adverb** bezieht es sich auf ein **Verb**; dabei verändert es seine Form nicht: *Der Junge antwortet frech. Das Kind reagierte schüchtern.*
- Als Teil des **Prädikats** (z. B. mit *sein, werden*) bezieht es sich auf ein **Nomen** und bleibt ebenfalls unverändert: *Der Junge wird frech. Das Kind ist schüchtern.*

Tipp

Adjektive können in einem Satz **zu Nomen werden**. Sie sind dann oft erkennbar an einem typischen „Nomen-Begleiter“, z. B. Indefinitpronomen wie *etwas, nichts, viel.*
Beispiele: *schlecht → etwas Schlechtes; neu → nichts Neues; gut → viel Gutes.*
Auch nach manchen Präpositionen wird ein Adjektiv in einem Satz zum Nomen. Dann steht das ursprüngliche Adjektiv – meist Farben – in der Grundform:
Beispiele: *Er geht bei Grün. Mir gefällt das Auto in Rot. Sie steht auf Pink.*

Übung 49

Unterstreiche in dem folgenden Text alle Adjektive und bestimme ihre Verwendungsweise: Attribut oder Adverb?

Auch Haie haben Angst

Weiße Haie gelten als die Könige der Weltmeere. Doch Forscher haben nun erstaunt festgestellt, dass sich der große Meeresräuber wohl vor einem anderen Tier gehörig fürchtet: dem Orca.
Indem sie die Haie mit GPS-Sendern ausstatteten, überwachten die amerikanischen Wissenschaftler die Tiere ganz genau. Vor der Küste von San Francisco, wo die gefräßigen Raubfische häufig See-Elefanten jagen, konnten sie wichtige Erkenntnisse gewinnen. Orcas kommen hier nur ab und zu auf ihren weiten Wanderungen vorbei. Tauchten die Schwertwale jedoch auf, verließen die Haie schlagartig die Gewässer und flüchteten eilig hinaus aufs offene Meer. Die weißen Haie haben solche Angst vor den Orcas, dass sie auch nicht so schnell wieder zurückkehrten: Oft trauten sie sich ein Jahr lang nicht mehr zurück in ihr altes Jagdrevier – und das, obwohl die Orcas meist schon nach einer Stunde wieder weiterzogen.
Für die jungen See-Elefanten ist das Zusammentreffen der beiden Raubfischarten in ihrem Lebensraum ein Segen. Statt 40 Jungtieren erbeuteten die Haie in Jahren, in denen sich Orcas zeigten, nur noch magere 25 % davon.

Verwendung

10.3 Pronomen

Pronomen nehmen Bezug auf **Nomen:** entweder als deren (vorangestellte) **Begleiter** – oder als deren **Stellvertreter**. Einige Pronomen können beides sein: Begleiter und Stellvertreter eines Nomens; es gibt auch Pronomen, die nur Stellvertreter sein können.
Einen **Sonderfall** bildet das Demonstrativpronomen *das*: Es kann auch Stellvertreter für eine ganze Aussage sein. Dann bezieht es sich rückblickend auf den vorangehenden Satz. (Beispiel: *Heute ist bei uns schulfrei. Das finde ich super.)*

Pronomen als Stellvertreter	**Beispiele**
Personalpronomen	*Der Junge kam nach Hause. Er war müde.* (*er* = der Junge)
Relativpronomen	*Die Hose, die du dir gekauft hast, sitzt gut.* (*die* = die Hose)
Reflexivpronomen	*Die Frau wundert sich.* (*sich* = die Frau selbst)
Fragepronomen	*Wann fängt das Fußballspiel an?* (*wann?* = die Uhrzeit)

Pronomen als Stellvertreter oder Begleiter	**Beispiele**
Demonstrativpronomen	*Diese Musik macht richtig gute Laune.* (*diese* = Begleiter von *Musik*) *Jene gefällt mir gar nicht.* (*jene* = Stellvertreter für *die andere Musik*)
Possessivpronomen	*Meine Wohnung ist mir zu klein.* (*meine* = Begleiter von *Wohnung*) *Eure ist viel größer.* (*eure* = Stellvertreter für *Wohnung*)
Indefinitpronomen	*Kann ich noch etwas Kuchen bekommen?* (*etwas* = Begleiter von *Kuchen*) *Es ist keiner mehr da.* (*keiner* = Stellvertreter für *Kuchen*)

Tipp

Mithilfe von Pronomen, die sich als **Stellvertreter** verwenden lassen, kannst du ungeschickte **Wortwiederholungen** in einem Text **vermeiden**.
Achte aber unbedingt darauf, dass die **Bezüge** klar sind und der Leser weiß, wovon du sprichst. Du musst also das Nomen, auf das ein Stellvertreter-Pronomen sich bezieht, bereits genannt haben – und zwar möglichst im Satz davor.

Übung 50

Unterstreiche im Text auf der nächsten Seite die Pronomen. Trage den Fachbegriff für die Art des jeweiligen Pronomens in die rechte Spalte ein. Das Pronomen „es" brauchst du nicht zu berücksichtigen.

Hinweis: Einen Überblick über die verschiedenen Arten von Pronomen findest du auf S. 111.

Vom Startloch zum Startblock

Heute wäre es schwierig, Startlöcher in die modernen Kunststoff-Laufbahnen zu graben. Als die Leichtathleten noch auf Asche liefen, war das allerdings durchaus üblich, jedenfalls auf den Kurzstrecken. Für die erfand der amerikanische Trainer Mike Murphy 1887 den Tiefstart aus der Hocke.

Bei diesem Start bringt der Sprinter mehr Kraft auf die Bahn. Er erreicht daher eine höhere Beschleunigung, allerdings besteht auch die Gefahr, dass ihm dabei die Füße wegrutschen. Deshalb war es üblich, dass die Sportler kleine Schäufelchen mit zum Rennen brachten und sich ihre individuellen Startlöcher gruben.

Das war nicht nur den Platzwarten ein Dorn im Auge, die anschließend die Bahn wieder glätten mussten, die Sportler konnten sich auch verletzen, wenn ihr Fuß am Rand des Startlochs hängen blieb. Es war wieder ein amerikanischer Trainer, George Bresnahan, der im Jahr 1927 den Startblock zum Patent anmeldete – eine genial einfache Erfindung, die sich bis heute nur unwesentlich verändert hat.

Aber die Mühlen der Sportbürokratie mahlen langsam. Während sich die Startblöcke in den USA schnell verbreiteten, betrachtete der internationale Leichtathletikverband IAAF die Entwicklung mit Argwohn.

Zeitweise wurden zwei Weltrekorde geführt, mit und ohne Blöcke. Bei den Olympischen Spielen in Berlin 1936 war schließlich Jesse Owens der letzte Sprint-Olympiasieger, der mit Schäufelchen zum Rennen ging und seine eigenen Startlöcher buddelte. Erst 1937 akzeptierte die IAAF die neue Starthilfe.

Quelle: Christoph Drössler, in: Die Zeit vom 12. 5. 10; www.zeit.de/2010/20/Stimmts-Sprinter

Art des Pronomens

____
____
____
____
____
____
____
____
____
____
____
____
____
____
____
____
____
____
____
____
____
____
____
____
____

10.4 Verben

Verben können viele Formen haben. Diese erhalten sie durch die **Konjugation**. Man konjugiert ein Verb, indem man dem **Stamm** eine **Endung** hinzufügt. So gibt das Verb Auskunft darüber, ...

- auf **wen** sich eine Aussage bezieht: Spricht der Sprecher jemanden direkt an? Oder spricht er über andere (eine Person oder mehrere) oder über sich selbst?
  → **Grammatische Person:** erste, zweite oder dritte Person
- **wie viele** Personen (oder Sachen) es sind, die handeln.
  → **Numerus:** Singular oder Plural

	1., 2., 3. Person
Singular	**ich** gehe, **du** gehst, **er / sie / es** geht
Plural	**wir** gehen, **ihr** geht, **sie** gehen

- **wann** eine Handlung erfolgt: in der Gegenwart, in der Vergangenheit oder in der Zukunft.
  → **Tempus**: siehe S. 119 f.
- ob sich der Blick auf **den Handelnden** oder auf **das Geschehen** richtet.
  → **Genus verbi:** Aktiv oder Passiv, siehe S. 121 f.
- ob eine Aussage als **Feststellung einer Tatsache**, als **Aufforderung**, als **Wiedergabe von Worten** eines anderen oder als **Äußerung einer Vorstellung** oder eines Wunsches zu verstehen ist.
  → **Modus:** Indikativ, Imperativ, Konjunktiv, siehe S. 122 f.

Beispiel

sieg|ten: mehrere Personen; ihre Handlung ist bereits in der Vergangenheit erfolgt (Präteritum), und der Sprecher äußert sich über die Handelnden.

komm|st: eine Person; die Handlung geschieht jetzt oder regelmäßig (Präsens), und der Sprecher spricht die handelnde Person direkt an.

Übung 51

Kreuze alle Informationen an, die in den folgenden Verbformen enthalten sind.

	Singular	Plural	über sich	über andere	zu jemandem
kommt					
frage					
folgst					
erscheinen					
sieht					
wissen					
vergesst					
bleibt					

Tipp

Es gibt auch **trennbare Verben**, die sich im Satz in ihre Bestandteile aufteilen können. Dann rutscht der erste Bestandteil des Verbs ans Satzende, während der Hauptbestandteil auf seiner Position bleibt.
Beispiele: *auf|stehen – er steht auf, teil|nehmen – sie nimmt teil, davon|laufen – wir laufen davon*

Sollst du in einem Satz das Verb nennen, musst du beide Bestandteile berücksichtigen bzw. sie wieder zusammenfügen.

Die Tempora des Verbs

Die grundlegenden Tempora (Zeitformen) sind das **Präsens** und das **Präteritum**. Sie bestehen nur aus einer einzigen Verbform (z. B. *geht, lacht; fragte, wusste*).
Alle übrigen Tempora bestehen aus mindestens zwei Verbformen: Außer dem eigentlichen Verb, dem **Vollverb**, benötigen sie noch eines der **Hilfsverben** *haben*, *sein* oder *werden*.
Unregelmäßige Verben verändern in einigen Formen ihren Stammvokal, wie z. B.: *kommen – kam – gekommen, singen – sang – gesungen, essen – aß – gegessen.*

Auf einen Blick

Die Tempora des Verbs

Präsens	Stamm des Vollverbs + Personalendung	*Er sagt.* *Sie hüpft.*
Präteritum	Stamm des Vollverbs + t(e) + Personalendung	*Er sagte.* *Sie hüpfte.*
Perfekt	Präsensform von *haben* oder *sein* + Partizip Perfekt des Vollverbs	*Er hat gesagt.* *Sie ist gehüpft.*
Plusquam-perfekt	Präteritumform von *haben* oder *sein* + Partizip Perfekt des Vollverbs	*Er hatte gesagt.* *Sie war gehüpft.*
Futur I	Präsensform von *werden* + Infinitiv des Vollverbs	*Er wird sagen.* *Sie wird hüpfen.*
Futur II	Präsensform von *werden* + Partizip Perfekt des Vollverbs + Infinitiv von *haben* oder *sein*	*Er wird gesagt haben.* *Sie wird gehüpft sein.*

Tipp

Die Tempora **Perfekt** und **Plusquamperfekt** unterscheiden sich nur in der **Form des Hilfsverbs:** Beim Perfekt stehen *haben* oder *sein* im Präsens, beim Plusquamperfekt im Präteritum. Das passt zu ihrer Verwendungsweise:

- das Perfekt drückt **Vorzeitigkeit** in Bezug auf das **Präsens** aus, z. B.:
  Ich gehe früh nach Hause. Das habe ich dir ja gestern schon gesagt. (Vorzeitigkeit zum Präsens)
- das Plusquamperfekt drückt **Vorzeitigkeit** in Bezug auf das **Präteritum** aus, z. B.:
  Der Lehrer bewertete Rolands Leistungen im Fach Deutsch mit einer Eins. Darauf hatte Roland schon lange gehofft. (Vorzeitigkeit zum Präteritum)

Übung 52 Unterstreiche im folgenden Text alle Verbformen und bestimme die Tempora.

Die Broken-Windows[1]-Theorie

Die Verwahrlosung eines Stadtviertels beginnt mit einer zerbrochenen Fensterscheibe, die niemand repariert. Das besagt die sogenannte „Broken-Windows-Theorie", die Stadtplaner vor Jahren in den USA entwickelt haben. Auch Müll, der auf dem Bürgersteig gelandet ist und einfach dort liegen bleibt, trägt dazu bei, dass eine Gegend verkommt. Eine Person, die durch eine solche Straße geht, sagt sich vielleicht: „Ich werde doch nicht den Dreck wegmachen, den andere verursacht haben!" Oder sie fügt den schon entstandenen Schäden oder Verunreinigungen noch weitere hinzu.

Wahrscheinlich glaubt sie: „Auf mich kommt es ja nicht an. Andere haben ja auch schon ihren Unrat hinterlassen." So wird sie ihre leere Cola-Dose einfach fallen lassen. Und nach einiger Zeit wird das ganze Viertel heruntergekommen sein. Das Nachsehen haben die Bürger, die dort wohnen. Sie hatten sich ihr Leben dort bestimmt anders vorgestellt.

Anmerkung 1 *Broken Windows:* engl.: zerbrochene Fenster

Tempus

____
____
____
____
____
____
____
____
____
____
____
____
____
____
____
____
____
____
____
____
____
____
____
____
____
____

Aktiv und Passiv

Wer tut was? Diese Frage beantwortet man mit dem **Aktiv**.
Die Person oder Sache, die aktiv tätig ist, steht dabei im Mittelpunkt und ist das Subjekt im Satz. Das Aktiv ist in der Alltagssprache der Regelfall.

Was wird getan? Auf diese Frage antwortet man mit dem **Passiv**.
Das Hauptaugenmerk liegt auf dem Geschehen und auf demjenigen, mit dem etwas getan wird. Das „Opfer" der Handlung wird deshalb hier zum Subjekt.

Beispiel

Aktiv: Der Lehrer **benotet** die Schüler.
↑ Subjekt ↑ Objekt

Passiv: Die Schüler **werden** (vom Lehrer) **benotet**.
↑ Subjekt

Um das Passiv zu bilden, benötigt man das Hilfsverb *werden* und das Partizip Perfekt. Auch im Passiv können alle **Tempora** des Verbs vorkommen.

Auf einen Blick

Das Passiv in den verschiedenen Tempora

Präsens	Präteritum	Perfekt	Plusquam-perfekt	Futur I	Futur II
wird benotet	*wurde benotet*	*ist benotet worden*	*war benotet worden*	*wird benotet werden*	*wird benotet worden sein*

Den „**Täter**" kann man im Passiv-Satz **verschweigen**, z. B.: *Die Schüler werden benotet.* Es gibt zwei Gründe dafür, den „Täter" nicht zu erwähnen:

- Man weiß nicht, wer eine Handlung ausgeführt hat, z. B.:
  Ein Auto wurde in Brand gesetzt. (Wer das getan hat, ist nicht bekannt.)
- Man hält es für unnötig, den Handelnden zu nennen, z. B.:
  Der Einbrecher wurde festgenommen. (Dass es Polizisten gewesen sein müssen, ist ohnehin klar und muss nicht extra gesagt werden.)

Übung 53

1. Wandle die folgenden Aktiv-Sätze in Passiv-Sätze um.
   a) Die Weltraumforschung hat rasante Fortschritte gemacht.

   ____

   b) Inzwischen schicken die Forscher schon Roboter zum Mars.

   ____

   c) Die Roboter sollen wichtige Informationen sammeln.

   ____

   d) Eines Tages werden die ersten Astronauten den Mars anfliegen.

   ____

2. Der folgende Text steht ausschließlich im Passiv. Wandle die unterstrichenen Sätze ins Aktiv um. Schreibe die überarbeiteten Sätze unten auf.

Big Brother auf dem Mars

Von der russischen Weltraumagentur Roskosmos und der europäischen ESA (European Space Agency) ist ein Experiment organisiert worden: Sechs Männer werden für einen Zeitraum von 520 Tagen in einen Container eingesperrt. Während dieser langen Zeit wird jeder ihrer Schritte von Kameras verfolgt. Die Aufzeichnungen werden zu Forschungszwecken genutzt. Auf diese Weise wird erprobt, welche Belastungen von den Crewmitgliedern während einer Expedition zum Mars ertragen werden müssen. Die Bedingungen im All wurden von den Forschern möglichst real inszeniert. Nur auf die Schwerelosigkeit wird verzichtet.

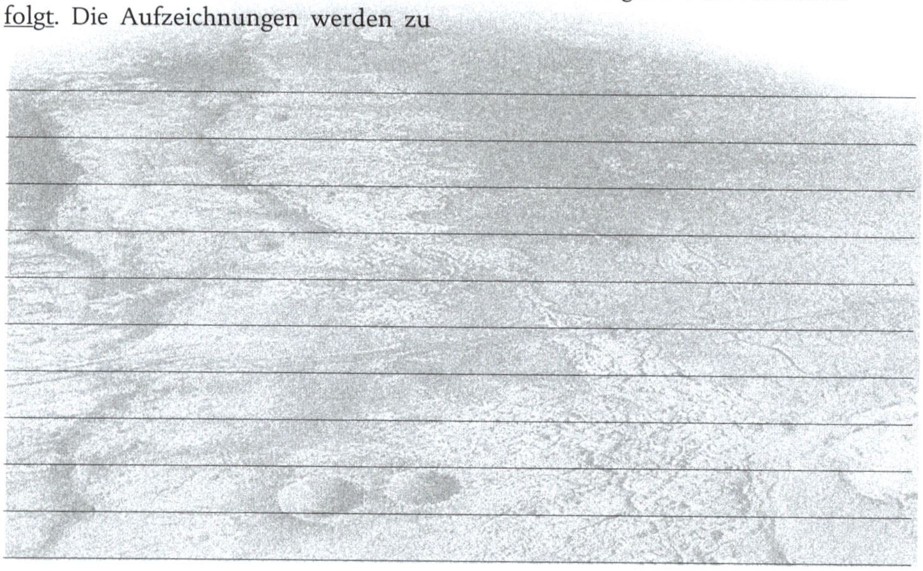

Tipp

Zu oft sollte man das **Passiv nicht** verwenden. Zum einen klingt es „unlebendig“ (eben nicht „aktiv“), zum anderen kommt es dann zu unschönen Wiederholungen des Hilfsverbs *werden*.

Die Modi: Indikativ, Imperativ und Konjunktiv

Der Begriff „Modus“ bedeutet „Art und Weise“. Der Modus zeigt an, **wie eine Aussage verstanden** werden soll. Es gibt drei Möglichkeiten:

- Der **Indikativ** ist die **Wirklichkeitsform**. Man verwendet ihn, wenn eine Aussage als Tatsache verstanden werden soll – nach dem Motto: So ist es! Der Indikativ wird im Alltag am häufigsten verwendet, deshalb braucht man seine Formen nicht eigens zu lernen.

  Beispiel: *Es regnet. Die Hunde bellen schon wieder. Die Sieger wurden gefeiert.*

- Der **Imperativ** ist die **Befehlsform**. Er wird verwendet, um eine Aufforderung oder einen Befehl auszusprechen – nach dem Motto: So soll es sein! Bei einigen Verben mit dem Stammvokal e **verändert sich** im Imperativ dieser **Stammvokal**, z. B.: *nehmen → nimm, geben → gib, lesen → lies.*

  Beispiel: *Mach schneller! Hilf mir bitte beim Tragen. Passt doch auf! Hört euch das an!*

▶ Der **Konjunktiv** ist die **Möglichkeitsform**. Mit ihm zeigt man an, dass man **nicht von Tatsachen** spricht – nach dem Motto: So denkt man es sich (nur).

Beispiel

Der Kunstexperte behauptet, dieses Bild sei eine Fälschung.
(keine Tatsache, sondern Wiedergabe einer Meinungsäußerung eines anderen)
Mit einem echten Picasso könnte man einen hohen Preis erzielen.
(keine Tatsache, sondern Äußerung einer Vorstellung)

- Den **Konjunktiv I** verwendet man in der **indirekten Rede**. Damit drückt man aus, dass man nur wiedergibt, was man gehört oder gelesen hat.
  Man bildet den Konjunktiv I, indem man nach dem Stamm ein **e** einfügt (z. B.: *du hab|e|st, er lieg|e;* unregelmäßige Formen bei *sein*: *er sei, sie seien*).
  Beim Umwandeln von direkter Rede in indirekte Rede muss man eventuell auch Pronomen verändern: Aus *ich* wird z. B. *er* oder *sie*.

  Beispiel

  Leo sagte: „Ich habe keine Zeit." → Leo sagte, er habe keine Zeit.
  Jil meinte: „Ich kann nicht kommen." → Jil meinte, sie könne nicht kommen.
- Den **Konjunktiv II** verwendet man, um etwas zu sagen, das man sich nur vorstellen kann; man weiß genau, dass es **nicht der Realität entspricht**.
  Man bildet den Konjunktiv II aus der Präteritum-Form; dabei werden die Vokale a, o und u oft zu den Umlauten ä, ö und ü (*sehen: sah → sähe; fliegen: flog → flöge; tragen: trug → trüge)*

  Beispiel

  Ich wäre gern berühmt. Dann hätte ich viele Fans.

Tipp

Es kann vorkommen, dass eine **Konjunktiv-Form identisch** ist mit der des **Indikativs**. Dann kannst du **ersatzweise** zu einer anderen Form greifen, und zwar so:

- unklare Form des Konjunktivs I → Konjunktiv II
  Beispiel: *Sie sagten, sie kommen später. → Sie sagten, sie kämen später.*
- unklare Form des Konjunktivs II → Umschreibung mit würde
  Beispiel: *Sie sagten, sie reisten nach Spanien. → Sie sagten, sie würden nach Spanien reisen.*

Die Ersatzform mit *würde* kannst du auch verwenden, wenn die Konjunktiv-Form veraltet klingt:
Sie sagten, sie verlören noch den Verstand. → Sie sagten, sie würden noch den Verstand verlieren.

Übung 54

1. Gib die folgende Meinungsäußerung des Schülers Tom in Form von indirekter Rede wieder. Verwende durchgängig den Konjunktiv I. (→ Heft)
   Hinweis: Beginne mit dem folgenden Begleitsatz (einen weiteren brauchst du nicht hinzuzufügen): *Schüler Tom sagt, manchmal* . . .

„Manchmal ist es im Unterricht so langweilig, dass ich ständig gähnen muss. Ich weiß nicht, weshalb. Aber ich kann das einfach nicht unterdrücken. Es überkommt mich einfach. Komischerweise scheint Gähnen ansteckend zu sein. Denn kaum habe ich damit angefangen, da machen meine Mitschüler es mir nach. Das finde ich seltsam."

2. Die Schülerin Britta hat für ihre Zukunft viele Wünsche und Vorstellungen. Formuliere zu jedem Wunsch einen vollständigen Satz.

Verwende nach Möglichkeit den echten Konjunktiv II. Nur wenn die Form des Konjunktivs nicht von der Form des Indikativs zu unterscheiden ist, verwendest du die Umschreibung mit *würde*.

Das erste Beispiel ist schon gelöst.

Brittas Wünsche:

a) einen guten Schulabschluss machen
b) einen interessanten Beruf erlernen
c) viel Geld verdienen
d) ein Cabrio fahren
e) Reitunterricht nehmen
f) einen netten Mann kennenlernen
g) eine Traumhochzeit feiern
h) eine Familie gründen
i) nach Neuseeland fliegen
j) genügend Freizeit haben

a) Britta würde gern einen guten Schulabschluss machen.

11 Satzglieder und Satzbau beherrschen

11.1 Sätze untergliedern

Jeder Satz ist wie eine Kette von Satzgliedern. Es gibt diese **vier Satzglieder:**

- **Subjekt:** zu erfragen mit: *Wer oder was ...?*
- **Prädikat:** zu erfragen mit: *Was tut ...?*
- **Objekt:** zu erfragen mit: *Wem ...? Wen ...?*
- **adverbiale Bestimmung:** auch „(das) Adverbiale“ genannt, zu erfragen mit:
  Wo ...? Wohin ...? Woher ...? → lokal
  Wann ...? Seit wann ...? Bis wann ...? Wie lange ...? → temporal
  Wie ...? → modal
  Warum ...? → kausal

Ein Satz besteht aus **mindestens zwei Satzgliedern:** einem **Subjekt** und einem **Prädikat**. Ob darüber hinaus weitere Satzglieder erforderlich sind, hängt vom Verb ab – und davon, welche Zusatzinformationen man vermitteln will.

Tipp

> Sätze, bei denen entweder das Subjekt oder das Prädikat fehlt – oder beide –, sind **unvollständig**. Man spricht dann von einer **Ellipse** (oder elliptisch verkürzten Sätzen).

Satzglieder können **unterschiedlich lang** sein. Das gilt auch für das Prädikat: Es gibt einstellige, zweistellige und sogar dreistellige Prädikate. Die **Reihenfolge** der Satzglieder ist **nicht festgelegt**. Ein Satz muss also nicht mit dem Subjekt beginnen. Auch ein Adverbiale oder ein Objekt können einen Satz eröffnen.

Beispiel

Der Wind	weht.
↑	↑
Subjekt	Prädikat

Die Blätter	fallen	von den Bäumen.
↑	↑	↑
Subjekt	Prädikat	Adverbiale

Im Winter	tragen	die Menschen	warme Jacken.
↑	↑	↑	↑
Adverbiale	Prädikat	Subjekt	Objekt

Tipp

> Um zu ermitteln, welche Wörter zu einem Satzglied gehören, kannst du die **Umstellprobe** machen: Vertausche die Reihenfolge der Satzglieder. Alle Wörter, die zum selben Satzglied gehören, bleiben immer zusammen – egal, welche Position sie im Satz einnehmen.
>
> Beispiel: *Mein bester Freund hatte gestern Abend einen schlimmen Unfall.*
> Umgestellt: *Gestern Abend | hatte | mein bester Freund | einen schlimmen Unfall.*
> Oder: *Einen schlimmen Unfall | hatte | mein bester Freund | gestern Abend.*

Übung 55

Bestimme die Satzglieder in den folgenden Sätzen. Kennzeichne sie wie in den Beispielsätzen auf S. 125.

a) Lachen ist gesund.

b) Diese Erkenntnis haben Forscher schon vor langer Zeit gewonnen.

c) Lachen lockert die Muskeln und setzt Glückshormone frei.

d) Kinder beherrschen diese Gefühlsäußerung am besten.

e) Laut wissenschaftlichen Untersuchungen lachen Kinder rund 400 Mal am Tag.

11.2 Hauptsätze und Nebensätze unterscheiden

Hauptsätze erkennst du an der **Position des finiten Verbs** (finites Verb = das gebeugte/konjugierte Verb, also das Verb mit der Personalendung). Im Hauptsatz steht das finite Verb immer auf der Position des zweiten Satzglieds, im **Nebensatz** rückt es dagegen in der Regel ganz ans Ende des Satzes.
Aufeinanderfolgende Hauptsätze bilden eine **Satzreihe**. Die Verbindung eines Hauptsatzes mit einem Nebensatz (oder mit mehreren) bildet ein **Satzgefüge**. Die Reihenfolge ist dabei nicht festgelegt: Der Nebensatz kann im Satzgefüge vor oder nach dem Hauptsatz stehen oder auch in ihn eingeschoben sein.

Beispiel

Satzreihe Hauptsatz + Hauptsatz	*Kinder <u>können</u> sich an vielen Dingen erfreuen,* (Hauptsatz) *deshalb <u>lachen</u> sie viel öfter als Erwachsene.* (Hauptsatz)
Satzgefüge Hauptsatz + Nebensatz	*Das Lachen <u>vergeht</u> ihnen aber manchmal,* (Hauptsatz) *wenn sie älter <u>werden</u>.* (Nebensatz)

Tipp

An der **Position des finiten Verbs** kannst du **am sichersten** erkennen, ob es sich bei einem Satz um einen Hauptsatz oder um einen Nebensatz handelt.
Zwar weist oft auch eine **einleitende Konjunktion** auf einen Nebensatz hin. Aber dieses Erkennungsmerkmal ist **unsicher:** Zum einen gibt es auch Nebensätze, die **nicht** mit einer Konjunktion beginnen (z. B. Relativsätze, vgl. S. 130); zum anderen können auch Hauptsätze mit einer (nebenordnenden) Konjunktion beginnen (z. B. *denn, und, aber*).

1. Markiere im folgenden Text die finiten Verben.
   Unterstreiche dann alle Nebensätze.

   Hinweis: Erweiterte Infinitivkonstruktionen mit „zu“ sind verkürzte Nebensätze. (Beispiel: *Ich bitte dich, zu mir zu kommen.* → Kurz für: *Ich bitte dich, dass du zu mir kommst.*) Du brauchst sie nicht zu berücksichtigen.

Übung 56

Flugstaffel Walsrode

[...] Trotz des Regens sind die Bänke an der Bühne fast voll besetzt. Eine Schulklasse ist in den Vogelpark Walsrode gekommen, und ein paar Familien mit Kindern sind da. Gespannt starren sie alle auf einen großen Baum. Dann plötzlich schießt ein schwarz gefiederter Vogel unter den tief hängenden Ästen hervor. Er segelt ein Stück über den Rasen und landet elegant auf dem Unterarm seines Trainers German Alonso. Der Truthahngeier Sherlock ist bereit für seine Mission: Er soll ein Leichentuch aufspüren, das Alonso kurz zuvor in einem Rasenloch versteckt hat. Sherlock springt auf den Rasen und schreitet auf und ab. Nur wenige Augenblicke später zupft er mit seinem Schnabel die Beute hervor. Er hat seinen Auftrag ausgeführt.

Das Leichentuch hat eine Medizinische Hochschule geliefert, die nicht genannt werden will. Zu makaber könnte das Spektakel wirken, wenn man nicht den tieferen Sinn kennt: Alonso soll seinem Geier beibringen, Leichen aufzuspüren. Der Auftrag dazu kam vor drei Jahren von höchster Stelle [...].

Bisher helfen speziell ausgebildete Spürhunde bei der Leichensuche. Hunde verfügen über 300 Millionen Riechzellen in der Nase, denen auch viele Jahre alte Spuren nicht entgehen. Das Problem besteht darin: Nur mit geschlossener Schnauze können Hunde alle Duftspuren orten, nach fünfzehn Minuten Einsatz brauchen sie eine Pause. Ein Leichenspürhund kann deshalb nur maximal 100 Quadratmeter am Tag absuchen. Falls er auf unwegsamem Terrain eingesetzt wird, schafft er sogar noch weniger. [...]

Quelle: Nadine Querfurth, in: Zeit Wissen 1/2010; www.zeit.de/zeit-wissen/2010/01/Geier-im-Polizeidienst

2. Satzreihe oder Satzgefüge? Kreuze entsprechend an.

	Satzreihe	Satzgefüge
a) Man weiß nicht, wie erfolgreich das Training von Truthahngeiern sein wird.	☐	☐
b) Es gibt nämlich nur wenige dieser Geier, denn sie werden nur selten gezüchtet.	☐	☐
c) Ob Truthahngeier zwischen dem Geruch toter Tiere und toter Menschen unterscheiden können, ist auch noch unklar.	☐	☐
d) Es kann sein, dass sie im Ernstfall statt eines toten Menschen nur tote Mäuse finden.	☐	☐
e) Die Treffsicherheit der Vögel muss erst genau geprüft werden, und das kann noch einige Zeit dauern.	☐	☐

11.3 Sätze verbinden

In einem guten Text werden Sätze nicht einfach nur aneinandergereiht, denn sie hängen inhaltlich zusammen. Du solltest möglichst oft versuchen, den logischen **Zusammenhang** zwischen aufeinanderfolgenden Sätzen **zu verdeutlichen**. Am besten verwendest du dafür **Konjunktionen** oder **Adverbien** (s. unten) oder auch **adverbiale Bestimmungen** („kurze Zeit später", „trotz des Regens").

Beispiel

In diesem Textauszug werden die Sätze praktisch nur aufgezählt:

Mehrere Jugendliche haben sich bei einer Autowerkstatt um einen Ausbildungsplatz beworben. Nur einige von ihnen sind zu einem Gespräch eingeladen worden. Die Vorstellungsrunde beginnt. Die Bewerber sollen über ihre Interessen an dieser Ausbildung sprechen. Der 16-jährige Nils ist an der Reihe. Er weiß nichts zu sagen.

Hier werden durch Konjunktionen oder Adverbien Zusammenhänge aufgezeigt:

Mehrere Jugendliche haben sich bei einer Autowerkstatt um einen Ausbildungsplatz beworben, aber nur einige von ihnen sind zu einem Gespräch eingeladen worden. Als die Vorstellungsrunde beginnt, sollen die Bewerber zuerst über ihre Interessen an dieser Ausbildung sprechen. Zu Beginn ist der 16-jährige Nils ist an der Reihe; allerdings weiß er nichts zu sagen.

Auf einen Blick

Sätze verbinden mit Konjunktionen und Adverbien

Zusammenhang	Fachbegriff	Konjunktionen	Adverbien
Aufzählung	additiv	*und, (so)wie, sowohl – als auch;* Verneinung: *weder – noch*	*außerdem, auch, zusätzlich*
Auswahl	alternativ	*oder, entweder – oder, bzw.*	–
Grund	kausal	*denn, weil, da*	*darum, daher, vorsichtshalber*
Gegengrund	konzessiv	*obwohl, obgleich*	*trotzdem, allerdings*
Gegensatz	adversativ	*aber, (je)doch, während, sondern*	*(je)doch, dagegen*
Zeit	temporal	*als, bevor, nachdem, während, seit(dem), (dann) wenn, bis, solange*	*dann, anschließend, oft, währenddessen, immer, damals, zuerst, zunächst*
Ort	lokal	–	*hier, da, dort, dorthin*
Bedingung	konditional	*(nur) wenn, falls, sofern*	*ansonsten, sonst, andernfalls*
Art und Weise	modal	*indem, dadurch dass*	*dadurch, so, derart*
Zweck	final	*damit, dass, auf dass*	*dafür, deshalb*
Folge	konsekutiv	*so …, dass; sodass*	*folglich, also*

Tipp

Adverbien leiten immer **Hauptsätze** ein. Das erkennst du daran, dass nach einem Adverb, das am Satzanfang steht, immer sofort **das finite Verb folgt**. Nach einer nebenordnenden Konjunktion, die einen Hauptsatz einleitet, ist das dagegen nicht der Fall; auf die Konjunktion folgt z. B. das Subjekt (oder ein anderes Satzglied).

Beispiel: *Die zentrale Prüfung rückt immer näher. Einige Schüler bereiten sich nicht darauf vor.*

- mit **Adverb** am Anfang des zweiten Hauptsatzes:
  Die zentrale Prüfung rückt immer näher, ***trotzdem*** *bereiten sich einige Schüler nicht darauf vor.*
  → Reihenfolge der Satzglieder verändert: dem Adverb folgt unmittelbar das finite Verb
- mit **Konjunktion** am Anfang des zweiten Hauptsatzes:
  Die zentrale Prüfung rückt immer näher, ***aber*** *einige Schüler bereiten sich nicht darauf vor.*
  → Reihenfolge der Satzglieder unverändert: der Konjunktion folgt das Subjekt

Übung 57

Verbinde die folgenden Satzpaare durch passende Konjunktionen oder Adverbien. Du kannst die Reihenfolge der Sätze ändern.

Hinweis: In der tabellarischen Übersicht (S. 128) findest du Anregungen für die Auswahl von Konjunktionen und Adverbien.

a) Es stehen nicht mehr genügend Bewerber für Lehrstellen zur Verfügung. Die Betriebe klagen zunehmend darüber.

b) Die Anzahl der Abiturienten ist gestiegen. Es gibt einen Rückgang bei den Schulabgängern an Haupt- und Realschulen.

c) Die Abiturienten möchten lieber an einer Universität studieren. Die Lehrstellen in einem Betrieb haben an Attraktivität verloren.

d) Bei der Firma Siemens ist die Zahl der Bewerber deutlich gesunken. Sogar große Betriebe werben inzwischen um Auszubildende.

e) Man sollte sich auf ein Bewerbungsgespräch vorbereiten. Es gibt nicht mehr so viele Konkurrenten um einen Ausbildungsplatz.

f) Der erste Eindruck ist oft entscheidend. Man sollte angemessen gekleidet sein.

11.4 Relativsätze geschickt nutzen

Relativsätze sind eine besondere Art von Nebensätzen: Sie **beziehen sich** auf etwas oder jemanden **zurück**, von dem gerade die Rede gewesen ist. Der Zusammenhang zwischen dem Relativsatz und dem zugehörigen Hauptsatz wird durch **Relativpronomen** *(der/die/das; welcher/welche/welches)* hergestellt. Ein Relativsatz steht entweder nach dem Hauptsatz oder er ist in ihn eingeschoben.

Beispiel

Das Internet speichert dauerhaft Einträge, die uns später einmal peinlich sein können. (Nachfolgender Relativsatz)
Peinliche Fotos, die wir aus einer Laune heraus ins Netz gestellt haben, lassen sich nicht so einfach wieder löschen. (Eingeschobener Relativsatz)

Tipp

Mithilfe von Relativsätzen kannst du Sätze mit sehr langen Attributen **übersichtlicher** machen. Beispiel: *Allzu sorglos ins Internet gestellte Daten können den User später einmal in Schwierigkeiten bringen.* (Attribut) → *Daten, die allzu sorglos ins Internet gestellt wurden, können den User später einmal in Schwierigkeiten bringen.* (Relativsatz)

Übung 58

Wandle jeweils den zweiten Satz in einen Relativsatz um. Füge ihn entweder in den vorangestellten Hauptsatz ein oder lass ihn dem Hauptsatz folgen.

a) Bei jedem Surfen im Internet hinterlassen wir Spuren. Die Spuren lassen sich nicht so leicht löschen.

b) Es handelt sich stets nur um ein paar Daten. Unser Computer speichert die Daten und kann sie preisgeben.

c) Manchmal sind es nur einzelne Wörter. Wir haben die Wörter in Suchmaschinen eingegeben.

d) Bewerber können in einem Vorstellungsgespräch einen schlechten Eindruck machen. Sie haben allzu private Daten im Internet hinterlassen.

e) Inzwischen geben viele Chefs die Namen der Bewerber in eine Suchmaschine ein. Die Bewerber sollen sich bei ihnen vorstellen.

f) Ein Chef wird einem Bewerber kein großes Vertrauen entgegenbringen. Der Chef hat im Internet peinliche Fotos von dem Bewerber entdeckt.

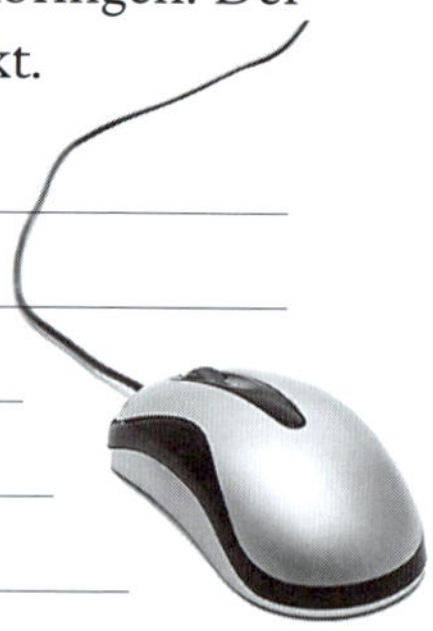

11.5 „Das" und „dass" auseinanderhalten

Die Frage, ob du *das* oder *dass* schreiben musst, mag dir als ein Problem der Rechtschreibung vorkommen. In Wirklichkeit ist es ein Grammatikproblem: Das Wort *das* ist entweder ein **Artikel**, ein **Demonstrativpronomen** oder ein **Relativpronomen**, das Wort *dass* ist immer eine **Konjunktion**.

Auf einen Blick

Der Unterschied zwischen *das* und *dass*

Das Wort ***das*** kann dreierlei sein:

- ein **Artikel**.
  Bsp.: *das Geld, das Essen, das Spielen…*
- ein **Relativpronomen**. Es verweist immer zurück auf etwas, das gerade genannt wurde.
  Bsp.: *Kennst du das Mädchen, das dort steht?*
- ein **Demonstrativpronomen**. Es verweist meist auf mehrere Wörter zurück, die unmittelbar zuvor genannt worden sind.
  Bsp.: *Du kommst früh. Das hätte ich nicht gedacht.*

Das Wort ***dass*** ist immer:

- eine **Konjunktion**. Sie leitet einen nachfolgenden Nebensatz ein, weist also immer nach vorne (nicht zurück).
  Bsp.: *Er weiß, dass es schon spät ist.*
  Beachte: Der Nebensatz kann auch an erster Stelle stehen.
  Bsp.: *Dass wir uns so schnell wieder sehen, hätte ich nicht gedacht.*

Es ist relativ leicht, den Artikel *das* in einem Satz zu identifizieren. Aber ob es sich bei dem Wort *das/dass* um ein Demonstrativpronomen, ein Relativpronomen oder eine Konjunktion handelt, ist meist nicht so einfach zu erkennen. Du kannst jedoch eine **Probe** durchführen, um es herauszufinden:

- Lässt sich das Wort *das/dass* durch das Wort *welches* ersetzen? Dann handelt es sich um das **Relativpronomen** *das*.
- Lässt sich das Wort *das/dass* durch das Wort *dieses* ersetzen? Dann handelt es sich um das **Demonstrativpronomen** *das*.
- Ist kein Austausch möglich? Dann handelt es sich um die **Konjunktion** *dass*.

Beispiel

Es ist erstaunlich, das/dass (?) *ein Vulkanausbruch den ganzen Flugverkehr lahmlegen kann.*

1. Probe: *Es ist erstaunlich, welches ein Vulkanausbruch* … → nicht möglich
2. Probe: *Es ist erstaunlich, dieses ein Vulkanausbruch* … → nicht möglich

Also handelt es sich um die Konjunktion *dass*: *Es ist erstaunlich, dass ein Vulkanausbruch den ganzen Flugverkehr lahmlegen kann.*

Tipp

Die Konjunktion ***dass*** folgt häufig nach Formulierungen, die ausdrücken, dass eine Person (oder mehrere) **etwas denkt, fühlt oder sagt**. Am besten merkst du dir die typische Satzstruktur:
Ich weiß, dass … Mein Freund hat gesagt, dass … Sie hofft sehr, dass …
Viele Menschen glauben, dass … Man hat gehört, dass … Es ist bekannt, dass …

Übung 59

1. Was ist richtig: *das* oder *dass?* Trage die richtige Schreibweise in den Text ein.
2. Ordne die Wörter *(das/dass)* der jeweiligen Wortart zu. Orientiere dich an der Verwendung im Satz. Trage die Lösung in die rechte Spalte ein.

Letzte Chance für ein normales Leben

Wer einmal notorischer Blaumacher ist, findet nur schwer zurück in die Schule. In Berlin gibt es ein Internatsprojekt, ______________ notorischen Schwänzern helfen soll, diesen Teufelskreis zu durchbrechen. ____________ ist ihre letzte Chance.

Sie sind zwischen 12 und 16 Jahre alt und kommen aus Berlin-Neukölln. Eines haben die Jungen und Mädchen gemeinsam: __________ sie die Schule zuletzt nur selten besuchten. ____________ hat sich inzwischen geändert. Denn jetzt lernen sie im Internat „Leben und Lernen".

Von Sonntagabend bis Freitagnachmittag werden die Schüler dort ganztags betreut. Ganze 2 400 Euro kostet ___________ pro Schüler – monatlich. Die Eltern zahlen davon ____________, was ____________ Familieneinkommen zulässt. Den Rest trägt __________ Jugendamt. __________ entscheidet auch, wer aufgenommen wird – gemeinsam mit den Mitarbeitern der Wohngruppe und den Lehrern.

Ziel des Projekts ist es, ____________ sich die Kinder an klare Strukturen gewöhnen. Um die Gewohnheiten zu durchbrechen, setzt __________ Internat auf Tagesstrukturen mit wenig persönlichen Rückzugsmöglichkeiten. Mit Ausnahme eines Einzelzimmers gibt es nur Doppelzimmer. Die aber sind so ausgestattet, ___________ jeder einen eigenen Schreibtisch und etwas Platz für persönliche Dinge hat.

Die Nutzung des Telefons wird nur eingeschränkt erlaubt, __________ gilt auch für Handys. Klar geregelt ist, ____________ die Schüler zu einer bestimmten Zeit aufstehen müssen und ____________ sie den Putzdienst für die Zimmer und Gemeinschaftsräume leisten müssen.

Einfach ist die Arbeit nicht […]. Denn wer im Internat lebt, steigt nicht automatisch ins normale Schulleben ein. _____________ ist ein Entwicklungsprozess […].

Quelle: Mandy Hannemann, news.de 2009, www.news.de/gesellschaft/855026951/letzte-chance-auf-ein-normales-leben/ (gekürzt und leicht geändert)

Wortart

____
____
____
____
____
____
____
____
____
____
____
____
____
____
____
____
____
____
____
____
____
____
____
____
____
____
____
____
____
____
____
____
____

Kompetenz Hörverstehen

Interaktive Aufgaben: Hörverstehen

Was muss man können? Was wird geprüft?

Beim Hörverstehen geht es darum, die **wichtigsten Informationen** aus einem Text zu erfassen, der **nur mündlich vorgetragen** wird, der dir also nicht in gedruckter Form vorliegt.
Geprüft wird das in der Regel so:

- Zuerst hörst du einen Text – entweder liest dein Lehrer oder deine Lehrerin ihn vor, oder es wird die Aufnahme eines Hörbeitrags, z. B. eine Radioreportage, abgespielt.
- Der Hörtext wird dir **zweimal** vorgetragen oder vorgespielt. Während des Hörens darfst du dir **Notizen** machen.
  - Höre beim ersten Mal zunächst einfach nur gut zu. Wichtig ist, dass du verstehst, worum es in dem Hörbeitrag überhaupt geht. Bestimme also als Erstes das **Thema** und versuche einige **allgemeine Informationen** zu behalten.
  - Wenn du den Text das zweite Mal hörst, mache dir auf einem leeren Blatt **Notizen**. Frage dich hierbei, welche **Besonderheiten** du über das Thema erfährst. Versuche jetzt genauer auf bestimmte Stellen zu achten und die Einzelinformationen zu erfassen. Bedenke aber: Deine Hauptkonzentration sollte sich weiterhin auf das Zuhören richten, nicht auf das Schreiben!
- Zu dem Hörbeitrag erhältst du **vier bis sechs Aufgaben** zum Bearbeiten. Mit diesen sollst du zeigen, dass du die wesentlichen Informationen des Textes verstanden hast.
  Es handelt sich um **geschlossene** und **halboffene** Aufgaben: Oft sind darunter **Multiple-Choice-Aufgaben**, bei denen du unter vorgegebenen Aussagen eine oder mehrere ankreuzen musst, die zum Text passen. Außerdem wird in der Regel von dir verlangt, dass du dich stichwortartig oder in wenigen Sätzen **mit eigenen Worten zum Hörbeitrag äußerst**, z. B. indem du den Inhalt des Hörtextes zusammenfasst, Fragen zum Inhalt kurz beantwortest oder bestimmte Aspekte, die im Hörbeitrag vorkommen, aufzählst.

Tipp

Es kann vorkommen, dass du in einer Aufgabe entscheiden sollst, welche **Funktion** der Text hat. Frage dich dann: Soll der Beitrag die Hörer unterhalten? Oder soll er sie sachlich informieren? Wird ein Missstand kritisiert? Oder wird ein Appell an die Hörer gerichtet?
Es kann sein, dass ein Text **mehrere Funktionen** erfüllt, z. B., weil er einerseits informativ ist, andererseits aber auch unterhält. Dann musst du überlegen, was die größere Rolle spielt.

Schritt für Schritt

Hörverstehen

Arbeitsschritt **1** Wenn der Hörbeitrag das erste Mal vorgespielt wird, **hörst** du **konzentriert zu**. Versuche zu verstehen, **worum es geht** und welche Informationen im Allgemeinen vermittelt werden sollen. Vielleicht hilft es dir, dich beim Zuhören besser zu konzentrieren, wenn du die Augen schließt.

Arbeitsschritt **2** Beim zweiten Vorspielen machst du dir **Notizen** zu den wesentlichen Informationen. Da du den Beitrag schon einmal gehört hast, weißt du jetzt, worauf es ankommt. Achte darauf, wirklich **nur Stichworte** zu notieren. Sonst verpasst du womöglich wichtige Textstellen. Auf die Schönheit deiner Schrift kommt es dabei nicht an; dein Notizblatt wird nicht bewertet.

Arbeitsschritt **3** **Bearbeite zügig** die vorliegenden **Aufgaben**, solange die Erinnerung an den Hörtext noch frisch ist. Grüble nicht zu lange, wenn du zwischendurch nicht weiterweißt, sondern löse die Aufgaben, bei denen du dir relativ sicher bist. Auf Aufgaben, die dich mehr Zeit zum Nachdenken kosten, kommst du danach zurück.

Hörverstehen zu einem Sachbeitrag

Übung 60

Höre den Beitrag „Zwischen Bingo und Seifenduft" zweimal an. Bearbeite danach die Aufgaben.

1. Worum geht es in dem Radiobeitrag? Nenne das Thema in einem Satz.

   ____

   ____

2. An welchen Orten wurden Redebeiträge aufgenommen? Kreuze alle richtigen Antworten an.

   Aufgenommen wurden Redebeiträge in …

   ☐ einem Kegelclub.
   ☐ einem Kosmetikladen.
   ☐ einer Cafeteria.
   ☐ einem Altenheim.
   ☐ einer Fußgängerzone.

3. Welche Aufgaben übernehmen die Jungen für alte Menschen, welche nicht? Kreuze entsprechend an.

	trifft zu	trifft nicht zu
a) Sie servieren ihnen das Mittagessen.	☐	☐
b) Sie hören sich ihre Geschichten an.	☐	☐
c) Sie spielen mit ihnen Bingo.	☐	☐
d) Sie lesen ihnen vor.	☐	☐
e) Sie begleiten sie beim Einkaufen.	☐	☐
f) Sie gehen mit ihnen kegeln.	☐	☐
g) Sie leisten Pflegedienste bei ihnen.	☐	☐

4. Wodurch unterscheidet sich der zweite Schauplatz des Hörbeitrags deutlich vom ersten Ort? Kreuze die passende Antwort an.

   ☐ Dort ist es sehr viel lauter.
   ☐ Es riecht dort ganz anders.
   ☐ Man hört dort keine Gespräche.
   ☐ Es geht dort viel ernster zu.

5. Wie wirken sich die Erfahrungen, die die Teilnehmer gemacht haben, auf sie aus? Kreuze die passende Aussage an.

   Die Teilnehmer …

   ☐ sind vollkommen erschöpft.
   ☐ haben sich gelangweilt.
   ☐ finden ihre Erfahrungen ganz interessant.
   ☐ ändern ihren bisherigen Berufswunsch.

6. a) Welche Absicht verfolgt die Journalistin mit ihrem Radiobeitrag? Kreuze die richtige Lösung an.

   Der Radiobeitrag will …

   ☐ sachlich informieren.
   ☐ informieren und unterhalten.
   ☐ für etwas werben.
   ☐ etwas kritisieren.

   b) Begründe deine Meinung. Beziehe dich dabei auf ein Beispiel aus dem Beitrag. Schreibe vollständige Sätze.

   ____
   ____
   ____
   ____

Hörverstehen zu einem literarischen Text

Höre den Text „Hauptsache weit" von Sibylle Berg zweimal. Bearbeite danach die Aufgaben.

Übung 61

1. Wo befindet sich der Junge, von dem erzählt wird? Kreuze passend an.

   Die Hauptperson befindet sich …

   ☐ in London.
   ☐ in Asien.
   ☐ in Südamerika.
   ☐ zu Hause.

2. Welches Ziel hat der Junge gehabt – und warum? Beantworte die Frage mit einem vollständigen Satz.

____

____

3. Wie haben die Freunde auf das Vorhaben des Jungen reagiert? Kreuze an, welche Aussagen passen und welche nicht.

Die Freunde wollten wissen, …	trifft zu	trifft nicht zu
ob sein Geld reichen würde.	☐	☐
ob sie mitkommen könnten.	☐	☐
ob seine Eltern das erlauben würden.	☐	☐
ob er keine Angst habe.	☐	☐

4. Hat der Junge sein Ziel erreicht? Begründe deine Entscheidung anschließend. Beziehe dich dabei auf den Text. Schreibe vollständige Sätze.

☐ Ja, der Junge hat sein Ziel erreicht.

☐ Nein, der Junge hat sein Ziel nicht erreicht.

Begründung: ____

____

____

5. a) Um welche Textsorte handelt es sich? Kreuze passend an.

Es handelt sich um …

☐ ein Märchen.

☐ eine Kurzgeschichte.

☐ eine Anekdote.

☐ eine Reportage.

b) Begründe deine Entscheidung. Verweise auf typische Merkmale dieser Textsorte, die du an dem Text erkannt hast. Schreibe vollständige Sätze.

Begründung: ____

____

____

____

____

____

____

Hörverstehenstexte

Hörtext zu Übung 60

Zwischen Bingo und Seifenduft

Am Boys' Day erproben sich Jungen in Altenpflege und Kosmetikverkauf

Von ANDREA LUEG

Am Vormittag steigen die drei Jungen, die ihren Boys' Day im Wilhelmine Lübke Altenheim verbringen, erst mal ganz sanft ein in die Altenpflege: Bingo spielen und Kegeln stehen auf dem Programm. Dass sie nicht gleich in die tatsächliche Pflege gehen, sondern erst mal die sozialen Angebote kennenlernen, ist dabei durchaus Absicht, erklärt Betreuerin Kerstin Sandvoß-Becker.

„Ich denke schon, dass Altenheim für viele eine relativ abschreckende Wirkung noch hat und hier können auch die Jungen mal sehen, dass es auch sehr vielseitig ist und dass es auch ein Leben gibt, einen Alltag gibt in einer Einrichtung für ältere Menschen."

Yannic zum Beispiel ist 15 und hat Großeltern, die allerdings noch relativ jung und topfit sind. Dass es ihnen mal gehen wird, wie den alten Menschen hier, die zum Teil im Rollstuhl sitzen, zum Teil auch gefüttert werden müssen, kann er sich überhaupt nicht vorstellen. Mit den Alten hier zu plaudern ist gar nicht so einfach.

„Öfters kommt mal irgendwas wie: Kann ich nach Hause? Dann geh ich meistens zum Helfer, die reden dann mit dem und dann geht das schon wieder."

Die Jungen sind aufgeschlossen und auch wenn sie meist nur mitlaufen oder zuschauen können, sind sie mit voller Aufmerksamkeit dabei. Alte Leute, meint Marc, hätten ja auch schon ganz schön viel erlebt und es sei interessant, ihre Geschichten zu hören. Aber erst mal gibt's Mittagessen.

„Wir holen jetzt die bedürftigen Leute, weil es gleich Essen gibt. Ich geh mit, um die Leute dann zu holen."

Kerstin Sandvoß-Becker hatte auch schon im letzten Jahr einige Jungen am Boys' Day zu Besuch. Danach hat sie eine Altersgrenze eingeführt. Mindestens 13 sollen die Schüler sein, Jüngere seien mit der Situation unter Umständen überfordert. Ihren eigenen Sohn konnte sie übrigens nicht überzeugen, mal in den Beruf der Mutter reinzuschnuppern. Am Nachmittag sollen die Jungen noch die tatsächlichen Pflegeaufgaben kennenlernen.

„Ich muss jetzt erst mal noch kucken, was nach der Mittagspause passiert, und muss das dann mit dem Bingospiel zusammenfassen, sowohl die Pflege und den sozialen Bereich mit einbeziehen."

Doch dass Yannic kein Altenpfleger wird, steht schon fest: Er wird ein technisches Fach studieren.

Szenenwechsel: Schon der Geruch ist ein ganz anderer: Vanille, Limone, Kokos kann man aus einigen Metern Entfernung erschnuppern, wenn man sich dem Kosmetikladen in der Kölner Fußgängerzone nähert. Hier werden frische, handgemachte Seifen, Shampoos und andere Schönmacher verkauft. Milo ist der einzige Mann heute im Verkaufsteam und sieht in seiner langen blauen Schürze ziemlich professionell aus.

„Am interessantesten finde ich die Seifen, die riechen einfach ziemlich gut und da ist auch was für Männer dabei."

Die Kunden nehmen Milo ernst und er gibt freundlich und nach Kräften Auskunft – das macht Spaß. Den Laden kannte der 14-Jährige schon und er wollte gerne etwas mit Kundenkontakt machen.

„Meine Mutter geht öfters mal hierhin. Und ich war schon ein paarmal mit, und ich finde auch der Laden, der ist eigentlich ganz cool, find' ich ganz gut."

Bei der Kosmetikkette könnte Milo einer der wenigen männlichen Shopmanager werden oder auch Leiter für die Shops in der ganzen Region, aber:

„Also Ausbildung oder hinterher hier arbeiten will ich nicht, aber vielleicht will ich mal aushelfen, als Aushilfsjob.“

Denn Milo hat schon einen ganz anderen Traumberuf:

„Ich will unbedingt Koch werden.“

Ein Männerberuf also?

„Also in Großküchen sieht man eher Männer, sagen wir mal so.“

Wie die anderen Jungen hat Milo aber kein Problem damit, sich mal einen Tag in einem Frauenberuf auszuprobieren. Dass er den einzigen Platz in einem Kosmetikgeschäft in der Region ergattert hat und nicht, wie die meisten seiner Freunde, in ihrer früheren Grundschule gelandet ist, gefällt ihm besonders. Die Angebote für die Jungen insgesamt findet er allerdings noch ausbaufähig.

„Ich find’ das Angebot ganz gut, vor allem dieser Austausch, dass Jungen Frauenjobs machen und Frauen auch Männerjobs, allerdings, muss man schon sagen, wird für Jungen schon ein bisschen wenig angeboten, also wenn man mal gekuckt hat auf der Mädchenseite waren irgendwie dreißig verschiedene Möglichkeiten im Umkreis von zehn Kilometern, für Jungen waren das nur zwei, drei Sachen, soziale Sachen und dann halt hier.“

Quelle: © 2011 Deutschlandradio (Andrea Lueg, 16. 04. 2011)

Hörtext zu Übung 61

Sibylle Berg: Hauptsache weit

Und weg, hatte er gedacht. Die Schule war zu Ende, das Leben noch nicht, hatte noch nicht begonnen, das Leben. Er hatte nicht viel Angst davor, weil er noch keine Enttäuschungen kannte. Er war ein schöner Junge mit langen dunklen Haaren, er spielte Gitarre, komponierte am Computer und dachte, irgendwie werde ich wohl später nach London gehen, was Kreatives machen. Aber das war später.

Und nun?

Warum kommt der Spaß nicht? Der Junge hockt in einem Zimmer, das Zimmer ist grün, wegen der Neonleuchte, es hat kein Fenster und der Ventilator ist sehr laut. Schatten huschen über den Betonboden, das Glück ist das nicht, eine Wolldecke auf dem Bett, auf der schon einige Kriege ausgetragen wurden. Magen gegen Tom Yan, Darm gegen Curry. Immer verloren die Eingeweide. Der Junge ist 18, und jetzt aber Asien, hatte er sich gedacht. Mit 1 000 Dollar durch Thailand, Indien, Kambodscha, drei Monate unterwegs und dann wieder heim, nach Deutschland. Das ist so eng, so langweilig, jetzt was erleben und vielleicht nie zurück. Hast du keine Angst, hatten die blassen Freunde zu Hause gefragt, so ganz alleine? Nein, hatte er geantwortet, man lernt ja so viele Leute kennen unterwegs. Bis jetzt hatte er hauptsächlich Mädchen kennen gelernt, nett waren die schon, wenn man Leute mag, die einen bei jedem Satz anfassen. Mädchen, die aussahen wie dreißig und doch so alt waren wie er, seit Monaten unterwegs, die Mädchen, da werden sie komisch. Übermorgen würde er in Laos sein, da mag er jetzt gar nicht dran denken, in seinem hässlichen Pensionszimmer, muss Obacht geben, dass er sich nicht aufs Bett wirft und weint, auf die Decke, wo schon die anderen Dinge drauf sind. In dem kleinen Fernseher kommen nur Leute vor, die ihm völlig fremd sind, das ist das Zeichen, dass man einsam ist, wenn man die Fernsehstars eines Landes nicht kennt und die eigenen keine Bedeutung haben. Der Junge sehnt sich nach Stefan Raab, nach Harald Schmidt und Echt. Er merkt weiter, dass er gar nicht existiert, wenn er nichts hat, was er kennt. Wenn er keine Zeitung in seiner Sprache kaufen kann, keine Klatschgeschichten über heimische Prominente lesen, wenn keiner anruft und fragt, wie es ihm geht. Dann gibt es ihn nicht. Denkt er. Und ist unterdessen aus seinem heißen Zimmer in die heiße Nacht gegangen, hat fremdes Essen vor sich, von einer fremdsprachigen Serviererin gebracht, die sich nicht für ihn interessiert, wie niemand hier. Das ist wie tot sein, denkt der Junge. Weit weg von zu Hause, um anderen beim Leben zuzusehen, könnte man umfallen und sterben in der tropischen Nacht und niemand würde weinen darum. Jetzt weint er doch, denkt an die lange Zeit, die er noch rumbekommen muss, alleine in heißen Ländern mit seinem Rucksack, und das stimmt so gar nicht mit den Bildern überein, die er zu Hause von sich hatte. Wie er entspannt mit Wasserbüffeln spielen wollte, in Straßencafés sitzen und cool sein. Was ist, ist einer mit Sonnenbrand und Heimweh nach den Stars zu Hause, die sind wie ein Geländer zum Festhalten.

Er geht durch die Nacht, selbst die Tiere reden ausländisch, und dann sieht er etwas, sein Herz schlägt schneller: Ein Computer, ein Internet-Café. Und er setzt sich, schaltet den Computer an, liest seine E-Mails. Kleine Sätze von seinen Freunden, und denen antwortet er, dass es ihm gut geht und alles großartig ist, und er schreibt und schreibt und es ist auf einmal völlig egal, dass zu seinen Füßen ausländische Insekten so groß wie Meerkatzen herumlaufen, dass das fremde Essen im Magen drückt, die fremde Welt um ihn verschwimmt, er ist nicht mehr allein, taucht in den Bildschirm ein, der ist wie ein weiches Bett, er denkt an Bill Gates und Fred Apple, er schickt eine Mail an Sat 1, und für ein paar Stunden ist er wieder am Leben, in der heißen Nacht und weg von zu Hause.

Quelle: Sibylle Berg: Hauptsache weit. In: Dies.: Das Unerfreuliche zuerst. Herrengeschichten. Kiepenheuer & Witsch: Köln 2001.

Merkwissen

Digitales Glossar: Begriffe nachschlagen

Stilmittel

Stilmittel werden bewusst eingesetzt, um eine bestimmte Wirkung zu erzielen. Aus der Vielzahl an Stilmitteln werden hier die häufigsten aufgeführt. Ihre Wirkung (gekennzeichnet mit →) wird allgemein beschrieben, im konkreten Einzelfall musst du sie auf den Text abstimmen.

Alliteration: gleicher Anlaut aufeinanderfolgender Wörter → Betonung, Einprägsamkeit, lautmalerisch, melodisch
Beispiel: *Kind und Kegel, wahre Wunder*

Anapher: Wiederholung gleicher Vers- oder Satzanfänge (Gegenteil: Epipher) → Hervorhebung, oft Ausdruck von Gefühlen
Beispiel: *Das Wasser rauscht | Das Wasser schwoll.*

Antithese: Gegenüberstellung von gegensätzlichen Begriffen oder Gedanken → Betonung des Gegensatzes
Beispiel: *Friede den Hütten | Krieg den Palästen, Himmel und Hölle*

Antonym: Begriff mit gegensätzlicher Bedeutung (Gegenteil: Synonym) → Gegenüberstellung von Dingen, Ideen
Beispiel: *lang – kurz, kaufen – verkaufen*

Archaismus: veralteter, heute nicht mehr gebräuchlicher Begriff (Gegenteil: Neologismus) → Charakterisierung des Sprechers, Darstellung eines bestimmten Zeitgeistes
Beispiel: *Oheim* (für: *Onkel), Fremdenverkehrsamt* (für: *Touristeninformation)*

Assonanz: Gleichklang von Vokalen in benachbarten Wörtern, Vokalhäufung, v. a. in der Lyrik → Erzeugen einer bestimmten Stimmung, melodisch
Beispiel: *will verblühen – in der Frühe, Ottos Mops kotzt*

Beispiel: → Veranschaulichung, Verdeutlichung
Beispiel: *Kinder lieben Süßes; wenn z. B. der Eismann kommt, hält sie nichts …*

Chiasmus: Überkreuzstellung von Sätzen oder Satzteilen → Verstärkung, Betonung
Beispiel: *Ich weiß nicht, was ich will, ich will nicht, was ich weiß.*

Ellipse: verkürzter, unvollständiger Satz durch Auslassung von Satzteilen → erregtes, gefühlsbetontes Sprechen (Ausdruck von Freude, Angst, Entsetzen, Erleichterung, Verzweiflung), auch typisch für die Umgangssprache
Beispiel: *Je früher (du kommst), desto besser (finde ich es). Endlich (bin ich) allein!*

Enjambement: Zeilensprung in der Lyrik; ein Satz erstreckt sich über zwei oder mehr Verse → Lebendigkeit, Abwechslung, Erzeugen von Spannung, Hervorhebung bestimmter Wörter/Satzteile
Beispiel: *Daraus rennt | Mit wildem Sprunge | Ein Tiger hervor*

Epipher: Wiederholung gleicher Vers- oder Satzenden (Gegenteil: Anapher) → Hervorhebung, oft Ausdruck von Gefühlen
Beispiel: *Doch alle Lust will Ewigkeit –, – will tiefe, tiefe Ewigkeit!*

Euphemismus: beschönigender Ausdruck, Ersetzung eines unangenehm oder anstößig wirkenden Ausdrucks durch einen weniger verletzenden → Verschleierung, Abmilderung
Beispiel: *entschlummern, ableben, entschlafen* (statt: *sterben)*

Hyperbel: sehr starke Übertreibung → Hervorhebung, manchmal auch ironisch gemeint (versteckte Kritik)
Beispiel: *ein Meer von Tränen, himmelhoch jauchzend, zu Tode betrübt*

Inversion: Umstellung der normalen Satzstellung → Verstärkung, Hervorhebung des Satzanfangs
Beispiel: *Unendlich mühsam war der Weg!* (statt: *Der Weg war unendlich mühsam.)*

Ironie: versteckter, feiner Spott, meint das Gegenteil des Gesagten → humorvolle Kritik, Bloßstellung von Missständen
Beispiel: *Du bist mir ein schöner Freund.*

Klimax: Steigerung → Hervorhebung
Beispiel: *Sie arbeiten täglich zehn, zwölf, ja vierzehn Stunden am Erfolg!*

Lautmalerei: Nachahmung von Klängen, Lauten → Veranschaulichung, Verlebendigung, Spiel mit der Sprache
Beispiel: *Klingeling, Das Feuer leckt, knistert und zischt.*

Litotes: doppelte Verneinung → Hervorhebung durch Untertreibung
Beispiel: *nicht selten* (statt: *oft*), *nicht unschön* (statt: *schön*)

Metapher: bildhafter Ausdruck mit übertragener Bedeutung, nicht wortwörtlich zu verstehen, Vergleich ohne Vergleichswort → Veranschaulichung, sprachliche Verdichtung, Betonung
Beispiel: *Flug der Gedanken* (statt: *Die Gedanken bewegen sich so leicht, als ob sie fliegen könnten.*), *Bücher verschlingen* (statt: *sehr gerne lesen*), *Rabenvater* (statt: *schlechter Vater*)

Neologismus: Wortneuschöpfung, nicht im gängigen Sprachgebrauch enthalten (Gegenteil: Archaismus) → starke Aussagekraft, oft Sprachspielerei
Beispiel: *wirrflirrbunt*

Oxymoron: Verbindung von gegensätzlichen, einander ausschließenden Begriffen → stutzig machen
Beispiel: *stummer Schrei, alter Knabe, verschlimmbessern*

Parallelismus: Folge von gleich oder ähnlich gebauten Sätzen oder Satzteilen → Verstärkung, Betonung
Beispiel: *Schnell lief er hin, langsam kam er zurück.*

Parenthese: Einschub in einen Satz → ergänzender, kommentierender Gedanke, Betonung, evtl. aufgeregtes Sprechen
Beispiel: *Sein letzter Besuch – ich werde es nie vergessen – hat uns viel Gutes gebracht.*

Personifikation: Gegenstände/Begriffe werden vermenschlicht → Veranschaulichung, Verlebendigung
Beispiel: *Mutter Natur, die Säge kreischt*

Pleonasmus: überflüssige Information durch die Verbindung mehrerer Wörter mit gleicher Bedeutung → Verstärkung, Betonung, auch Ironisierung
Beispiel: *zwei Zwillinge, schweig still*

Pointe: Höhe-/Schlusspunkt bei Anekdote, Glosse, Kurzgeschichte oder Witz → Auslösen eines Überraschungseffekts

Rhetorische Frage: Scheinfrage, die keine Antwort erwartet → Betonung der Aussage, Anregung zum Nachdenken
Beispiel: *Machen wir nicht alle Fehler?*

Sarkasmus: beißender Spott, verletzender Hohn → bloßstellen, Missstände aufdecken, Ausdruck von Bitterkeit

Satire: Kritik durch scharfen Witz, Übertreibung, Ironie und beißenden Spott (auch Textsorte) → etwas oder jemanden lächerlich machen, angreifen

Symbol: Sinnbild, verweist (anders als die Metapher) auf einen umfassenden Bereich, der meist in einer sprachlichen oder kulturellen Tradition begründet ist und mit dem eine Vielzahl von Vorstellungen und Gefühlen verbunden sind → Veranschaulichung, starke sprachliche Verdichtung, Betonung
Beispiel: *Teufel* (Symbol des Bösen), *Ring* (Symbol der Treue)

Synonym: Wort mit gleicher oder sehr ähnlicher Bedeutung (Gegenteil: Antonym) → sprachliche Abwechslung
Beispiel: *Pferd, Ross, Gaul, Mähre, Reittier*

Vergleich: Aufzeigen von Ähnlichkeiten zwischen einem bildhaften Ausdruck und einer Sache oder Person mithilfe eines Vergleichswortes (z. B. *wie, als ob*) → Veranschaulichung
Beispiel: *Sie ist stark wie ein Löwe. Er stolziert, als ob er der Kaiser von China wäre.*

Wiederholung: mehrmalige Verwendung eines Wortes oder einer Wortgruppe → Hervorhebung, Betonung
Beispiel: *Die Frau war in großer Eile. Man sah ihr die Eile an.*

Wortspiel: Ausnutzen von sprachlicher Vieldeutigkeit → witzig, geistreich
Beispiel: *Ich habe den Saal schon voller und leerer gesehen, aber so voller Lehrer noch nie.*

Zynismus: verächtlicher, beißender Spott unter Missachtung von gesellschaftlichen Konventionen und von Gefühlen anderer → Missstände aufdecken, Protest, Ausdruck von Resignation oder empfundener Sinnlosigkeit

Arbeitsaufträge (Operatoren)

In der **Prüfung** wirst du in den **Aufgabenstellungen** mit verschiedenen Verben (sogenannten Operatoren) dazu aufgefordert, etwas zu tun. Meist geht es darum, dass du dich **in einer ganz bestimmten Art und Weise** zu einem Text oder einem Thema **äußern** sollst. Es ist wichtig, dass du die Bedeutungen dieser Verben unterscheiden kannst, damit du immer genau weißt, **was von dir verlangt wird**. Die folgende Übersicht hilft dir dabei.

analysieren: etwas in seine Bestandteile zerlegen; sagen, aus welchen Einzelheiten es besteht

belegen: etwas beweisen, anhand von Verweisen oder Zitaten nachweisen, dass eine Aussage stimmt (oder nicht stimmt)

begründen: den Grund für etwas angeben

berichten: das Wesentliche eines Geschehens sachlich, in richtiger zeitlicher Reihenfolge darstellen

beschreiben: mit eigenen Worten sagen, wie eine Person oder Sache ist/aussieht

beurteilen: ein eigenständiges Urteil zu etwas/jemandem äußern und es begründen

bewerten: ein Werturteil zu etwas abgeben, sagen, wie man etwas findet (gut oder schlecht) und warum

darstellen: auf neutrale Weise und mit eigenen Worten sagen, was für ein Sachverhalt vorliegt

einordnen: sagen, in welchen Zusammenhang etwas gehört oder passt

erklären: die Ursachen oder Gründe von etwas ausführlich darstellen, Zusammenhänge herstellen

erläutern: Inhalte oder Aussagen veranschaulichen und nachvollziehbar machen

erörtern: ein Problem diskutieren, unterschiedliche Positionen abwägen und eine Schlussfolgerung erarbeiten

erwähnen: etwas beiläufig nennen

gliedern: einen Text in Sinnabschnitte einteilen, ihn strukturieren

herausarbeiten: Sachverhalte aus dem Zusammenhang isolieren und auf den Punkt gebracht darstellen

interpretieren: Kernaussagen eines Textes erfassen, Zusammenhänge erkennen, Schlüsse ziehen und die Inhalte deuten

nennen: etwas knapp, ohne ausführliche Erklärung oder Begründung anführen

schildern: etwas sehr ausführlich und anschaulich darstellen (eine Situation, eine Atmosphäre ...)

Stellung nehmen: sich ein Urteil über etwas bilden, eine eigene Position dazu vertreten und diese begründen

überprüfen: etwas genau betrachten und beurteilen, dabei ggf. Fehler oder Widersprüche aufdecken

umschreiben: die Bedeutung eines Wortes oder Satzes mit mehreren (anderen) Worten zum Ausdruck bringen

untersuchen: etwas nach vorgegebenen Kriterien prüfen, Zusammenhänge herstellen und Ergebnisse formulieren

verfassen: einen zusammenhängenden Text schreiben

vergleichen: Gemeinsamkeiten und Unterschiede von zwei oder mehr Dingen herausfinden und darstellen

wiedergeben: knapp und sachlich sagen, was geschehen ist oder was in einem Text dargestellt ist

zitieren: einen Text oder Textauszug exakt wie in der Vorlage wiedergeben, dabei Anführungszeichen setzen und die Quelle angeben

zusammenfassen: wichtige Aussagen oder Inhalte kurz und strukturiert wiedergeben

zusammenstellen: Inhalte (nach bestimmten Kriterien) geordnet aufschreiben

Abschlussprüfung Niedersachsen 2020
Realschulabschluss / Sekundarabschluss I – Deutsch

Hauptteil 1: Hörverstehen

1. Fasse die wesentlichen Inhalte des Radiobeitrags kurz zusammen. 1 P.

2. Beschreibe die Situation, die dazu führt, dass der Basketballexperte André Voigt in seinem Facebook-Video so emotional reagiert. 2 P.

3. In dem Beitrag werden verschiedene Reaktionen auf rassistische Äußerungen aufgezählt. Kreuze die genannten Möglichkeiten an: 1 P.
   - ☐ die Situation mit Gewalt schnell klären
   - ☐ Anzeige bei der Polizei erstatten, damit die Täter/innen bestraft werden
   - ☐ selbst mitmachen, um keinen Ärger zu bekommen
   - ☐ Rückfragen stellen, um zum Nachdenken anzuregen
   - ☐ durch provozierende Sprüche die Täter/innen lächerlich machen
   - ☐ Verbündete suchen, um bei Bedarf Unterstützung zu bekommen

1 P. 4. Beschreibe, wovon es nach Aussage von Ansgar Drücker abhängt, ob und wie jemand auf Alltagsrassismus reagiert.

1 P. 5. Das Recht der freien Meinungsäußerung hat gesetzliche Grenzen. Nenne die beiden strafbaren Handlungen, die im Beitrag erwähnt werden.

Hörverstehenstext

Radiobeitrag

MODERATOR: Gestern Abend, Länderspiel: Deutschland gegen Serbien. Als Zuschauer im Stadion sitzt André Voigt. André Voigt ist eigentlich Basketballexperte, schaut sich aber heute mit Frau und kleiner Tochter das Fußballspiel an und dann, nachdem er einige ja so rassistische Sprüche über die Nationalspieler Sané und Gündogan von Jungs hinter sich gehört hatte, schreitet er ein und dann hört er noch viel mehr.

ANDRÉ VOIGT: Bimbo und Neger, noch viel schlimmere Sachen sind auf einmal gefallen, da ging's dann los mit: Ja, unsere Frauen werden vergewaltigt. Das ist okay für einen wie dich. Und dann immer wiederholt: Ja, Zigeunerschnitzel kann man nicht mehr sagen. Und dann die neben ihm sitzende Frau: Ja, ja, läuft einiges schief gerade in Deutschland. Und keine Sau in diesem Block sagt was.

MODERATOR: Ihr merkt, das hat Voigt in einem sehr emotionalen Facebook-Video gepostet, und das hat ihn sehr mitgenommen. Nach dem Spiel hat er das alles erzählt. Er beschreibt, wie er quasi der Einzige in dem Block war, der überhaupt reagiert hat, und wie die Jungs mit ihren Sprüchen immer mehr Unterstützung auch noch von anderen Fans bekommen haben, die noch dazugekommen sind. Was kann man in solchen Situationen tun, wenn man beobachtet, wie jemand rassistische Beleidigungen ruft oder ausspricht? Muss man überhaupt was tun? Das wollen wir klären mit Ansgar Drücker, er ist Geschäftsführer des Informations- und Dokumentationszentrums für Antirassismusarbeit. Herr Drücker, wie spricht man denn solche Situationen, wie ja André Voigt sie erlebt hat, wie spricht man das am besten an?

ANSGAR DRÜCKER: Da gibt es sicherlich kein Patentrezept, weil es ja um eine situative Reaktion geht. Und das ist auch davon abhängig, wie groß ist mein eigener Mut, wie groß ist mein eigenes Selbstvertrauen, als wie sicher oder unsicher schätze ich die Situation ein. André Voigt ist da sicherlich bis an seine Grenze gegangen, aber eben auch nicht darüber hinaus, und er ist damit weit gekommen. Grundsätzlich würde ich sagen, gibt es verschiedene Möglichkeiten: Es gibt die direkte Gegenrede, man kann es auch mit Irritationen probieren, vielleicht mit einer Rückfrage. Es gibt also durchaus Abstufungen und ich würde sagen, es kann Fälle geben, wo sogar Humor infrage kommt, aber so spontan sind wir meist nicht.

MODERATOR: Haben Sie da mal ein Beispiel für eine Irritation oder Rückfrage, wo dann die Leute ja gar nicht mehr wissen, wie man darauf antworten soll?

ANSGAR DRÜCKER: Na ja, es geht ja an der Stelle um die Zugehörigkeit von in diesem Fall Sportlern zu Deutschland und da kann man sich einfach fragen, wie kommst du überhaupt darauf, dass der kein Deutscher ist. Das ist ja keine Frage der Hautfarbe, ob man Deutscher ist.

MODERATOR: Ich deute das Video von André Voigt so, dass er in dieser Situation so emotional aufgebracht war, weil eben auch immer mehr Menschen dazu kamen, die den Jungs – also die mit den Sprüchen – dann recht gegeben haben oder noch einen draufgelegt haben. In so einer Situation würde ich mich, glaube ich, persönlich eher zurückziehen.

ANSGAR DRÜCKER: Ja, das ist, glaube ich, eine sehr menschliche Reaktion und da tut man auch gut daran, auf sich selbst zu hören. Dennoch glaube ich, dass es auch möglich sein kann, nach Verbündeten zu suchen. Das kann manchmal schon per Augenkontakt oder per Stirnrunzeln passieren, dass man überhaupt eine Einschätzung dafür bekommt, denken auch andere so wie ich, die mir dann vielleicht zu

Hilfe kommen. Und jede Person muss da, glaube ich, ihren eigenen Stil finden. Und es sind nicht immer nur die Mutigen oder die, die sich selbst für mutig halten, die da eine Chance haben, sondern da kann auch eine stille Person, die anfängt, dann einiges auslösen. Insofern geht's da, glaube ich, nicht nur darum, dass sehr dominante Menschen da infrage kommen, Zivilcourage zu zeigen.

MODERATOR: Jetzt leben wir ja in einem Land, in dem man eigentlich fast alles sagen darf, was man möchte. Wo sind denn die Grenzen rassistischer Aussagen? Also welche Aussagen sind wirklich strafbar?

ANSGAR DRÜCKER: Ja, auch das hängt vom Kontext ab. Bei Beleidigung ist es so, dass sie direkt auf die Person gerichtet sein müssen oder auch die Person überhaupt erreichen. Dann gibt es den § 130 StGB unter dem Begriff Volksverhetzung, dort ist die Bedingung, dass der öffentliche Frieden gestört wird. Jetzt kann man sagen, im Stadion sind ganz viele Menschen, das ist ein sehr öffentlicher Raum und da geht's auch um Stimmung, da kann wirklich eine Verhetzung stattfinden. Das wird man hier sicherlich schwerlich sagen können, weil vermutlich die Sprüche nur im direkten Umfeld hörbar waren. Insofern ist das vielleicht ein Fall, wo man auch gar nicht einen verlorenen Prozess oder eine Anzeige, die zu nichts führt, riskieren sollte, sondern eher den Weg gehen sollte, den André Voigt gegangen ist, nämlich das öffentlich zu machen – und zwar nicht nur als Angehörige einer betroffenen Gruppe, sondern auch aus der Mehrheitsgesellschaft heraus deutlich zu machen, dass Rassismus nicht geduldet wird. Und ansonsten gibt es natürlich Antidiskriminierungsstellen, die auch solche Fälle erfassen, die auch Möglichkeiten dann der Beratung von Betroffenen anbieten und die eben dafür sorgen, dass überhaupt die Breite des Problems auch in die öffentliche Diskussion eingeführt wird.

MODERATOR: Ansgar Drücker, Geschäftsführer des Informations- und Dokumentationszentrums für Antirassismusarbeit

Hauptteil 2: Basisteil

Text 1

Information: Rassentrennung (Segregation)

„[…] Nach der Aufhebung der Sklaverei in den Vereinigten Staaten im Jahre 1865 wurde die Trennung zwischen Afroamerikanern und Weißen festgelegt, die bis in die 1960er-Jahre galt.

Die Rassentrennung wurde so umgesetzt, dass gewisse Einrichtungen entweder nur von Weißen oder nur von Schwarzen benutzt werden durften, es also eine räumliche Trennung gab, beispielsweise Toiletten nur für Weiße und Toiletten für Schwarze (oder „Nichtweiße"). Strikte Trennung gab es bei Erfrischungsräumen (die „Vorzimmer" von Toiletten mit Waschbecken und Spiegeln) oder Anproberäumen und Trinkfontänen in Waren- und Kaufhäusern. In Autobussen durften Schwarze nur im hinteren (schlecht belüfteten) Teil Platz nehmen, vorne saßen die Weißen und in der Mitte durften Schwarze sitzen, sofern zu wenig Weiße mitfuhren. Eine Trennung der Plätze gab es auch in Eisenbahnwaggons, (ab)gesonderte Tische in Restaurants und Gaststätten oder überhaupt Lokalverbote für Schwarze, es gab gesonderte Aufzüge, Parkbänke „nur für Weiße". Die Rassentrennung wurde durch Hinweisschilder signalisiert. 1964 wurde die Rassentrennung in allen zivilen Bereichen der USA durch den Civil Rights Act von Präsident Lyndon B. Johnson abgeschafft. Trotz großer Fortschritte gibt es bis heute deutlich getrennte „schwarze" und „weiße" Wohngebiete. […]"

Quelle Text (bearbeitet): © Wikipedia / https://de.wikipedia.org/wiki/Rassentrennung (abgerufen am 13.06.2019); Quelle Bild: kywcrh.org

Allein unter Weißen

Obwohl die USA mit Barack Obama acht Jahre lang einen schwarzen Präsidenten hatten, hat sich die Situation der Afroamerikaner noch immer nicht gebessert. Zwar haben sie formal immerhin dieselben Rechte, doch die gleiche Wahrnehmung in der Gesellschaft ist ihnen nicht gewiss. Das zeigt schon allein die Polizeigewalt, die vor allem Schwarze trifft. Doch wenn man nur einige Jahrzehnte zurückblickt, wird einem gleichzeitig klar, wie viel doch bereits erreicht worden ist. Ein imposantes Beispiel stellt die Geschichte der kleinen Ruby Bridges dar. Sie war das erste schwarze Kind, das im Süden der USA in eine bis dahin rein weiße Schule gehen durfte.

Am 8. September 1954 erblickte Ruby Bridges das Licht der Welt. Zunächst wuchs sie gemeinsam mit ihren drei jüngeren Geschwistern in Tylertown im US-Bundesstaat Mississippi auf. Im Süden der USA hatten es Afroamerikaner zu dieser Zeit alles andere als leicht – insbesondere wenn es eine sechsköpfige Familie zu ernähren galt. Da die Kleinstadt Tylertown kaum noch Möglichkeiten bot, zog es die Familie nach New Orleans in Louisiana, als Ruby vier Jahre alt war. Dort fand ihr Vater Abon einen Job als Tankwart, während ihre Mutter Lucille verschiedene Nachtjobs übernahm, um die Familie durchzubringen. Seinerzeit herrschte im Süden der USA noch die Rassentrennung, die bereits 1876 – wenige Jahre nach dem Ende der Sklaverei – durch die Jim-Crow-Gesetze ratifiziert wurde. Darin wurde das Prinzip festgeschrieben, dass öffentliche Einrichtungen getrennt, aber gleichwertig zu sein hatten. Da dies jedoch kaum überprüft wurde, lagen die Standards von Einrichtungen für Afroamerikaner stets unter denen, die für Weiße gedacht waren.

In den 1950er-Jahren bekam deshalb die Bürgerrechtsbewegung immer größeren Zuspruch und mediale Aufmerksamkeit. Weltbekannt ist ein Vorfall geworden, der heute als Geburtsstunde dieser Bewegung genannt wird. Die afroamerikanische Schneiderin Rosa Parks weigerte sich, ihren Sitzplatz in einem Linienbus für einen Weißen zu räumen. Für den zivilen Ungehorsam wurde sie zwar zunächst verhaftet und mit einer Geldstrafe belegt, aber er ermutigte viele weitere Menschen, sich ihrem Vorbild anzuschließen.

Ein weiterer Meilenstein war der Fall Brown gegen das „Board of Education". Esther Brown, eine weiße Frau aus Kansas City in Missouri bemerkte die miserablen Bedingungen an der Schule für Schwarze in der nahe gelegenen Stadt South Park, als sie ihre afroamerikanische Haushaltshilfe heimfuhr. Gleichzeitig plante die Stadt jedoch den Bau einer weiteren Schule nur für Weiße: die William Frantz Elementary School.

Die Misere mündete in einen dreiwöchigen Boykott der Schule und daraufhin in eine Klage durch eine Zweigstelle der National Association for the Advancement of Colored People (NAACP). Die Organisation wollte gemeinsam mit Brown erreichen, dass auch schwarze Kinder Zugang zur neuen Schule erhielten. Tatsächlich bekamen sie vor Gericht recht, sodass die Rassentrennung für diese Schule aufgehoben wurde. Von der Entscheidung ermutigt, klagten weitere Eltern gegen die noch immer herrschende Rassentrennung an Schulen. In der letzten Instanz stimmte der Oberste Gerichtshof den Klägern zu, sodass infolgedessen die Rassentrennung an Schulen 1954 aufgehoben wurde.

Obwohl das Urteil gesprochen worden war, weigerten sich viele Schulen, dieses auch umzusetzen. So hatte die Rassentrennung zunächst weiterhin Bestand. Auch der Kindergarten, den Ruby Bridges in New Orleans besuchte, war nur für Schwarze. Doch das oberste Bundesgericht ordnete an, dass diese Ungleichbehandlung nun auch in Louisiana ein Ende finden möge.

Widerwillig beugte man sich dem Urteil, verpflichtete afroamerikanische Kinder aber vor dem Eintritt in eine weiße Schule, an einem Eignungstest teilzunehmen. Wahrscheinlich war man der Hoffnung, dass sich die Vorurteile bewahrheiteten und die Trennung aufgrund mangelnder Eignung weiterhin Bestand hätte. Doch natürlich täuschte man sich. So kam es, dass die kleine Ruby den Test gemeinsam mit anderen Kindern bestand und 1960 als erstes schwarzes Kind eine Schule im Süden der USA gemeinsam mit Weißen besuchen durfte.

Obwohl Ruby nun niemand mehr das Recht auf den Besuch einer gemischtrassigen Schule verwehren konnte, sträubten sich die Menschen dagegen. Der erste Tag an dem scheinbar privilegierten Ort muss furchtbar für das kleine Mädchen gewesen sein. Als sie auf die Schule zufuhr, sah sie bereits die wütende Menschenmenge, die mit Gegenständen warf und rassistische Parolen skandierte. Doch Ruby blieb standhaft, weinte nicht und marschierte wie ein „kleiner Soldat" in die Schule, wie sich einer der begleitenden US-Marshalls später erinnert.

Die weißen Eltern wollten sich diese vermeintliche Frechheit nicht bieten lassen und nahmen ihre Kinder von der

Schule. Auch Lehrer fühlten sich beleidigt und weigerten sich, Ruby zu unterrichten. Ein ganzes Jahr lang blieb Ruby deshalb das einzige Kind in ihrer Klasse. Doch immerhin eine Lehrerin, Barbara Henry, erbarmte sich ihrer und unterrichtete das kleine Mädchen aller Widrigkeiten zum Trotz.

Doch nicht nur der Schulalltag gestaltete sich nervenaufreibend. Bereits auf dem Weg dorthin drohte man, sie zu vergiften. Eine Frau hielt ihr sogar eine schwarze Babypuppe in einem Sarg entgegen. Die von Präsident Eisenhower angeordnete Eskorte bestand deshalb darauf, dass Ruby nur mitgebrachte Speisen verzehren durfte.

Auch das Leben von Rubys Familie wurde durch deren mutige Entscheidung beeinträchtigt. Rubys Vater verlor seinen Job bei der Tankstelle und ihren Großeltern wurde die Pacht für ihr Ackerland entzogen. Selbst im örtlichen Lebensmittelgeschäft war die Familie nicht länger erwünscht.

Aber es gab auch Unterstützung von der Bevölkerung. Sowohl einige schwarze als auch weiße Familien begleiteten Ruby auf ihrem Schulweg, bewachten das Haus der Familie und ein Nachbar gab dem Vater sogar einen neuen Job. Mit der Zeit begannen einige Eltern, ihre Kinder wieder zur Schule zu bringen, und der Alltag normalisierte sich in New Orleans. Heute lebt Ruby Bridges immer noch in der Hafenstadt am Mississippi-Delta. Sie arbeitete mehrere Jahre als Reiseverkehrskauffrau, zog vier Söhne groß und gründete die Ruby Bridges Foundation, die sich mit der Förderung von Toleranz, Respekt und gegenseitiger Wertschätzung beschäftigt. Ein unglaublich mutiges Mädchen, wenn man bedenkt, unter welchen Umständen sie die Hürden der Schule zu meistern hatte.

Quelle Text (bearbeitet): Ruby Bridges: Allein unter Weißen, https://onlyfunfacts.com/de/geschichte/ruby-bridges/, abgerufen am 13.06.2019;
Quelle Bild: https://commons.wikimedia.org/wiki/File:US_Marshals_with_Young_Ruby_Bridges_on_School_Steps.jpg

1. Stelle Text 1 und sein zentrales Thema in nicht mehr als drei Sätzen vor. 2 P.

2 P. 2. Gliedere den Text in thematische Abschnitte, indem du den vorgegebenen Abschnittsüberschriften die jeweiligen Zeilen zuordnest.

Abschnittsüberschrift	Zeile (von – bis)
Die Situation der Afroamerikaner in den USA – heute und früher	
Kindheit in den Südstaaten	
Aufhebung der Rassentrennung an Schulen	
Widerstand in der weißen Bevölkerung	
Ruby Bridges kommt in die Schule	
Die ersten Reaktionen der weißen Bevölkerung: Morddrohungen, Jobverlust und Enteignung	
Das Gute obsiegt – die Situation entspannt sich	

1 P. 3. Beschreibe mit mindestens drei Stichworten, welche Gefühle du selbst an deinem ersten Schultag (bei der Einschulung/an einer neuen Schule) hattest.

4 P. 4. Verfasse einen zusammenhängenden Text, in dem du beschreibst, wie sich Ruby Bridges an ihrem ersten Schultag gefühlt haben könnte. Berücksichtige hierbei mögliche Erwartungen im Vorfeld und tatsächliche Erlebnisse beim Betreten des Schulgebäudes.

5. Stelle drei Vermutungen an, warum Rubys Eltern ihr Kind täglich dieser hasserfüllten Stimmung aussetzten und nicht einfach die Schule wechselten. 3 P.

Text 2

Schmink dich ab, Papa!

Von Jona Spreter

Am Samstag hat sich mein Papa wieder schwarz angemalt. An den Händen, an den Armen und im Gesicht. Er stand auf der Bühne einer Kleinstadtsporthalle und verkleidete Zuschauer in Clown-, Elfen- und Bauarbeiterkostümen grinsten ihn an und lachten sich kugelig. Und ich saß zuhause mit Magengrummeln.

Mein Papa ist Laienschauspieler. In meiner Heimatstadt kennt und beklatscht man ihn. Egal, ob Trump-Imitator oder schüchterner Staubsaugervertreter, mein Papa spielt sie alle. Er ist für jeden Quatsch zu haben und nimmt sich dabei selbst wunderbar unernst. Er spielt aber auch: dunkelhäutige Menschen. Seit gut zwanzig Jahren schlüpft er beim örtlichen Fastnachtsball zusammen mit einem Freund immer mal wieder in die Rolle eines afrikanischen Duos. Mit bunten Gewändern tanzen sie durch die bestuhlten Reihen der Karnevalssitzung, reißen Witze in wildem Singsang und machen sich über das Publikum lustig.

Mein Papa findet seinen Auftritt urkomisch und unproblematisch. Er meint, die Leute lachen ja nicht über die Person, die er in diesem Moment darstellt, sondern sie lachen über ihn und seine Witze. Seit Jahren versuche ich ihm klarzumachen, dass das nicht stimmt. Beim Sonntagsspaziergang, beim Weihnachtsessen, beim Bier in der Gaststätte reden wir darüber. Die Leute lachen nicht über ihn. Sie lachen über die stereotype Darstellung eines Schwarzen: der Gang grobschlächtig, die Artikulation schwerfällig und den Rhythmus im Blut. Das ist Blackfacing. Und das ist Rassismus.

„Das ist etwas ganz Anderes, als wenn man in die Rolle einer Prinzessin oder eines Froschs schlüpfen würde. Denn wir reden hier von echten Menschen und echten Kulturen“, sagt Dr. Rebecca Brückmann, Historikerin an der Universität Kassel.

Doch welcher Weiße kam überhaupt auf die Idee, sich schwarz zu schminken und das als Unterhaltung zu verkaufen? Seinen Ursprung hat Blackfacing im Nordamerika des 19. Jahrhunderts. Damals etablierten weiße Schauspieler sogenannte Minstrel-Shows auf den kleinen und größeren Bühnen des Landes. Minstrel ist Englisch und heißt so viel wie „kleiner Diener“. Sie mimten Schwarze, Sklaven, die wenig hatten und ihren Herren treu ergeben waren. Die auf dem Kopf „Wolle“ statt Haar trugen und „naturgemäß“ musikalisch waren. Minstrel verbreitete sich wie ein Lauffeuer im ganzen Land und erhielt durch Radio und Fernsehen im frühen 20. Jahrhundert nochmals mediale Verstärkung.

Erst in den 1960er-Jahren, mit Aufkommen der Bürgerrechtsbewegung, verschwand das Blackfacing zunehmend aus der amerikanischen Öffentlichkeit. Dass sich Blackfacing in Deutschland noch immer hält, erklärt Tahir Della, Vorstandsmitglied der Initiative Schwarze Menschen in Deutschland, folgendermaßen: „Weil es bei uns keine Tradition des Minstrel-Theaters gibt, halten Befürworter die Praxis für zulässig und unproblematisch. Beim Blackfacing wird jedoch immer mit kolonialrassistischen Fantasien gearbeitet. Menschen werden auf ein paar phänotypische oder kulturelle Merkmale reduziert und schlichtweg persifliert[1]. Die Wirkung auf die Menschen, die dort dargestellt werden, wird also völlig außer Acht gelassen, genauso wie das wirkliche Selbstbild dieser Personen.“ So bestärkt Blackfacing rassistische Vorurteile, mit denen dunkelhäutige Menschen in Deutschland ohnehin schon zu kämpfen haben. Für Tahir Della ist die Wirkung von Blackfacing deswegen immer die gleiche, egal ob bei den Sternsingern oder im Karneval.

1 *persiflieren (franz.): etwas durch übertriebene Nachahmung verspotten, lächerlich machen*

„Wenn man das auf dem Radar hat, kann und sollte man Blackfacing einfach unterlassen.“

Rassismus ist in Deutschland nach wie vor an der Tagesordnung. Da ist zum einen der offenkundige Rassismus: Brennende Flüchtlingsheime, Rechtsrockkonzerte und fremdenfeindliche Bilder, die als angeblicher Witz über Medien wie WhatsApp Verbreitung finden.

Blackfacing wird von vielen Menschen in Deutschland gar nicht als rassistisch verstanden, weil die ausführenden Personen eben keine Lehrbuchrassisten sind.

Ist mein Papa mit seiner Aufführung nun ein Rassist? Norbert Finzsch, Rassismustheoretiker und Professor der Universität zu Köln meint: „Ihr Vater kann nichts dafür, dass er diese Bilder verinnerlicht hat. Das sind tiefsitzende, frühkindlich angeeignete Verhaltensmuster und eine gesellschaftliche Haltung.“ Das betreffe auch die Einstellung „Ich habe das ja gar nicht so gemeint. Ich bin ja kein Rassist, weil ich nicht von der biologischen Überlegenheit weißer Menschen ausgehe“. Es gehe hierbei aber nicht um die eigene Gesinnung, sondern um das Übernehmen von Verantwortung. Es gehe darum, zu schauen, was bewirkt das, was ich sage und tue. Und nicht darum, welche Einstellung ich habe.

Rebecca Brückmann ist der Meinung, dass die Sensibilität für Themen wie Blackfacing auch eine Generationenfrage ist. „Der Höhepunkt der schwarzen Bürgerrechtsbewegung ist gerade einmal fünfzig Jahre her. Solche Sachen brauchen eine Weile, um sich in den Köpfen der Menschen durchzusetzen. Andererseits ist es natürlich auch Ausdruck gewisser Privilegien, wenn man sich mit solchen Themen gar nicht erst beschäftigen muss.“

Ich spreche mit meiner Freundin Olga. Sie ist Deutsche, ihr Vater kommt aus Gambia, sich selbst bezeichnet sie als dunkelhäutig. Olga erzählt mir, dass sie sich persönlich durch Blackfacing nicht angegriffen fühlt. Das liege aber vermutlich auch daran, dass sie sich selbst fernab der Kategorien schwarz und weiß definiere. Am ehesten fühle sie sich noch als Europäerin. Blackfacing als Witz abzutun hält aber auch sie für zu kurz gedacht: „Rassismus existiert in Deutschland nach wie vor. Da sollte Blackfacing auf keinen Fall kommentarlos weiterbestehen dürfen.“ Mein Text ist ein Kommentar. Aber ist es nicht auch sehr widersprüchlich, dass ich als Weißer und damit nicht direkt Betroffener darüber schreibe?

Rebecca Brückmann ist der Überzeugung: „Die zentrale Rolle der Aufarbeitung von Rassismus kann nicht bei Leuten liegen, die von Rassismus betroffen sind. Sie muss bei Leuten liegen, die sich damit kritisch auseinandersetzen müssen – in ihrem eigenen Leben, in ihren eigenen Familiengeschichten und in ihren beruflichen Zusammenhängen.“

Quelle Text (bearbeitet): Jona Spreter: „Schmink dich ab, Papa!“, SZ-Magazin vom 29.01.2018, https://sz-magazin.sueddeutsche.de/familie/schmink-dich-ab-papa-84439

6. Erkläre anhand von Text 2 den Begriff „Blackfacing“ und begründe, warum „Blackfacing“ eine rassistische Handlung ist. 3 P.

____

____

____

____

____

2 P. 7. „Blackfacing“ und rassistische Sprüche werden heutzutage oft als bloßer Witz abgetan, der schließlich nicht zwingend die eigene Einstellung widerspiegele. In Text 2 heißt es jedoch: „Es gehe hierbei aber nicht um die eigene Gesinnung, sondern um das Übernehmen von Verantwortung.“
Erkläre anhand von Text 2, wie jeder Einzelne Verantwortung übernehmen kann.

Wahlteil A

Du bist Redakteurin bzw. Redakteur der Schülerzeitung und bereitest eine Ausgabe zum Thema „Alltagsrassismus“ vor.

Deshalb erklärst du dich bereit, zur Thematik zu recherchieren und außerdem ein geeignetes Titelbild für die Schülerzeitung zu suchen. Bei deinen Recherchen stößt du auf die Satire „Keine Menschenfresser, bitte!“ und eine Karikatur.

Bereite die nächste Redaktionssitzung vor, indem du einen informierend-appellierenden Text für die Schülerzeitung verfasst und begründest, warum sich die Karikatur als Titelbild der Ausgabe „Alltagsrassismus“ eignet.

Text 3 A

Keine Menschenfresser, bitte!

Von H.C. Artmann

Frau Amtsrat[2] Reißfleisch wollte einen Untermieter aufnehmen und hatte aus diesem Grunde am Tag zuvor die Studentenschaft angerufen. Vornehmes Einzelzimmer, elektrisches Licht, Bett, Pendeluhr, Schreibtisch, Universitätsnähe für nur 300 Euro, ab sofort beziehbar ... Nun aber, an diesem Nachmittag, war sie doch ein wenig bedrückt, da sie fürchtete, man könnte ihr einen dunkelhäutigen Herrn schicken. Und das wäre besonders peinlich vor den Nachbarn und so weiter und so weiter. Vielleicht wären auch Kannibalen[3] und Mädchenhändler unter ihnen, wie man ja nur zu häufig in Zeitschriften erfahren kann ... Frau Amtsrat Reißfleisch und ihre Freundin Adele saßen diesen Nachmittag bei Kaffee und Mohnstrudel und warteten die kommenden Dinge etwas nervös ab. „Am liebsten“, sagte Frau Amtsrat, „wär mir halt ein solider Amerikaner, der an jedem Ersten eines Monats pünktlich seine Miete zahlt und nicht schnarcht ...“ „Ganz recht, liebe Melanie“, sagte Adele, „die Amerikaner sind die solidesten und Geld haben sie auch. Auf keinen Fall darfst du dir einen Araber, Perser oder gar einen Türken nehmen. Gegen die haben wir schon viermal gekämpft ...“ Die Klingel der Wohnungstür schrillte scharf und kriegerisch. Frau Amtsrat Reißfleisch richtete sich würdig auf, ging ins Vorzimmer, das zugleich als Abstellraum diente, und öffnete einen Spalt die Türe. „Ich komm wegen Zimmer. Ist noch frei, bitteschön? Mein Name ist Berislav Stojanovic ...“ „Sind Sie der Amerikaner, dem ich das Zimmer versprochen habe?“, fragte Frau Amtsrat durch den Türspalt. „Amerikaner?“, meinte Stojanovic befremdet ... „Tut mir leid“, sagte Frau Amtsrat kurz, „aber das Zimmer ist schon an einen Amerikaner vergeben!“ Die Türe schlug kurz vor der Adlernase des langen Kroaten zu. „Wer war's denn?“, fragte Adele. Aber bevor Frau Amtsrat Reißfleisch noch eine Antwort geben konnte, klingelte es abermals. „Ich komme wegen Zimmer. Ist Zimmer noch frei, bitte? Mein Name ist Wassilis Liolakis ...“ – „Sind Sie der Amerikaner, dem ich das Zimmer versprochen habe?“, fragte Frau Amtsrat mit der gleichen diplomatischen Schläue wie vorher. „Ich bin aus Ioannina und das ist in Griechenland und ...“ Die Tür krachte ins Schloss. Lauter Tschuschen[4]!“, sagte Frau Amtsrat zu ihrer Freundin Adele und wollte seufzend in ein Stück Mohnstrudel beißen, als es abermals, nun aber sanft und bescheiden klingelte. Frau Amtsrat war je-

2 *Amtsrat, der: Berufsbezeichnung für einen Beamten im gehobenen Dienst; hier: die Frau/Witwe eines Amtsrats*

3 *Kannibale, der: Angehöriger eines Naturvolkes, das auch Fleisch von Menschen verzehrt*

4 *Tschuschen, die: umgangssprachliche Bezeichnung für Fremde, Angehörige eines südosteuropäischen oder orientalischen Volkes*

doch schon gewitzigt[5] und sah dieses Mal nur durch das Guckloch auf den Gang hinaus. Draußen stand ein gutaussehender Inder mit pechschwarzem Vollbart und Turban, und in seinen dunklen Augen lag eine tiefe Traurigkeit. Er wusste wohl schon, dass er dieses günstige Zimmer niemals bekommen würde. „Wer war's denn?", fragte Adele mit klopfendem Herzen. Sie hatte keine Tür gehen gehört. Es musste was Schreckliches draußen gestanden haben. Frau Amtsrat seufzte jetzt wirklich, biss in das angefangene Stück Mohnstrudel und meinte pikiert: „Jetzt schicken sie einem sogar schon Menschenfresser in die Wohnung. Ich werde mich bei der Vermittlung gehörig beschweren!" Nach einer Weile ging im Vorzimmer alias Abstellraum das Telefon. Frau Amtsrat Reißfleisch sprach eine Weile. Dann kam sie strahlend und zufrieden zu Adele zurück, die ihrerseits ein neues Stück Mohnstrudel bekommen hatte und kaute. „Wer war's denn, Melanie?", fragte Adele. „Gott sei Dank!", sagte Frau Amtsrat, „das nette Fräulein Elfi von der Studentenvermittlung hat angerufen. In einer halben Stunde kommt ein amerikanischer Herr wegen dem Zimmer. Und stell dir vor: James Eisenhover heißt er! Ich habe natürlich fest zugesagt. Der kriegt das Zimmer und kein anderer, so wahr ich die Frau Amtsrat Melanie Reißfleisch geborene Krauthaupt bin!" Nach einer exakten halben Stunde läutete es an der Wohnungstür. Sanft, bescheiden, nicht ohne eine gewisse Vornehmheit. Frau Amtsrat erhob sich mit einem bärenzuckersüßen Lächeln und öffnete weit und einladend die Tür… Ein freundliches „Grüssgooooot!" erstarb in ihrer amtsrätlichen Kehle. „My name is Eisenhover", sagte der dezent gekleidete Gentleman und trat ein. Aus seinem kohlschwarzen Gesicht blitzte ein tadelloses, freundliches Gebiss… „Ich kommen wegen des Zimmers…", sagte er.

Quelle (bearbeitet): H.C. Artmann: „Keine Menschenfresser, bitte!"; aus: H.C. Artmann: Im Schatten der Burenwurst. Salzburg 1983.

5 Gewitzigt, auch gewitzt: durch Schaden oder unangenehme Erfahrung klüger geworden

Karikatur

Bearbeite die folgenden Aufgaben in einem zusammenhängenden Text. Zähle abschließend die von dir geschriebenen Wörter.

a) Erkläre in deiner Einleitung kurz den Anlass für deinen Text und verdeutliche dann den jeweiligen allgemeinen Bezug von Text 3 A und der Karikatur zum geplanten Thema der Schülerzeitung. 1 P.

b) „Keine Menschenfresser, bitte!" wird auch als satirischer Text bezeichnet. Diese Textsorte verwendet häufig das Mittel der Übertreibung. Zitiere zwei Textstellen, in denen dir die Vorstellungen der Hauptperson als übertrieben erscheinen, und erkläre dies nachvollziehbar. 2 P.

c) Die Hauptperson in H.C. Artmanns Satire wird bis auf ihren Namen als Frau Amtsrat Reißfleisch nicht näher charakterisiert. Warum entscheidet sich der Autor für diese skizzenhafte Darstellung der Hauptperson? 2 P.

d) Artikel 3 des Grundgesetzes besagt: 2 P.
„Niemand darf wegen [...] seiner Abstammung, seiner Rasse, seiner Sprache, [...] Heimat und Herkunft, seines Glaubens [...] benachteiligt oder bevorzugt werden. [...]"
Begründe, inwieweit das Verhalten von Frau Amtsrat Reißfleisch gegen diesen Artikel verstößt. Formuliere anschließend einen Appell an die Leser der Schülerzeitung gegen „Alltagsrassismus".

e) Im Folgenden begründest du die Auswahl der Karikatur als Titelbild der nächsten Schülerzeitung mit dem Thema „Alltagsrassismus". 4 P.
- Beschreibe zunächst die in der Karikatur dargestellte Situation.
- Begründe dann, warum sich diese Karikatur besonders als Titelbild eignet. Berücksichtige hierbei auch die kritische Haltung des Zeichners.

Anzahl der geschriebenen Wörter in WAHLTEIL A	

Wahlteil B

Deine Schule beschäftigt sich während der Projekttage mit dem Thema „Alltagsrassismus". Als Mitglied der Schülervertretung recherchierst du zu dieser Thematik und stößt hierbei auf einen Text über die vielseitigen Formen des Alltagsrassismus und eine Broschüre zum Projekt „Schule mit Courage".

Das Projekt „Schule mit Courage" erscheint dir für deine Schule sehr geeignet, und du verfasst einen informierend-appellierenden Text an die Schülervertretung (SV), in dem du für die Umsetzung an deiner Schule wirbst.

Text 3B

„Vielseitig und machtvoll" – Formen des Alltagsrassismus

Alltagsrassismus hat viele Gesichter. Es ist die Frage nach der vermeintlichen Herkunft, es sind die abwertenden Blicke im Bus, die rassistischen Rufe im Stadion, auch die Zurückweisung an der Diskotür oder die diskriminierenden Darstellungen in Büchern, Zeitungen und Filmen. Vermeintliche Komplimente wie „Du sprichst aber gut Deutsch" oder lobend gemeinte Verallgemeinerungen wie „asiatische Schülerinnen sind immer so fleißig" sind weitere Beispiele für Alltagsrassismus.

Eines haben diese Beispiele gemeinsam: Starre, althergebrachte Einordnungen werden bemüht, um Menschen nach Ethnien, Nationen, Kulturen oder Rassenkonstruktionen in Schubladen einzusortieren. Diese Einordnungen sind zumeist negativ, bestimmt von rassistischen Denk- und Handlungsmustern. Was hier passiert, ist, dass Menschen in Gruppen eingeteilt werden, und zwar in „wir" und „sie". „Othering" nennt die Soziologie diesen Prozess, der beinhaltet, dass „sie" im Gegensatz zum „wir" meist negativ bewertet werden. „Sie" sind zum Beispiel unzivilisiert, rückständig und kriminell, „wir" dagegen zivilisiert, modern und anständig.

Alltagsrassismus ist nicht immer leicht zu erkennen. Er kann sich deutlich in Form von rassistischen Beleidigungen und herabwürdigenden Handlungen zeigen, doch erscheint er auch ganz subtil. In vielen Witzen und unbewusst geäußerten Vorurteilen, aber auch im – bewussten – „Übersehen" und Nicht-Beachten von Menschen of Color kommt Alltagsrassismus zum Vorschein. Dass Vorurteile oft unbewusst und unbedacht geäußert werden, bedeutet nicht, dass sie harmlos wären. In jeder Gesellschaft gibt es ein sogenanntes „rassistisches Wissen", das aus Vorurteilen, Stereotypen oder Vorstellungen über „Andere" besteht. Es ist nicht nur an den Stammtischen anzutreffen, sondern auch in der Politik. Damit ist nicht gemeint, dass jedes Individuum dieser Mehrheitsgesellschaft rassistisch ist. Es bedeutet vielmehr, dass über Institutionen wie Schule und Massenmedien gemeinsame rassistische Vorurteile vermittelt und über Generationen gefestigt werden.

Für den Alltagsrassismus, mit dem viele in Deutschland lebende Menschen ständig konfrontiert werden, ist (gesellschaftliche) Macht sehr entscheidend. Die Mehrheitsgesellschaft entscheidet, was „normal" ist – und hinterfragt diese Normalität in der Regel nicht. Sie legt fest, wer sich wie zu integrieren oder anzupassen hat. Sie entscheidet, wer wie dargestellt wird. Und sie bestimmt, wer wie welche Entscheidungen treffen darf oder wer wie was deuten oder sagen darf.

In dem Lied „Wem gehört die Welt" wendet sich die afrodeutsche Soulsängerin Joy Denalane gegen Alltagsdiskriminierung und klagt Sexismus und Rassismus an. Eine Strophe handelt von Bobby, einem Chirurgen, der eine Wohnung nicht zugesprochen bekommt –

wegen seiner „Hautfarbe“. Tatsächlich machen viele Menschen of Color derartige Diskriminierungserfahrungen. Es sind nicht nur die Wohnungen, die nicht an „schwarze“ Deutsche oder Bürger mit einem sogenannten Migrationshintergrund vermietet werden, es ist nicht nur der als „anders“ markierte Name auf den Bewerbungsunterlagen, der eine Einladung zum Vorstellungsgespräch verhindert. Es ist vieles mehr. Denn Rassismus durchzieht auch andere gesellschaftliche Bereiche.

Aktuell bewegt der Hashtag #MeTwo die Republik. Tausende Menschen mit Migrationshintergrund berichten, wie sie den deutschen Alltag erleben – und wie sie Diskriminierung in einem Land erfahren, das auch das ihre ist. Unter #MeTwo haben Menschen innerhalb von wenigen Tagen 133 000 Erfahrungen mit Alltagsrassismus geteilt. Sekündlich werden bis zu zwei Tweets mit dem Schlagwort abgesetzt. Auch viele Prominente mischen sich ein. Es werden teils ungeheuerliche Geschichten erzählt. Von der Kinderärztin, die Duftspray im Wartezimmer versprüht, nachdem sie ein Mädchen mit Kopftuch behandelt hat. Von der Verkäuferin, die einer vietnamesischen Kundin Diebstahl unterstellt, weil sie wie alle anderen Schmuckstücke zur Ansicht in die Hand nimmt. Von dem Studenten, der eine Lehrkraft mit Kopftuch, die den Seminarraum vorbereitet, fragt: „Sind Sie bald fertig mit Putzen?“

Die Bandbreite reicht von handfesten Beschimpfungen bis zur unglücklichen Formulierung. Nicht immer steckt böse Absicht dahinter, manchmal nur Unwissen. Und ist es schon rassistisch, einen Menschen mit anderem Namen als Müller oder Schmidt nach seiner Herkunft zu fragen, auch wenn dieser vielleicht schon sein ganzes Leben in Deutschland verbracht hat?

Die Masse an Beispielen zeigt, dass Rassismus nicht nur eine Sache pöbelnder Glatzköpfe ist, sondern allgegenwärtig.

57 Prozent der Befragten einer aktuellen Emnid-Umfrage finden, in Deutschland habe der Rassismus in den letzten zehn Jahren zugenommen. Wie verschoben oft die Eigenwahrnehmung ist, zeigt eine Begebenheit, die ausgerechnet Ilker Gündogan unter #MeTwo gepostet hat. Er ist Wissenschaftler und Bruder des Fußballers Ilkay. Ilker Gündogan wartete in Bochum auf die Bahn zur Uni. Auf dem Bahnsteig pöbelte ein älterer Mann eine Kopftuchträgerin an, weil sie ihre Tasche auf die Bank neben sich gestellt hatte. Die Plätze um sie herum waren frei. Schließlich spuckte der Schnauzbartträger vor der Frau aus. Die von Gündogan gerufene Polizei habe das Verhalten gerügt, eine Strafe habe es nicht gegeben. Der Rentner habe sich verteidigt: Er sei früher Gewerkschafter gewesen und „kein Rassist“. Und der Komiker Abdelkarim Zemhoute berichtet in einem #MeTwo-Tweet: „Lange Schlange an der Kasse. Ich sag zum älteren Mann hinter mir: ‚Sie können ruhig vor.‘ – ‚Nein danke, ich habe dich lieber im Blick.‘“

Nicht wenige halten denen, die von solchen Ereignissen berichten, vor, sich als Opfer zu gefallen.

Die Modekette H&M zeigt Werbefotos mit einem dunkelhäutigen Jungen, der einen Kapuzenpullover mit der Aufschrift „Coolest Monkey in the Jungle“ trägt.

Etwas hat sich verändert in Deutschland. Die Abwertung von Menschen mit anderer Hautfarbe, Abstammung oder nationaler Herkunft ist kein neues Phänomen in unserer Gesellschaft. Doch in den letzten Jahren scheint der gesellschaftliche Konsens, besonders sensibel, wachsam und entschlossen auf rassistische Diskriminierungen zu reagieren, langsam in der Bevölkerung aufzuweichen. Rassistische, antisemitische und fremdenfeindliche Äußerungen, so hat es den Anschein, sickern hinein in die bürgerliche Mitte und werden zunehmend als Normalität empfunden.

Umso wichtiger ist es, Rassismus im Alltag zu erkennen und ihm entgegenzutreten: bei der Sprachwahl, im Verhalten, in den eigenen Gedanken. Denn auch wer kein Rassist oder eine Rassistin ist und ein offenes, tolerantes Welt- und Menschenbild pflegt, kann dennoch unbewusst rassistische Denkstrukturen und Verhaltensmuster haben.

Quellen (bearbeitet): Nina May und Jan Sternberg: Deutschlands ganz normaler Alltagsrassismus, https://www.haz.de/Nachrichten/Politik/Deutschland-Welt/Deutschlands-ganz-normaler-Alltagsrassismus; © Vanessa Vu, Amna Franzke und Hasan Gökkaya für ZEIT Campus (www.zeit.de) vom 03.06.2020 „Alltag Rassismus“, https://service.zeit.de/schule/gesellschaft/alltagsrassismus-und-wie-ich-damit-umgehe/; Toan Quoc Nguyen: „Offensichtlich und zugedeckt“ – Alltagsrassismus in Deutschland, https://www.bpb.de/dialog/194569/offensichtlich-und-zugedeckt-alltagsrassismus-in-deutschland, 06.11.2014

Text 4 B

Wege zur Courage-Schule

Was würdet Ihr tun, wenn an Eurer Schule, in der Nachbarschaft oder im Stadtteil Leute angepöbelt werden, weil sie sich durch ihre Kleidung, Sprache oder Hautfarbe von anderen unterscheiden?
Was würdet Ihr machen, wenn es nicht nur bei Anpöbeleien bleibt, sondern diese Menschen weiter erniedrigt oder sogar körperlich angegriffen werden?
Was würdet Ihr empfinden, wenn es sich bei den Angegriffenen um Eure Mitschülerinnen oder Mitschüler, Eure Nachbarn und Freunde handelt?

- Nachgrölen, was andere vorgrölen.
- „Hat-ja-nichts-mit-mir-zu-tun“ denken.
- Mit Unbehagen zustimmen.
- Nicht eingreifen.
- Wegschauen.

Ihr könntet auch sagen:

- Jetzt reicht es uns!
- Wir suchen uns gleichdenkende Partner!
- Wir gründen eine Schülerinitiative gegen Diskriminierung!
- Wir setzen deutliche Zeichen und Akzente!

9 Fragen – 9 Antworten zum Projekt

1. Was ist Schule ohne Rassismus – Schule mit Courage?
Wir sind ein Projekt für alle Schulmitglieder. Es bietet Kindern, Jugendlichen und Lehrkräften die Möglichkeit, das Klima an ihrer Schule aktiv mitzugestalten, indem sie sich bewusst gegen jede Form von Diskriminierung, Mobbing und Gewalt wenden. Wir sind das größte Schulnetzwerk in Deutschland. Ihm gehören über 3 000 Schulen an, die von rund eineinhalb Millionen Schülerinnen und Schülern besucht werden (Stand: Mai 2019). Unterstützt werden die Schulen dabei von mehr als 80 Koordinierungsstellen und 350 außerschulischen Kooperationspartnern.

2. Wie wird man eine Schule ohne Rassismus – Schule mit Courage?
Jede Schule kann den Titel erwerben, wenn sie folgende Voraussetzungen erfüllt: Mindestens 70 Prozent aller Menschen, die in einer Schule lernen und arbeiten (Schülerschaft, Lehrkräfte und technisches Personal), verpflichten sich mit ihrer Unterschrift, sich künftig gegen jede Form von Diskriminierung an ihrer Schule aktiv einzusetzen, bei Konflikten einzugreifen und regelmäßig Projekttage zum Thema durchzuführen.

3. Zu was verpflichtet sich eine Schule?
Wer sich zu den Zielen einer Schule ohne Rassismus – Schule mit Courage bekennt, unterschreibt folgende Selbstverpflichtung:

a. Ich werde mich dafür einsetzen, dass es zu einer zentralen Aufgabe meiner Schule wird, nachhaltige und langfristige Projekte, Aktivitäten und Initiativen zu entwickeln, um Diskriminierungen, insbesondere Rassismus, zu überwinden.

b. Wenn an meiner Schule Gewalt geschieht, diskriminierende Äußerungen fallen oder diskriminierende Handlungen ausgeübt werden, wende ich mich dagegen und setze mich dafür ein, dass wir in einer offenen Auseinandersetzung mit diesem Problem gemeinsam Wege finden, zukünftig einander zu achten.

c. Ich setze mich dafür ein, dass an meiner Schule einmal pro Jahr ein Projekt zum Thema Diskriminierungen durchgeführt wird, um langfristig gegen jegliche Form von Diskriminierung, insbesondere Rassismus, vorzugehen.

4. Was bedeutet der Titel genau?
Der Titel ist kein Preis und keine Auszeichnung für bereits geleistete Arbeit, sondern eine Selbstverpflichtung für die Gegenwart und die Zukunft. Eine Schule, die den Titel trägt, ist Teil eines Netzwerkes, das sagt: Wir übernehmen Verantwortung für das Klima an unserer Schule und für unser Umfeld.

5. Kümmert Ihr Euch nur um Rassismus?
Nein. Wir beschäftigen uns gleichermaßen mit Diskriminierung aufgrund der Religion, der sozialen Herkunft, des Geschlechts, körperlicher Merkmale, der politischen Weltanschauung und der sexuellen Orientierung. Darüber hinaus wenden wir uns gegen alle totalitären und demokratiegefährdenden Ideologien.

6. Beschäftigt Ihr Euch nur mit den bösen Deutschen?
Nein. Wir sind davon überzeugt, dass alle Menschen, egal woher sie kommen und wie sie aussehen, in der Lage sind zu diskriminieren. Deshalb nehmen wir zum Beispiel den Antisemitismus oder die Homophobie eines (alt)deutschen Jugendlichen genauso ernst wie den eines Jugendlichen mit türkischen oder arabischen Wurzeln.

7. Wo steht Ihr politisch?
Wir stehen weder rechts oder links noch in der Mitte. Das Anliegen von Schule ohne Rassismus – Schule mit Courage sollte Aufgabe aller Demokratinnen und Demokraten sein. Alle im Bundestag vertretenen demokratischen Parteien unterstützen unser Anliegen, ebenso Gewerkschaften und Glaubensgemeinschaften.

8. Ist das Projekt eher etwas für Gymnasien?
Keineswegs. An unserem Netzwerk nehmen alle Schulen teil. Auf unserer Homepage seht Ihr, dass alle Schularten bei uns vertreten sind.

9. Wo bekomme ich mehr Informationen über das Projekt?
Auf unserer Homepage findet Ihr eine Fülle von Informationen zu unserer Arbeit und den Aktivitäten der Schulen. Für Eure Fragen stehen Euch die Mitarbeiterinnen und Mitarbeiter der Bundeskoordination zur Verfügung. Oder die Landeskoordinationen in Eurer Nähe.

Quelle Logo und Text (bearbeitet): https://m.schule-ohne-rassismus.org (09.05.2019), © Bundeskoordination von Schule ohne Rassismus – Schule mit Courage

Bearbeite die folgenden Aufgaben in einem zusammenhängenden Text. Zähle abschließend die von dir geschriebenen Wörter.

1 P. a) Erkläre einleitend den Anlass für deinen Text.

2 P. b) Stelle das Thema des Artikels „‚Vielseitig und machtvoll' – Formen des Alltagsrassismus" (Text 3 B) kurz vor.

2 P. c) Begründe mithilfe von Text 3 B, warum „Alltagsrassismus" auch für deine Schule ein Thema darstellen könnte. Du kannst auch ein konkretes Beispiel aus deinem eigenen Schulalltag anführen.

4 P. d) Informiere deine Schülervertretung zunächst über das Projekt „Schule mit Courage" mithilfe von Text 4 B. Berücksichtige hierbei die Zielsetzung des Projektes, die Voraussetzungen für eine Bewerbung und die Aufgaben, die die Schule zu erfüllen hat.

2 P. e) Appelliere in einem abrundenden Schluss für die Teilnahme an dem Projekt, indem du den allgemeinen Nutzen darstellst und begründest, warum gerade deine Schule teilnehmen sollte.

Anzahl der geschriebenen Wörter in WAHLTEIL B	

Abschlussprüfung Niedersachsen 2021
Realschulabschluss / Sekundarabschluss I – Deutsch

Hauptteil 1: Hörverstehen

1. Fasse die wesentlichen Inhalte des Radiobeitrags kurz zusammen. 1 P.

2. Erkläre den Begriff „Immersion". 1 P.

1 P. 3. In dem Beitrag werden verschiedene Gründe genannt, warum sich das Bewusstsein durch eine VR-Brille nicht so einfach austricksen lässt. Kreuze die Begründungen an, die **nicht** genannt werden.

- ☐ Man hat das Gefühl über dem Bild zu schweben, weil man seine Füße beim Heruntersehen nicht sieht.
- ☐ Auf dem Bildschirm lassen sich meistens einige Pixel erkennen.
- ☐ Die Brille mit dem innenliegenden Bildschirm ist für die meisten Menschen unbequem zu tragen.
- ☐ Die Augen allein reichen nicht, um ein realistisches Bild der Wirklichkeit zu erstellen.
- ☐ Man muss die VR-Brille mindestens zwei Tage ununterbrochen tragen, um einen Effekt zu erzielen.
- ☐ Durch die Bildschnitte lassen sich Reisefilme als unrealistisch erkennen.
- ☐ Eine virtuelle Reise kann man nur mithilfe einer professionellen Reiseleitung unternehmen.

1 P. 4. Beschreibe kurz Empfindungen, die der Informatikprofessor Steinicke in seinem 24-Stunden-Experiment erfahren hat.

2 P. 5. Nenne vier Vorteile, die virtuelles Reisen gegenüber traditionellem Tourismus bietet.

Hörverstehenstext

Radiobeitrag

REPORTERIN: Ein bisschen fühle ich mich bei Christiane Wittenbecher wie in einem Reisebüro. Um uns herum liegen aber keine Reisekataloge mit den schönsten Stränden der Welt, sondern allerhand Kabel, Kamerastative und Akkus. Bei der Produktionsfirma IntoVR bekomme ich auch keine echte Reise verkauft, sondern bin mitten in einer Reportage über Albanien, die Christiane für das Schweizer Onlineportal Blick gemacht hat. Das Besondere daran: Der Film ist in 360 Grad gedreht und somit für eine Virtual-Reality-Brille konzipiert.

CHRISTIANE WITTENBECHER: Es gibt halt nicht mehr sozusagen mich und den Bildschirm des Fernsehers, des Handys oder was auch immer, sondern ich verschwinde in dem Medium, und das macht die Immersion aus.

REPORTERIN: Immersion, also das vollständige Eintauchen in den Film, den ich gleich sehen werde, ist das Ziel der 360-Grad-Videos.

CHRISTIANE WITTENBECHER: Setz' sie doch einfach mal auf, sodass sie gut passt. Das heißt, vorne anfassen, zuerst mit den Augen …

REPORTERIN: Christiane setzt mir die VR-Brille auf. Sie sieht aus wie ein kleiner Kasten, der meine Augen komplett umschließt. Drinnen ist ein Bildschirm und darauf sehe ich jetzt das blaue Meer der Adria. Ganz alleine kann ich mich allerdings nicht in Albanien bewegen. Christiane Wittenbecher steht nicht nur neben mir, sie ist auch Teil des Films, eine virtuelle Reiseleiterin sozusagen. Immer wieder taucht sie auf und erklärt mir etwas zu den Orten. Und auch wenn ich mich überall umschauen kann, weiß ich durch die Schnitte, dass es nur ein Film ist. Bei einigen Szenen habe ich regelrecht das Gefühl, über dem Ganzen zu schweben.

CHRISTIANE WITTENBECHER: Das Gefühl hat man aber erst, wenn man nach unten guckt. Also wenn man so auf Horizontalebene guckt oder nach oben, fühlt sich das alles ganz natürlich an. Nur wir sind es ja gewöhnt, wenn wir runtergucken, dass wir halt einen Körper haben und Beine, und das hat man halt in dem Moment nicht. Und dadurch wirkt dieser Höhenunterschied dann quasi größer, als er ist. Und dafür gibt es aber noch keine richtige Lösung.

FRANK STEINICKE: Man merkt es halt ja eben doch noch ein bisschen, dass man in dieser VR ist.

REPORTERIN: … sagt auch Frank Steinicke, Professor für Mensch-Computer-Interaktion an der Uni Hamburg.

FRANK STEINICKE: Man hat etwas unbequeme Brillen auf, die Darstellung – also man erkennt so ein paar Pixel auf dem Bildschirm noch, also man erkennt immer noch, dass es sich hier um eine computergenerierte Welt handelt, und das merkt das Gehirn natürlich in der Verarbeitung.

REPORTERIN: Zwar könne ich in die virtuelle Welt der Adria eintauchen. Um sie zu erleben, braucht es aber alle Sinne, so Steinicke, also nicht nur Hören und Sehen, sondern auch Schmecken, Riechen und Fühlen. Um etwas nur durch reines Sehen zu empfinden, müsste ich die Brille zumindest längere Zeit aufhaben. 2014 trug der Informatikprofessor Steinicke die Brille in einem Experiment 24 Stunden lang. Und obwohl ihm bewusst war, dass er die Brille jederzeit abnehmen konnte, hat sich sein Bewusstsein verändert.

FRANK STEINICKE: Ich hatte sehr viele Momente von sehr hoher Präsenz, also wirklich das Gefühl, dass ich in dieser virtuellen Welt bin. Und das war nicht nur ein rein subjektives Gefühl, sondern ich hab' das auch körperlich gespürt. Zum Beispiel als am Abend – oder am virtuellen Abend – die Sonne untergegangen ist, habe ich mich an den virtuellen Strand gesetzt und mir den Sonnenuntergang angeguckt. Und obwohl die Temperatur im Labor völlig konstant war während der gesamten Zeit, hatte ich, als die Sonne untergegangen ist, tatsächlich das Gefühl, dass mir auf einmal kalt wird. Also ich hatte eine Gänsehaut bekommen und hab' wirklich diesen Moment ein Stück weit miterlebt.

REPORTERIN: Für Thomas Bedenk von Exozet stellt VR ein Zusatzangebot dar, das manchmal auch dazu führen kann, dass Menschen es nicht mehr im realen Leben erleben müssen.

THOMAS BEDENK: Es gibt ja unterschiedlichste Gründe, entweder ist es eine Kostenfrage, dass es viel billiger ist, es in Virtual Reality zu erleben, und man trotzdem relativ nah rankommt. Oder man will tatsächlich einfach CO_2 vermeiden. Oder man will einfach mehr verschiedene Erlebnisse machen und dann, wenn man zehn Sachen in Virtual Reality ausprobiert hat, entscheidet man sich: das eine, das will ich vielleicht in Echt ausprobieren.

REPORTERIN: Und dann gibt es ja auch noch die Orte, die gar nicht oder nur noch eingeschränkt mit Guides begehbar sind, wie die Heilstätten in Beelitz. Solche Orte hat sich zum Beispiel das Berliner Startup Realities für sein VR-Angebot ausgesucht. Damit sich jeder das Gebäudedenkmal der Heilstätten individuell anschauen kann, haben Daniel Sproll und sein Team einige der Räume gescannt. Das heißt, sie haben rund 200 Fotos von dem alten Brandenburger Krankenhaus geschossen. Die Bilder werden später am Computer zusammengefügt und sind dann in 360 Grad zu sehen.

DANIEL SPROLL: Unser großer Antrieb ist immer, Orte erlebbar zu machen auf ganz verschiedene Arten und Weisen, die wir sonst nicht erleben können. Auch gerade für historische Stätten ist es oft ein Riesenproblem, dass dort diese Touristenhorden einfach durchzuschleusen die Site zerstört. Also man kann, glaube ich, so ein paar ganz dedizierte Probleme auch damit lösen, die vom Tourismus ausgehen, die man ja auch nicht verschweigen darf.

REPORTERIN: Und auch wenn ich die Brise an der albanischen Adria nicht spüren und den leicht vermoderten Geruch der Heilstätten in Beelitz nicht riechen konnte, so habe ich doch beides dank VR jetzt einmal intensiv gesehen. Und manchmal reicht das ja auch schon aus, um mitreden zu können.

Quelle: Birgit Raddatz: In Zeiten von Corona virtuell auf Reisen gehen, RBB24 vom 25. 08. 2020, https://www.rbb24.de/wirtschaft/beitrag/2020/03/virtual-reality-brille-reisebranche-berlin-brandenburg-corona-selbsttest.html

Hauptteil 2: Basisteil

Text 1

Ist die virtuelle Realität die neue Wirklichkeit?

Stelle dir vor, du könntest die Vergangenheit zum Leben erwecken und durch das antike Rom zur Zeit von Julius Cäsar spazieren. Du könntest Fußball auf dem Mond spielen, als Pilot mit dem Hubschrauber über deine Heimatstadt fliegen oder mit dem Rennwagen von Sebastian Vettel über die Formel-1-Strecke in Silverstone fahren. Im normalen Leben ist das eher unwahrscheinlich oder sogar unmöglich, aber dank moderner Technik heutzutage erlebbar: „Virtuelle Realität" oder kurz VR heißt das Zauberwort. „Virtuell" bezeichnet etwas, das „nicht echt, nicht in Wirklichkeit vorhanden, aber echt erscheinend" ist. In der virtuellen Realität wird uns also vorgetäuscht, dass etwas real existiert, was es so in Wirklichkeit nicht gibt. Virtuelle Realität ist eine computergenerierte Wirklichkeit mit dreidimensionalen Bildern, Videos und in vielen Fällen auch Ton. Die „künstliche" Wirklichkeit wird auf Großbildleinwänden, in speziellen Räumen oder über eine VR-Brille simuliert. So glaubt man, dass man sich in einer anderen Welt befindet. Damit man sich auch körperlich durch diese künstlich geschaffene Welt bewegen kann und dabei Sinneseindrücke, wie beispielsweise Gerüche oder Geschmäcker wahrnehmen kann, werden neben der VR-Brille mitunter weitere spezielle Geräte benötigt, wie etwa eine 3D-Maus, Datenhandschuhe oder bestimmte Helme.

Die Geschichte der virtuellen Realität ist älter, als viele denken, und reicht bis in die Antike zurück. Schon damals beschäftigten sich einige Denker mit der Frage, ob wir Menschen beim Anblick unserer Umwelt den wahren Kern oder nur ein Abbild der Wahrheit sehen. Als Beispiel hierfür gilt das „Höhlengleichnis" von Platon, einem der bekanntesten Gelehrten der griechischen Antike. Der exakte Begriff „Virtuelle Realität" taucht jedoch erst deutlich später auf. Damien Broderick, ein australischer Science-Fiction-Autor, gilt als Erfinder dieser Wortkombination. In seinem 1982 erschienenen Zeitreiseroman „The Judas Mandala" benutzt er die Formulierung „virtual reality", die dann sogar 1987 in das Oxford English Dictionary aufgenommen wurde.

Schriftsteller sowie Theater- und Filmemacher sehen häufig technologische Entwicklungen voraus, lange, bevor sie tatsächlich erfunden werden. Hier ist vor allem der Theaterregisseur und Schriftsteller Antonin Artaud zu nennen. In seiner Theatertheorie von 1932 forderte er die Abschaffung der Trennung von Bühne und Zuschauerraum. Mit dieser Änderung wollte Artaud ein „Theater der Aktion" erschaffen und eine direkte Verbindung zwischen Schauspielern und Zuschauern herstellen. Im „Theater der Aktion" sollte der Zuschauer mitten im Theatersaal sitzen und von allen Seiten bespielt werden. Auch für die VR-Brille gibt es ein solches Beispiel: In seiner Kurzgeschichte „Pygmalions Brille" aus dem Jahr 1935 beschreibt der amerikanische Autor Stanley G. Weinbaum eine Brille, die folgendes Erlebnis ermöglicht: „... einen Film, der einem Bilder und Klänge beschert, [...], Geschmack, Geruch und Tastempfindungen. [...] Du bist drin in der Geschichte, du sprichst zu den Schatten und sie antworten, anstatt auf einer Leinwand findet die Geschichte überall um dich herum statt und du bist mittendrin." Vielen bekannt ist auch das Holodeck, das die Protagonisten der 1987 erstmals ausgestrahlten Fernsehserie Star Trek – The Next Generation besuchen, um in einem virtuellen Raum eine auf ihre Bedürfnisse zugeschnittene Wirklichkeit zu erleben. Auch der 1999 erschienene Film „Matrix" und dessen Fortsetzungen sorgten dafür, dass das Thema „Virtuelle Realität" an Popularität gewann. In diesen Filmen versucht eine Untergrundbewegung, die versklavte Menschheit aus der von künstlichen Maschinen geschaffenen virtuellen Realität, der Matrix, zu befreien. Die technische Realisation der Grundidee einer virtuellen Realität nahm im 19. Jahrhundert ihren Anfang. Lebensgroße 360-Grad-Panoramabilder wurden gemalt, bei deren Betrachtung die Illusion entstand, dass man sich inmitten von historischen Begebenheiten oder architektonischen Sehenswürdigkeiten befindet. 1838 veröffentlichte der britische Physiker Charles Wheatstone Zeichnungen zu einem Stereoskop. Dieser Apparat vermittelte durch zwei nebeneinander platzierte zweidimensionale Bilder den Eindruck des räumlichen Sehens, also eines dreidimensionalen Bildes. Der Schotte David Brewster stellte 1849 eine Zweiobjektivkamera vor, die stereoskopische Fotoaufnahmen ermöglichte. Rund hundert Jahre später, 1939, präsentierte William Gruber seinen „View-Master", eine stereoskopische Brille, die anhand von dreidimensionalen Ansichtskarten virtuellen Tourismus ermöglichte. Prinzipiell basieren die meisten heutigen Video- und VR-Brillen auf dem Prinzip des stereoskopischen Sehens.

1962 ließ sich VR-Pionier Morton Heilig das „Sensorama" patentieren, das dem Betrachter neben dem Sehen noch weitere Sinneseindrücke vermittelte. Mit dem „Sensorama" ließ sich nicht nur ein 3D-Film über eine Motorradfahrt anschauen, gleichzeitig ruckelte auch der Sitz, wehte ein künstlicher Wind und roch es nach Straße. Aus Kostengründen konnte sich die Erfindung aber nie durchsetzen. 1979 fuhren Autos mit Kameras auf dem Dach durch die Stadt Aspen im amerikanischen Bundesstaat Colorado. Ihr Auftrag: Alle Straßen aufnehmen für einen interaktiven Film über die Stadt. So entstand ein animiertes 3D-Modell der Stadt mit Gebäuden und Plätzen, zu denen zusätzliche Informationen in Bild, Ton und Text abgerufen werden konnten. Betrachter konnten also in bewegten Bildern Aspen erkunden und die Route nach Belieben wählen. Diese Aktion erinnert an das heutige Google Street View.

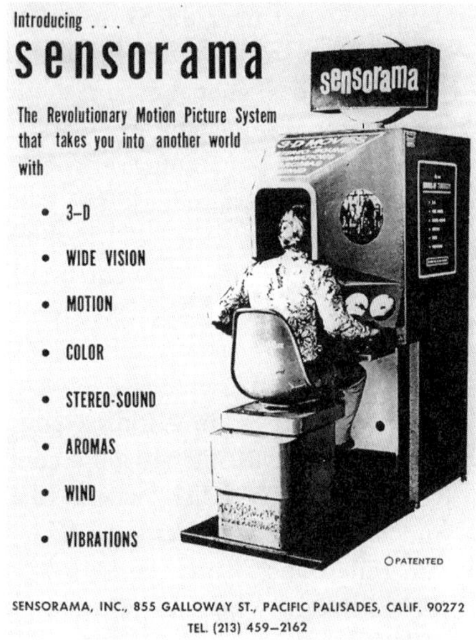

Auch in Militärkreisen gab es bereits seit 1960 erste VR-Brillen, die die Kopfbewegungen des Nutzers erfassten, um so die Betrachtung von größeren virtuellen Räumen und Landschaften zu ermöglichen. Später entwickelte man daraus Flugsimulatoren, zum Beispiel das Simulationssystem SIMNET, das bis in die 1990er-Jahre zum Training von Kampfpiloten eingesetzt wurde.

In den 1970er-Jahren wurde VR auch für die breite Masse zunehmend interessant: In den USA wurden vor allem in Spielhallen die ersten Arcade-Spielautomaten aufgestellt. Diese Automaten mit Münzeinwurf verfügten beispielsweise über ein Lenkrad, ein Schnellfeuergewehr oder ein Skateboard, sodass sich die Spiele realitätsnäher steuern ließen. Mit den sogenannten Homecomputern hielten Videospiele in den 1980er-Jahren auch Einzug in Privathaushalte. In den 1990ern entstanden dann Spielekonsolen, die sich die Vorspiegelung von virtueller Realität explizit zum Ziel gesetzt hatten. Hier sind der SEGA VR und der Nintendo Virtual Boy zu nennen. Aufgrund von grafischen Unzulänglichkeiten und fehlenden Verkaufserlösen wurden diese Projekte beendet. Doch im neuen Jahrtausend schnellten die Verkaufszahlen nach oben. Bis heute wurden weltweit über 1 Milliarde Spielekonsolen von verschiedenen Herstellern verkauft, die sich mit teilweise sehr hochpreisigen VR-Brillen und den dazugehörigen VR-Spielen aufrüsten lassen.

Virtuelle Realität hat heutzutage eine hohe wirtschaftliche und gesellschaftliche Bedeutung, die sich in Bildung und Ausbildung, im technischen Bereich, in der Konsumwelt sowie in der Spiele- und Unterhaltungsindustrie widerspiegelt. Allerdings kann die Erfahrung des Eintauchens in die virtuelle Realität nicht nur bereichernd, sondern zugleich auch verstörend wirken. Nach einer längeren Nutzung von Formen der virtuellen Realität kann es schwierig sein, sich wieder in der „echten“ Wirklichkeit zurechtzufinden, manche Menschen zeigen sogar körperliche Reaktionen wie Schwindel und Übelkeit.

Angesichts des Engagements zahlreicher Wissenschaftler und vieler großer Konzerne dürfte eines sicher sein: Die Geschichte der virtuellen Realität wird weitergehen.

Quelle: eigene Zusammenstellung nach: https://www.lmz-bw.de/medien-und-bildung/medienwissen/virtual-und-augmented-reality/ geschichte-der-virtuellen-realitaet/, (29. 09. 2020); https://www.androidpit.de/geschichte-der-virtuellen-realitaet (29. 09. 2020), https://wirtschaftslexikon.gabler.de/definition/virtuelle-realitaet-54243 (29. 09. 2020)

1. Stelle Text 1 und sein zentrales Thema kurz vor. 2 P.

2. Erkläre mit eigenen Worten mithilfe von Text 1 den Begriff „Virtuelle Realität“. 2 P.

4 P. 3. Stelle die geschichtliche Entwicklung der virtuellen Realität in den angegebenen Anwendungsbereichen dar. Trage hierfür jeweils zwei Beispiele mit den entsprechenden Jahreszahlen in die Spalten der Tabelle ein.

Anwendungs-bereich	Beispiel 1	Jahr	Beispiel 2	Jahr
Literatur				
Interaktive Simulatoren von Szenen aus der Wirklichkeit				
Militär				
Unterhaltungs-industrie				

2 P. 4. Der längere Aufenthalt in virtuellen Welten kann laut Text 1 auch mit negativen Auswirkungen verbunden sein. Nenne zwei Beispiele.

Text 2

Das Höhlengleichnis von Platon

Das Höhlengleichnis ist eines der bekanntesten Gleichnisse der antiken Philosophie. Es stammt von dem griechischen Philosophen Platon (428/427–348/347 v. Chr.). Es verdeutlicht den Sinn und die Notwendigkeit von Bildung als Weg zur Wahrheit und Befreiung aus der Gefangenschaft der Unwissenheit.

Im Höhlengleichnis sitzen Menschen von Geburt an gefesselt in einer dunklen Höhle. Sie kennen die Welt draußen – außerhalb der Höhle – nicht.
Die Menschen sitzen alle mit dem Rücken zum Höhlenausgang und starren auf die Wand vor sich. Hinter ihnen flackert ein Feuer. Dieses Feuer wirft Schatten auf die Wand, vor der sie sitzen. Es sind Schatten von Menschen, die draußen am Höhleneingang vorbeigehen.
Da die Leute in der Höhle nicht wissen, dass draußen echte Menschen an ihrer Höhle vorbeigehen, denken sie, dass die Schatten vor ihnen an der Wand die Wirklichkeit sind. Sie kennen nichts anderes als die Schatten und deswegen glauben sie, dass diese Schatten alles sind, was es auf der Welt gibt. Sie wetteifern darum, wer die Schatten am besten erkennen und benennen kann. Sie ehren die, die besonders präzise im Erkennen der Schatten sind. Dabei wissen sie gar nicht, dass ihre Ehrungen völlig sinnlos sind, weil alles nur Schatten sind und nichts davon wirklich wahr.
Nun gibt es einen Menschen, der plötzlich merkt, was los ist. Er erkennt, dass es unsinnig ist, gefesselt in einer dunklen Höhle zu sitzen, sein Leben lang nur Schatten anzugucken und dann noch zu glauben, dass sei alles, was es gibt.
Also steht dieser Mensch auf, guckt sich um und sucht den Ausgang aus der Höhle. Aber weil er so lange gefesselt dagesessen hat, ist sein Körper ganz steif geworden und jede ungewohnte Bewegung tut ihm weh. Dazu kommt das Licht des Feuers, das ihn blendet, weil er noch nie Licht gesehen hat. Noch schlimmer werden die Schmerzen, als er sich bei seinem Weg nach draußen immer mehr dem Tageslicht – der Sonne – nähert, weil das Licht viel zu grell für seine Augen ist.
Obwohl das alles eine ziemliche Strapaze für ihn ist, kämpft er sich nach draußen und ist dort zunächst sehr erschrocken und verwirrt darüber, was er sieht. All das konnte er sich ja vorher in der Höhle noch nicht mal im Entferntesten vorstellen. Anfangs hat er große Schwierigkeiten, mit der wirklichen Welt draußen klarzukommen.
Als er aber begriffen hat, wie viel besser und spannender es draußen ist als in der dunklen Höhle, da fangen ihm seine früheren Freunde in der Höhle an leidzutun. Schließlich wissen sie gar nicht, was sie in der Wirklichkeit verpassen und führen so ein langweiliges, trauriges Leben. Er möchte ihnen unbedingt von der Welt außerhalb der Höhle berichten.
Als er aber wieder unten in der Höhle ist und seinen Freunden erzählen will, was draußen los ist, glauben sie ihm natürlich nicht. Sie halten ihn für einen Spinner, der völlig verrückte Dinge erzählt. Sie finden auch, dass er arrogant auftritt, weil er ihre Welt, ihre Schatten, nicht mehr ernst nimmt. Die Schatten sind aber ihre ganze Welt und die wollen sie sich nicht von irgendjemandem schlechtreden lassen.
Außerdem haben sie Angst vor dem, was passiert, wenn sie tatsächlich ihre Fesseln lösen und aus der Höhle herausgehen. Sie haben Angst vor den Schmerzen und dem damit verbundenen Stress. Und schließlich wissen sie ja nicht, was sie draußen erwartet. Das jagt ihnen zusätzlich Angst ein. Deswegen wollen sie lieber nichts verändern und in der Höhle bleiben – nach dem Prinzip – „was man hat, das hat man." Und ihre Höhle kennen sie wenigstens.

Trotzdem stört sie das Gerede von dem einen. Denn wenn einer behauptet, dass es etwas viel Besseres gibt als das, was man hat, dann kann man es gar nicht mehr richtig genießen. Man muss sich ja dauernd fragen, ob der andere nicht recht hat und man nicht vielleicht doch draußen was verpasst. Aber dann müsste man ja doch so mutig sein rauszugehen. Die Leute in der Höhle aber sind so träge, dass sie es einfach nicht schaffen.

Der eine, der ihnen von der Welt da draußen erzählt hatte, der nervt sie jetzt. Er erinnert sie ständig daran, dass sie sich nicht trauen rauszugehen. Und daran, dass ihre Welt, mit der sie bisher doch so zufrieden waren, vielleicht wirklich blöd ist. Deswegen fangen die Leute in der Höhle an, diesen einen, der all die Geschichten von draußen erzählt, zu hassen. Sie wollen ihn weghaben, damit sie wieder ihre Ruhe haben. Egal, ob es stimmt, was er gesagt hat, oder nicht. Deswegen bringen sie ihn um.

Quelle: Höhlengleichnis (frei nacherzählt); aus: Plath, Maike: Biografisches Theater in der Schule. Mit Jugendlichen inszenieren: Darstellendes Spiel in der Sekundarstufe. Weinheim/Basel 2009, S. 154 f.

2 P. 5. Begründe, warum Platons „Höhlengleichnis“ zu einem der ersten Texte zum Thema „Virtuelle Realität“ gezählt wird.

2 P. 6. Zwar gilt das „Höhlengleichnis“ als einer der ersten Texte zum Thema „virtuelle Realität“; allerdings unterscheidet sich die „virtuelle Realität“ der Höhlenbewohner in Platons Gleichnis in einigen Aspekten von unserer heutigen „virtuellen Realität“. Beschreibe die Unterschiede.

7. Ein Gleichnis kann folgendermaßen erklärt werden: 2 P.

Ein Gleichnis ist eine kurze bildhafte Erzählung. Durch ein anschauliches Bild wird eine Lebenseinstellung/Lebensweise dem Leser verständlich gemacht. Der Leser soll sich in der Erzählung selbst entdecken können und angeregt werden, seine eigene Situation zu überdenken bzw. zu verändern.

Erkläre, welche Lebenseinstellung/Lebensweise Platon durch sein „Höhlengleichnis“ (Text 2) bei den Menschen verändern möchte.

Wahlteil A

Du bist Mitglied des Science-Fiction-Clubs an deiner Schule. Bei euren Clubtreffen tauscht ihr Science-Fiction-Bücher aus und schaut euch gemeinsam Filme an. Mit einem Blog auf eurer Website versucht ihr, andere Schülerinnen und Schüler für euren Club zu begeistern.

Bei deinen Recherchen für einen neuen Blogeintrag stößt du auf die Erzählung „Pygmalions Brille", die dich inspiriert und die du daher vorstellen möchtest.

Du verfasst auf Grundlage dieser Erzählung einen informierend-appellierenden Blogeintrag mit der Überschrift „Science-Fiction – die Brille für den Blick in die Zukunft".

Text 3 A

Pygmalions Brille
Von Stanley G. Weinbaum

Schriftsteller sehen häufig technologische Entwicklungen voraus, lange, bevor sie tatsächlich erfunden werden. Auch für Virtual Reality gibt es ein solches Beispiel. In seiner Erzählung „Pygmalions Brille" aus dem Jahr 1935 beschreibt der amerikanische Science-Fiction-Autor Stanley G. Weinbaum eine Brille, die das Eintauchen in virtuelle Welten ermöglicht.

„Aber was ist Wirklichkeit?" fragte der zwergenhafte Mann. Er deutete auf die hohen Gebäudereihen, die den Central Park[1] umgaben. Ihre unzähligen Fenster glühten wie die Höhlenfeuer einer Stadt von Steinzeitmenschen. „Alles ist Traum, alles ist Illusion. Ich bin Ihre Illusion ebenso, wie Sie die meine sind."

Dan Burke kämpfte sich durch den Alkoholnebel zur Klarheit des Gedankens durch und schaute verständnislos seinen kleinen Gefährten an. Allmählich bedauerte er den Impuls, der ihn getrieben hatte, die Party zu verlassen und frische Luft im Park zu schnappen.

„Sie trinken", sagte das bärtige Koboldgesicht, „um der Wirklichkeit zu entkommen, und die Ironie ist die, dass sogar die Wirklichkeit ein Traum ist." Dan schaute ihn verständnislos an.

„Ich bin Albert Ludwig, Professor Ludwig. Das sagt Ihnen wohl nichts, eh? Angenommen nun, ich könnte Ihnen einen eigenen Traum erschaffen. Ich füge diesem Traum Geschmack, Geruch, sogar eine Berührung hinzu. Angenommen, ich mache ihn so, dass Sie selbst im Traum wirklich sind, dass Sie mit den Figuren im Traum sprechen können, dass diese Ihnen antworten, dass die Geschichte um Sie herum ist, und Sie sind mitten drinnen. Würde das einen Traum zur Wirklichkeit werden lassen?"

„Wie, zum Teufel, wollen Sie das machen?"

„Wie? Aber das ist doch einfach! Erst mein flüssiges Positiv, dann meine magische Brille. Ich fotografiere eine Geschichte in einer Flüssigkeit mit lichtempfindlichen Chromaten. Ich verwende dazu eine sehr komplizierte Lösung, verstehen Sie? Chemisch füge ich Geschmack hinzu, den Ton elektrisch. Wenn dann die Geschichte aufgenommen ist, dann bringe ich die Lösung in meine Brille, meinen Film-Projektor. Ich elektrolysiere die Lösung, die Geschichte, das Bild, den Ton, den Geschmack, den Geruch – alles!"

1 *Central Park: Stadtpark im Zentrum New York Citys*

„Und die Berührung?“ fragte Dan.

„Wenn Ihr Interesse geweckt ist, steuert die Ihr Geist bei.“ Ludwig wurde immer eifriger. „Sie werden sich das einmal ansehen wollen, Mr. Burke?“

„Warum nicht?“ knurrte Dan. Ein sonderbarer alter Mann, dachte er, als er ihm durch den Park folgte und mit ihm eines der Wohnhotels in der Umgebung betrat.

In seinem Zimmer kramte Ludwig in einer großen Tasche herum und brachte ein Gerät zum Vorschein, das vage an eine Gasmaske erinnerte. Es hatte Brillengläser und ein Gummistück; Dan besah es sich neugierig, während der kleine bärtige Professor eine Flasche mit wasserklarer Flüssigkeit brachte.

„Das ist es!“ Er strahlte. „Mein flüssiges Positiv, die Geschichte. Harte Fotografie, höllisch hart! Deshalb auch die einfachste Geschichte. Eine Utopie[2] – nur zwei Personen und Sie, der Zuschauer. Nun, setzen Sie die Brille auf.“ Er goss etwas von der Flüssigkeit in die Maske und führte einen gedrehten Draht zu einem Gerät auf dem Tisch. „Das ist ein Gleichrichter“, erklärte er, „für die Elektrolyse. Aber jetzt beginne ich. Jetzt!“

Erst gab es einen chaotischen Moment. Die Flüssigkeit vor Dans Augen wurde zu weißen Wolken und undefinierbare Geräusche summten. Er machte schon eine Bewegung, um das Gerät vom Kopf abzunehmen, aber aus dem Nebel traten Formen hervor, die sein Interesse fingen. Die Szene beruhigte sich. Das Weiß verging wie Nebel im Sommer. Noch ungläubig griff er nach den Armstützen des unsichtbaren Stuhls und starrte auf einen Wald. Aber welch ein Wald! Unglaublich, unirdisch, wunderbar schön! Schlanke, glatte Stämme reckten sich einem heller werdenden Himmel entgegen. Und Vögel gab es, das heißt, es war jedenfalls Pfeifen und Zwitschern wie im Märchen um ihn herum, wenn er auch keine Kreaturen sah. Einen Moment lang vergaß er den Stuhl, dessen Armlehnen er umklammerte, das billige Hotel, dessen bescheidener Raum für ihn unsichtbar war, den alten Ludwig, seinen schmerzenden Kopf.

Etwas näherte sich. Er beobachtete eine Gestalt, während sie sich bewegte, einmal hinter dem Grün verschwand, dann wieder auftauchte. Bald erkannte er, dass es eine menschliche Gestalt war, doch erst als die Gestalt unmittelbar vor ihm stand, sah er, dass es ein Mädchen war. „Wer bist du?“ fragte er. „Ich heiße Galatea“, sagte sie, „und ich bin gekommen, um dich zu finden.“ „Mich zu finden?“ „Komm!“, forderte sie ihn lächelnd auf.

Dan berührte ihre Hand und spürte, ohne darüber erstaunt zu sein, die lebendige Wärme ihrer Finger. Er hatte ganz vergessen, wie paradox Illusion im Grunde ist. Dies war für ihn keine Illusion mehr, sondern reine Wirklichkeit. Er sah das Mädchen an, sah Galateas glänzendes schwarzes Haar, ihre Augen, ihre weiche, weiße Haut, und dann versuchte er für einen tragischen Moment, die Armstützen des billigen Hotelsessels unter seinen Händen zu fühlen – es gelang ihm nicht. „Komm, ich will dir mein Land zeigen!“ Sie lief einen Bach entlang voran, und Dan folgte ihr zögernd.

Das war ein Tag! An jeder Bachbiegung, die sie passierten, bot sich eine neue schöne Aussicht. Jeder Augenblick war eine Köstlichkeit. Sie redeten, oder sie schwiegen, waren sie durstig, dann war der Bach da, waren sie hungrig, so brauchten sie nur Früchte zu pflücken. Und wenn sie müde waren, gab es immer einen tiefen Teich, in dem sie ausgiebig schwammen, und ein moosiges Ufer, an dem sie ihre Körper trockneten. Waren sie ausgeruht, winkte neue Schönheit. Galatea band ihm aus Blüten einen Kranz für den Kopf. So vergingen die Tage in süßem Miteinander.

Doch irgendwann bemerkte Dan eine feine Veränderung in der ihn umgebenden Welt; die Umrisse waren verwischt, die Melodie der Blumen weniger ausgeprägt, die Landschaft etwas unstabil wie Rauch, wenn er sie nicht direkt und fest ansah. Galatea deutete auf die rote aufgehende Sonne. „So kurze Zeit, bis du wieder in deine eigene Welt zurück-

2 *Utopie, die: Etwas, das in der Vorstellung von Menschen existiert, aber (noch) nicht Wirklichkeit ist.*

kehrst", sagte sie. „Ich werde sehr, sehr traurig sein." Sie berührte seine Wange mit ihren Fingerspitzen. „Angenommen, ich gehe nicht", sagte Dan mit heiserer Stimme. „Was dann, wenn ich nicht gehen will? Und ich will nicht gehen! Ich werde bleiben! Ich liebe Dich, Galatea", sagte er.

„Und ich dich", flüsterte sie.

Plötzlich hüllte ihn ein Gefühl unendlicher Enttäuschung ein, als er ein dunkles Fenster mitten in der Luft erblickte. Es war das Fenster des Hotelzimmers. Seine Hände klammerten sich an etwas Glattes und Hartes – die Armstützen des billigen Hotelsessels. Noch einmal sah er sie nahe vor sich – Galatea mit sorgenvollem Gesicht und tränennassen Augen.

Er strengte sich gewaltig an, um aufzustehen, stand auch und stürzte dann in einem Schauer sprühenden Lichtes zu Boden. Er kämpfte sich auf die Knie; Wände schlossen ihn ein – Ludwigs Hotelzimmer. Er musste aus dem Sessel gerutscht sein. Die magische Brille lag vor ihm, eine Linse war zerbrochen, und eine Flüssigkeit lief aus, die nicht mehr wasserklar, sondern milchig war.

Sein Kopf schmerzte entsetzlich, er fühlte sich erschüttert, krank, erschöpft, trostlos. Es war ein trübseliges, abstoßendes Zimmer. Er wollte hinaus. Automatisch sah er auf seine Uhr: vier Uhr – fast fünf Stunden musste er hier gesessen haben. Zum ersten Mal bemerkte er, dass Ludwig nicht da war. Er war froh darüber und lief hinaus zum Lift.

Was für eine Vision, dachte er. Noch schlimmer: Verliebt in eine Vision, verliebt in ein Mädchen, das nie gelebt hatte, in einem Land, das buchstäblich nirgendwo war!

Quelle (bearbeitet und gekürzt): Weinbaum, Stanley G.: Pygmalions Brille (1935); aus: Die besten Stories von Stanley G. Weinbaum. Ein Playboy Taschenbuch. Aus dem Amerikanischen von Leni Sobez. München 1974, S. 171–196.

Bearbeite die folgenden Aufgaben in einem zusammenhängenden Text. Zähle abschließend die von dir geschriebenen Wörter.

1 P. a) Erkläre zunächst kurz den Anlass für deinen Blogeintrag.

3 P. b) Stelle dann die Erzählung „Pygmalions Brille" vor, indem du den Inhalt kurz zusammenfasst.

1 P. c) Die Hauptperson in Weinbergs Kurzgeschichte entscheidet sich, dem ihr unbekannten grauen Mann zu folgen und die VR-Brille zu nutzen. Nenne mögliche Gründe für ihre Entscheidung.

2 P. d) Die Erzählung „Pygmalions Brille" stammt aus dem Jahr 1935. Beschreibe, wie sich der Autor das Eintauchen in eine virtuelle Welt vorstellt. Vergleiche diese Vorstellung mit unseren heutigen technischen Möglichkeiten (Text 1). Nenne Gemeinsamkeiten und Unterschiede.

3 P. e) Stell dir vor, Pygmalions Brille wäre Realität. Nenne einen Grund, der für die Benutzung einer solchen Brille spricht, und einen, der dagegenspricht. Begründe auch, ob du persönlich eine solche Brille nutzen würdest.

2 P. f) Begründe in einem abrundenden Schluss, warum die Erzählung „Pygmalions Brille" ein besonders passendes Beispiel für deinen Blogbeitrag mit der gewählten Überschrift „Science-Fiction – die Brille für den Blick in die Zukunft" darstellt. Formuliere auf dieser Grundlage einen abschließenden Appell an die Leser deines Blogs für den Beitritt in den Science-Fiction-Club.

Anzahl der geschriebenen Wörter in WAHLTEIL A	

Wahlteil B

Du bist Mitglied des Clubs „Digitale Medien“ an deiner Schule. Bei euren Clubtreffen informiert ihr euch gegenseitig über die aktuellen digitalen Techniken und probiert deren Möglichkeiten aus. Hierbei erfährst du durch den Text „Virtuelle Realität – Überwältigungstechnik oder wertvoller Einsatz moderner Medien?“ von den Chancen und Grenzen der Technik der „Virtuellen Realität“ an Schulen.

Da du fasziniert bist von den Möglichkeiten, die sich daraus für die Gestaltung des Unterrichts ergeben, setzt du dich bei deiner Schulleitung für die Anschaffung von VR-Brillen und weiterer notwendiger Technik ein. Dazu verfasst du eine informierend-appellierende E-Mail, in der du deine Schulleitung auch zu begeistern versuchst.

Text 3 B

Virtuelle Realität – „Überwältigungstechnik“ oder wertvoller Einsatz moderner Medien?

„Die Milchstraße!“, ruft Max. – „Cool“, tönt es aus der Runde. Gut 20 Schülerinnen und Schüler blicken durch VR-Brillen und sehen das Weltall mit unzähligen Lichtpunkten. Wer den Kopf nach links bewegt, der entdeckt den Mond. Den Kopf nach rechts drehen – und die Erdkugel taucht auf, riesengroß, in 3-D. Man kann sich umsehen, die Brille passt das Bild an, auch der Ton wandert im Raum mit. Man taucht komplett in eine neue Welt ein und vergisst seine reale Umgebung. „Immersion“ nennt man diesen Effekt, den man Außenstehenden kaum erklären kann. Aber wer einmal eine VR-Brille trägt, versteht sofort, was Immersion bedeutet. Mithilfe von Virtual Reality können Schülerinnen und Schüler entfernte Orte besuchen, vergangene Epochen wie die des Römischen Reiches erkunden oder auf völlig neue Weise Informationen über das menschliche Herz oder Vulkane erfahren. Virtual Reality erlaubt es den Lehrenden, ihre Schülerinnen und Schüler in unbekannte Welten und an von ihnen noch nie gesehene Orte mitzunehmen, ohne den Klassenraum zu verlassen. Möglich wird das mit sogenannten VR-Apps. Meistens braucht es nur ein Tablet, mehrere Smartphones und sogenannte Cardboards – kostengünstige VR-Brillen aus Pappe, in die die Smartphones gesteckt werden.

Im schulischen Bereich stellt sich allerdings die Frage, in welchem Umfang sich VR-Brillen medienpädagogisch vorteilhaft einsetzen lassen und wo ihre Grenzen liegen – oder gar ihre Gefahren. In der Oberschule „Maxim Gorki“ im sächsischen Frohburg wurden bereits Erfahrungen mit VR-Brillen gemacht. Vor rund zwei Jahren nutzte der Geografielehrer Michael Kunig im Rahmen einer Medienprojektwoche ein Angebot von der Stiftung Lesen und Google, die kostenlos Tablets, Smartphones und Cardboards zur Verfügung stellten. Zu Beginn der Projektwoche warnte Kunig die Jugendlichen: „Bleibt sitzen! Wenn ihr mit der Brille herumlauft, könnte euch übel werden, weil eure Sinnesorgane verrücktspielen.“ Das hatte auch Emily. „Mir wurde fast schwindlig, weil man im Weltall so tief heruntergucken kann“, sagt die Fünfzehnjährige. Wenn die Klasse unruhig wird, dann tippt Kunig auf das Tablet und man sieht durch das Cardboard das Wort „Pause“. „Damit sich eure Augen erholen“, sagt er, „und damit ihr merkt, dass ihr immer noch im Klassenzimmer seid.“ Kunig sieht VR-Technik vor allem als Motivationshilfe und als Bereicherung für den Unterricht. Kinder und Jugendliche könnten dadurch für Inhalte begeistert werden, die sie sonst langweilig fänden. Wenn die Schülerinnen und Schüler „selbst etwas erkunden, bleibt es länger und fester im Gedächtnis, so wie eine richtige Reise“. Der Pädagoge schränkt allerdings ein, die virtuelle Reise dürfe „maximal zehn Minuten am Stück“ dauern und „nur eine Ergänzung des Unterrichts sein.“ Die Cardboards blieben auch nach der Projektwoche an der Schule, allerdings ohne Smartphones. Das stelle die Klasse vor Probleme, sagt Kunig. Denn zwar hätte jeder Schüler ein Smartphone, aber nicht jedes sei VR-fähig. Einige aus der Klasse würden damit zukünftig ausgeschlossen.

Und wie beurteilen Medienpädagogen das Angebot? „Innovation im Unterricht ist immer gut“, erklärt Professor Stefan Aufenanger von der Universität Mainz. Unterrichtsprojekte mit virtueller Realität könnten „der Veranschaulichung und der Motivierung dienen“. Aufenanger betont: „Wir wissen aber noch zu wenig, ob sie insgesamt eine gute Lernhilfe sind.“ Ablehnend äußert sich Ralf Lankau, Professor für Mediengestaltung und Medientheorie an der Hochschule Offenburg. Er spricht von „Überwältigungstechnik“ und „Sedierungsmedien“. Wer sich die VR-Bilder anschaue, müsse sich „nichts mehr selbst vorstellen“. Jeder bleibe „visuell und haptisch[3] in seiner isolierten Welt“. Lankau kritisiert zudem: „Dass die Stiftung Lesen das Projekt finanziert, ist ein Widerspruch in sich.“ Denn Lesen solle dazu anleiten, eigene Vorstellungswelten zu entwickeln. Lankau weiter: „Virtuelle Realität verführt zum Konsum vorgefertigter digitaler Welten.“

Die Stiftung Lesen und Google Germany widersprechen: Die Verwendung ihrer virtuellen Erkundungen (Google-Expeditions) sei „für Kinder ab sieben Jahren empfohlen“, und zwar „in Rücksprache mit Bildungsexperten, Medienpädagogen und Ärzten“, sagt Google-Pressesprecher Ralf Bremer. Entscheidend sei, dass VR-Lerninhalte „sinnvoll und mit entsprechenden Pausen“ in den Unterricht eingebunden werden. „Wir sehen Virtual-Reality-Anwendungen nicht als Ersatz für räumliches Erleben oder reale Klassenausflüge“, stellt Bremer klar. „Der souveräne Umgang mit Medien gehört zu den grundlegenden Fähigkeiten in einer vernetzten Gesellschaft. Kinder und Jugendliche sollen befähigt werden, das Potenzial von Apps und sozialen Medien selbstbewusst und reflektiert auszuschöpfen“, so Sabine Uehlein, Geschäftsführerin der Stiftung Lesen.

Wolfgang Antritter von der Arbeitsgemeinschaft Jugendliteratur und Medien der GEW (AJuM) erinnert an die Kosten, die mit dem Einsatz von VR verbunden sind: „Auch die Karton-Version der Google-Brille setzt leistungsfähige Geräte voraus, die von Kindern aus benachteiligten Familien besondere Opfer abverlangen.“ Zudem vermutet Antritter, dass es Google darum gehe, „schon im Grundschulalter eine Markenbindung bei den Kindern zu erzeugen“. In den USA wird der kostengünstige Google-Laptop „Chromebook“ mit kostenloser Lernsoftware gezielt an Schulen verkauft. Google-Sprecher Bremer weist diese Kritik zurück. VR im Unterricht setze „keine Vollausstattung der Klassen mit geeigneter Technik voraus“. Schülerinnen und Schüler könnten zudem eigene Smartphones nutzen (BYOD – „Bring your own device“). Google arbeite zudem mit öffentlichen Bibliotheken zusammen. Einzelne Bibliotheken, sagt Bremer, „bieten den Verleih der Hardware an Schulen an“. Er betont ferner, dass Google nicht das Ziel der Markenbindung verfolge. VR-Brillen seien „von unterschiedlichen Herstellern verfügbar“, ebenso die genutzten Smartphones und Tablets. Und er verweist auf die vielen Partner: „Die einzelnen Expeditionen werden in Kooperation mit Museen, Bildungs- und Wissenschaftseinrichtungen erstellt.“

Eva Dietrich vom Landesfilmdienst Sachsen sieht durchaus Potenzial beim

3 *das Tasten/den Tastsinn betreffend, hier: Erfahrungen mithilfe des Tastsinns*

Einsatz von VR-Technik im Unterricht. Unterschiedliche Lernmethoden sprächen unterschiedliche Sinneskanäle und Lerntypen an, was sich laut Studien positiv auf das Lernen auswirkt. Wichtig sei aber, so Dietrich, wie eine solche Technik in den Unterricht eingebettet sei und wie die Beteiligten damit umgingen. Allerdings müssten noch viele Lehrkräfte erst einmal für diesen Bereich fortgebildet werden. Dietrich äußert zudem Bedenken beim Thema Datenschutz. Generell befürchten viele Datenschützer, dass Firmen wie Google die gesammelten Daten nutzen, um den Unterricht und damit den lukrativen Bildungsmarkt zu erobern.

Ein Beispiel, wie VR sehr praxisnah für die Berufsorientierung an Schulen genutzt werden kann, ist das Angebot „Dein erster Tag". Eine private Agentur bietet 360-Grad-Videos zu zahlreichen Berufsfeldern an, die einen virtuellen Einblick in diverse Ausbildungsplätze bieten. Diese Videos sind in Zusammenarbeit mit großen Arbeitgebern entstanden, die in einem schwieriger werdenden Ausbildungsmarkt um geeignete Auszubildende werben. Schulen können sich auf Anfrage kostenlos eine Medienbox zuschicken lassen, in denen in Klassenstärke VR-Brillen, Kopfhörer und Smartphones mit den dazugehörigen VR-Videos enthalten sind. Das Ganze funktioniert also auch ohne Internetanbindung.

Natürlich ist auch die Virtuelle Realität als neues Medium nicht frei von Problemen und sogar Gefahren. Das „Sich-Verlieren" in der VR könnte zum Problem werden: In der virtuellen Realität gelangt man schnell in den Zustand höchster Konzentration, aber auch völliger Versunkenheit. Natürlich kann man im Unterricht die VR-Brille jederzeit abnehmen und so den Kontakt in die „echte Welt" wiederherstellen. Es ist aber zu befürchten, dass die jetzt möglich gewordene Immersion von den Jugendlichen auch privat verstärkt genutzt wird, und zwar so sehr, dass sie die reale Welt hintenanstellen und derart „versinken", dass sie reale soziale Kontakte abbrechen. Im schulischen Bereich ist das jedoch nicht unbedingt zu erwarten, da man als Schüler ja immer unter Beobachtung des Lehrers und eventuell auch der Mitschülerinnen und Mitschüler steht.

Quellen (bearbeitet): Matthias Holland-Letz: Streit um Virtual Reality im Unterricht, GEW vom 11. 05. 2018, https://www.gew.de/aktuelles/detailseite/neuigkeiten/streit-um-virtual-reality-im-unterricht/ (Zeilen 1–9, 49–63, 84–166); https://service.zeit.de/schule/digitalisierung/virtual-reality-fuer-den-unterricht/ (29. 09. 2020); https://www.derlehrerclub.de/aktuelles/sekundarstufe/expeditions (29. 09. 2020); https://www.deinerstertag.de/ (29. 09. 2020)

Statistik

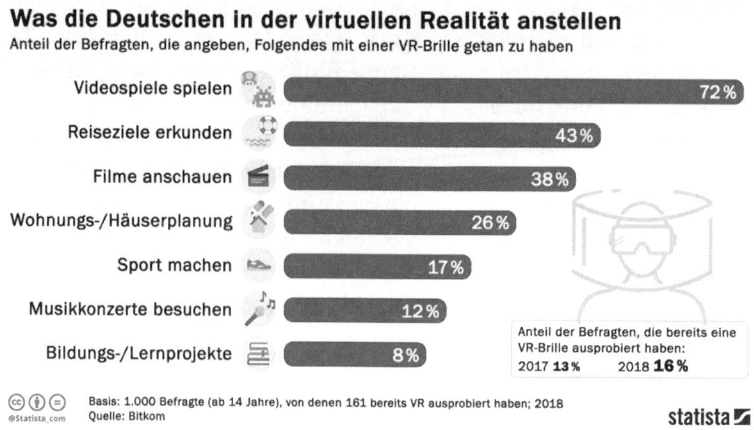

Quelle: Patrick Wagner: Was die Deutschen in der virtuellen Realität anstellen, Statista vom 04. 07. 2018, https://de.statista.com/infografik/14533/aktivitaeten-in-der-virtual-reality/, CC BY-ND 4.0

Bearbeite die folgenden Aufgaben in einem zusammenhängenden Text. Zähle abschließend die von dir geschriebenen Wörter.

1 P. a) Erkläre einleitend den Anlass für deinen Text.

2 P. b) Stelle das Thema des Artikels „Virtuelle Realität – ‚Überwältigungstechnik' oder wertvoller Einsatz moderner Medien?“ (Text 3 B) kurz vor.

4 P. c) Informiere mithilfe von Text 3 B über zwei Möglichkeiten und zwei Grenzen des Einsatzes der VR-Technik im Schulalltag.

3 P. d) Im Folgenden nutzt du die vorliegende Statistik, um den Einsatz virtueller Technik im Unterricht zu rechtfertigen.

Beschreibe hierfür zunächst die Statistik und begründe dann, warum ein solcher Einsatz eine längst überfällige Maßnahme zur Digitalisierung in Schulen darstellt.

2 P. e) Erkläre abschließend, warum diese Technik der virtuellen Realität trotz aller Bedenken an deiner Schule genutzt werden könnte. Führe ein konkretes Beispiel in deinem Schulalltag an. Formuliere in einem abrundenden Schluss einen Appell für die Ausstattung deiner Schule mit VR-Technik.

Anzahl der geschriebenen Wörter in WAHLTEIL B	

Abschlussprüfung Niedersachsen 2022
Realschulabschluss / Sekundarabschluss I – Deutsch

Hauptteil 1: Hörverstehen

1. Fasse den wesentlichen Inhalt des Radiobeitrags kurz zusammen. 1 P.

____

____

____

____

____

____

____

____

____

____

____

____

2. In dem Beitrag werden verschiedene Aussagen über den Zusammenhang von Gänsehaut und Musik gemacht. 1 P.
   Kreuze die Aussagen an, die **nicht** genannt werden.
   - ☐ Durch das Musikhören wird das Belohnungssystem im Gehirn aktiviert.
   - ☐ Nur Fangesänge vor und in Stadien lösen regelmäßig Gänsehaut aus.
   - ☐ Gemeinsames Musikhören und Singen verstärken das Wir-Gefühl.
   - ☐ Je stärker das Belohnungssystem aktiviert wird, desto höher ist die Wahrscheinlichkeit von Gänsehaut.
   - ☐ Der Zusammenhang zwischen Musik und Gänsehaut lässt noch viele Fragen offen.
   - ☐ Die Schallwellen der Musik haben eine direkte Auswirkung auf Sinneszellen in der Haut.

1 P. 3. Stefan Kölsch empfindet Musik als etwas Faszinierendes und Spezielles. Nenne stichpunktartig zwei Eigenschaften oder Wirkungen von Musik, die im Beitrag erwähnt werden.

2 P. 4. Erkläre die Bedeutung von Musik für die Evolution des Menschen.

1 P. 5. In dem Beitrag werden zwei Voraussetzungen genannt, um ein guter Musiker zu werden. Erkläre stichwortartig, welche Voraussetzungen ein guter Musiker erfüllen muss.

Hörverstehenstext

Radiobeitrag

BVB-Fangesang

JO HILLER: Nicht nur für Fußballfans ein echter Gänsehautmoment. Das WDR-Funkhausorchester und Tausende Menschen im Stadion bei Borussia Dortmund spielen diese Musik. Und das ist nur ein Beispiel, was Musik bewirken kann. Sie rührt uns zu Tränen, wirkt wie ein Aufputschmittel, heitert uns auf oder überflutet uns mit Erinnerungen. Ja, Musik hat eine unglaubliche Kraft. Unser Gast heute sagt sogar, Musik ist das Faszinierendste und Interessanteste, was die Menschheit je hervorgebracht hat. Herzlich willkommen, Musikpsychologe und Hirnforscher Stefan Kölsch. Schön, dass Sie da sind!

STEFAN KÖLSCH: Vielen Dank!

JO HILLER: Sie sind auch gerade richtig mitgegangen, haben sogar lachen müssen. Ich hatte Gänsehaut. Das ist doch wirklich unglaublich. Kann man das erklären, wie überhaupt so Gänsehaut entsteht?

STEFAN KÖLSCH: Also das ist geheimnisvoll, erst mal, dass Gänsehaut tatsächlich beim Hören von Musik entsteht. Wir kennen dieses Phänomen. Wir haben als Forscher auch schon versucht, das herauszufinden, wie das eigentlich funktioniert, sind aber bisher gescheitert. Eine Gruppe um einen Neurowissenschaftler aus Kanada, Robert Zatorre, hat gefunden, dass das Belohnungssystem oder Spaß-System, wie ich das nenne, im Gehirn sehr stark durch Musik aktiviert werden kann. Und je stärker dieses Belohnungssystem aktiviert wird, desto höher ist die Wahrscheinlichkeit, dass wir Gänsehaut empfinden. Und interessanterweise ist ein Erlebnis, das irgendwie mit Gemeinschaft zu tun hat, mit anderen Menschen, mit menschlicher Begegnung, besonders gut dazu geeignet, dieses Belohnungs- und dieses Spaß-System zu aktivieren. Und deswegen auch nicht so verwunderlich, dass das bei diesem Singen in dieser großen Gemeinschaft BVB mit dem Orchester, der gemeinsamen Hymne, dem Wir-Gefühl dann dazu führt, dass beim Mitmachen und selbst beim Sehen wir sehen: Oh wow, ich hab' Gänsehaut.

JO HILLER: Ja, Sie haben das theoretisch jetzt gerade wunderbar erklärt, aber es sind natürlich immer ganz viele Emotionen und bei Ihnen auch besonders. Wie gesagt, Sie sagen, dass Musik das Faszinierendste ist. Warum fasziniert Sie die Musik so?

STEFAN KÖLSCH: Vielleicht fasziniert mich Musik auch deswegen, weil ich die auf so viele unterschiedliche Arten und Weisen interessant und faszinierend finde. Zum einen denke ich, dass das Spezielle an der Musik ist, dass sie Menschen zusammenbringen kann, dass sie Gemeinschaft stiften und tragen kann, und zwar stärker als alles andere – zumindest im Hinblick auf größere Gruppen. Menschen, die zusammen Musik machen, führen danach keinen Krieg gegeneinander zum Beispiel. Sie sagten schon, Musik kann sehr starke Emotionen in uns hervorrufen. Das interessiert mich. Ich finde es sehr spannend, dass Musik regenerativ und therapeutisch wirken kann. Ich finde es faszinierend an Musik, dass es eigentlich etwas ganz, ganz Einfaches ist – eigentlich nur ein Takt und ein paar Töne. Schon haben wir Musik, ist aber etwas ganz Einfaches. Wir haben einfach nur einen Takt geklopft, ein paar Töne einer Tonleiter. Und aus diesem ganz einfachen Grundmaterial haben es Menschen geschafft, Fugen und Sinfonien zu komponieren, die mit zum Allerkompliziertesten und Komplexesten gehört, was das menschliche Gehirn überhaupt jemals hervorgebracht hat.

JO HILLER: War denn Musik für uns Menschen schon immer wichtig?

STEFAN KÖLSCH: Ja gut, wir können natürlich nur Vermutungen darüber anstellen, was vor etlichen Zehntausenden oder gar Hunderttausenden von Jahren war. Ich habe aber eine evolutionsbiologisch-musikalische Theorie aufgestellt, die besagt, dass die Fähigkeit des Menschen, zusammen in einer Gruppe Musik zu machen – und das ist anders als bei den Papageien, den Walen usw. – dass diese Fähigkeit dazu geführt hat, dass wir kooperativ und mit sehr starkem sozialem Zusammenhalt in großen Gruppen zusammenleben können. Und das war wichtig für die Evolution des Menschen. Und ich glaube, ohne Musik hätte der Mensch es nicht durch die Evolution geschafft.

JO HILLER: Also man merkt, Sie haben sich wissenschaftlich damit auseinandergesetzt. Aber nicht nur das, denn Sie haben Musik mit Schwerpunkt Geige studiert, dann noch Soziologie und Psychologie. Sie haben in Boston, in Leipzig und in Berlin geforscht und arbeiten heute als Professor für Musikpsychologie und Biopsychologie an der Universität Bergen, Respekt! Aber dieses Musikstudium, das finde ich schon noch mal bemerkenswert. Da muss man ja schon außergewöhnlich musikalisch sein, oder? Das schafft ja nicht jeder.

STEFAN KÖLSCH: Vor allen Dingen außergewöhnlich viel üben. Studien eines Musikpsychologen namens Erikson haben gezeigt, dass jeder, der ca. 15 000–20 000 Stunden geübt hat – unter guter Anleitung – auf einem professionellen Niveau spielen kann.

JO HILLER: Jeder?

STEFAN KÖLSCH: Jeder! Das heißt nicht nur im Hinblick auf Geige übrigens, sondern auch im Hinblick auf Tennis oder Fußball, Mathematik, Schach etc.

JO HILLER: Ist ja immer die Frage, wie viel Talent und wie viel ist harte Arbeit – bei Musik jetzt.

STEFAN KÖLSCH: Ja, keiner, der in seinem Fach spitze ist, hat das geschafft, ohne viel dafür gearbeitet zu haben.

JO HILLER: Aber umgekehrt kann man wirklich sagen, jeder, der viel arbeitet und trainiert, würde Profimusiker werden können?

STEFAN KÖLSCH: Er hätte auf jeden Fall das Zeug dazu und könnte auf diesem Niveau spielen. Vielleicht ist es auch einfach wichtiger, dass uns Musik Spaß und Freude macht, oder vielleicht sogar das Musikmachen. Also beim Singen von „Happy birthday to you“, wen interessiert's da schon, ob jeder auch wirklich ganz genau den richtigen Ton singt?

JO HILLER: Da haben Sie recht!

Quelle: WDR – Planet Wissen: Die Kraft der Musik, 26. 04. 2017

Hauptteil 2: Basisteil

Text 1

Musik – Ausdruck des Menschseins

In vielen Kulturen rund um die Welt erklären Mythen, wie Musikinstrumente in die Welt kamen. Stets sind sie eine Gabe der Götter, die das Leben ungemein bereichern. In der griechischen Mythologie erfand der Götterbote Hermes am Tag seiner Geburt aus dem Panzer einer Schildkröte die Leier[1]. Deren Macht zeigte sich bald. Als Hermes seinem Halbbruder Apollon eine Rinderherde stahl und dafür zur Rede gestellt wurde, trug er ihm auf diesem Saiteninstrument ein Lied vor. Apollon – immerhin Gott der Künste – war so verzückt, dass er Hermes für das Instrument die Rinder schenkte.

Viele Wissenschaftler spüren dem Ursprung der Musik nach. Sie suchen nach Hinweisen darauf, woher diese Kunst eigentlich stammt, die für Kulturen weltweit überragende Bedeutung hat.

Die ältesten Musikinstrumente weltweit wurden auf der Schwäbischen Alb nahe Ulm entdeckt. Die Flöten sind grob 40 000 Jahre alt – stammen also ungefähr aus jener Zeit, als der moderne Mensch nach Europa kam. Gefertigt wurden die teils mehr als 20 Zentimeter langen Instrumente aus Vogelknochen oder Mammutelfenbein. Trommeln, die einfacher zu bauen sind, gab es vermutlich schon viel früher. Doch weil die meist aus Haut und Holz sind, halten sie sich – im Gegensatz zu Knochen – nicht über zehntausende Jahre.

Der Homo sapiens[2] ist mindestens 300 000 Jahre alt, in dieser Zeit hat sich sein Aussehen nur unwesentlich verändert. Deshalb kann man davon ausgehen, dass die körperliche Voraussetzung etwa zum Singen schon damals vorhanden war. Musik im engeren Sinne, als etwas Kreatives, das man wesentlich um seiner selbst willen betreibt, ist etwas spezifisch Menschliches. Wir haben als Art verschiedene Anlagen, die es uns erlauben, so etwas wie Musik zu machen. Musik kommt, ebenso wie Sprache, ausnahmslos in allen menschlichen Kulturen vor. Da es unwahrscheinlich ist, dass voneinander unabhängige Kulturen Musik jeweils neu erfunden haben, sehen Wissenschaftler darin ein starkes Indiz dafür, dass uns Musikalität angeboren ist.

Seit Jahren untersuchen Forscher, ob die heutigen Formen von Musik Grundstimmungen transportieren, die überall auf der Welt verstanden werden – quasi als universale Sprache der Gefühle.

Aufsehen erregte vor einigen Jahren eine Studie des Leipziger Forschers Thomas Fritz vom Max-Planck-Institut. Im entlegenen Norden von Kamerun spielte der Forscher den dort lebenden Mafa[3] kurze Klavierstücke vor. „Obwohl die Menschen vorher noch nie westliche Musik gehört hatten, konnten sie einige emotionale Ausdrücke erkennen", sagt Fritz. „So wurde Musik mit schnellen Tempi[4] in beiden Gruppen tendenziell als fröhlich empfunden. Für traurige und beängstigende Empfindungen war dagegen weniger das Tempo, dafür aber das Tongeschlecht maßgebend", sagt Fritz und folgert. „Es gibt Aspekte von Musik, die anscheinend universell erkannt werden."

Musik kann also starke Gefühle hervorrufen und körperliche Reaktionen auslösen. Diese reichen von Gänsehaut bis zu Veränderungen des Herzschlags, des Blutdrucks und des Hormonspiegels.

Im Gehirn gibt es wahrscheinlich spezialisierte Regionen, in denen Musik verarbeitet wird. So können manche Menschen zwar keine Töne mehr erkennen oder singen, aber trotzdem ganz normal

1 *Leier, die: antikes Saiteninstrument, gitarrenartig mit 4 bis 5 Saiten*

3 *Mafa, die: westafrikanisches, in Nigeria und Kamerun ansässiges Volk*

4 *Tempi, die: Mehrzahl von Tempo (hier: Geschwindigkeit)*

2 *Homo sapiens: lateinische Bezeichnung für Mensch*

sprechen – und umgekehrt. Wie und wozu könnte die Musikalität des Menschen entstanden sein?

Manche Experten vermuten, dass die Urform der Musik – das Singen – in der Zweisamkeit von Mutter und Kind entstand. Noch heute gibt es eine besondere Sprache zwischen einer Mutter und ihrem Baby: jenen typischen, melodischen Singsang, den Forscher „Motherese" nennen. Auf dieses „Mütterisch" reagieren Babys mit Lächeln, Glucksen und freudigem Strampeln.

Der Singsang könnte – so die Theorie – entstanden sein, als unsere Vorfahren ihr Fell verloren. Die Babys konnten sich nun nicht mehr wie Affen im Fell ihrer Mutter festkrallen, sondern mussten getragen werden.

Wenn die Mutter beide Hände brauchte, um beispielsweise Nahrung zu sammeln, musste sie ihr Kind kurz ablegen. Damit das Baby nun nicht aus Angst anfing zu schreien und womöglich Raubtiere anlockte, sang sie ihm etwas vor. Die Botschaft: „Alles in Ordnung, ich bin da." Inzwischen ist sogar wissenschaftlich erwiesen, dass diese Kommunikationsform zwischen Mutter und Kind grundlegend für eine gesunde Entwicklung der Gesamtpersönlichkeit eines Menschen ist. Sie stärkt nicht nur die Bindung zwischen beiden, sondern schafft auch Sicherheit und ein Urvertrauen in zwischenmenschliche Beziehungen.

Eine andere Theorie geht davon aus, dass sich das Singen der Menschen aus den gleichen Gründen entwickelt hat wie das Singen der Vögel: um potenzielle Geschlechtspartner zu bezirzen und die eigene Attraktivität zu steigern.

Dieser Theorie zufolge könnte Musikalität ein biologisches Signal sein: ein Hinweis auf gute Gene. Denn wer von unseren Vorfahren gut singen konnte, zeigte damit, dass er intelligent, kreativ und sensibel war – nützliche Eigenschaften, die man nicht nur beim Musikmachen, sondern auch für viele andere Lebensaufgaben einsetzen konnte. Wer zudem gut und ausdauernd tanzen konnte, zeigte Körperbeherrschung und Fitness. Dass Musikalität auch heute noch attraktiv macht, bezeugen männliche Rock- und Popstars, die weibliche Teenager in kollektive Ekstase versetzen können.

Aber es gibt noch eine weitere Theorie. Demnach entstand Musik als ein Mittel, um die Bindung zwischen den Mitgliedern einer Gruppe zu fördern und gemeinsame Gefühle auszudrücken beziehungsweise zu erzeugen. In einer Zeit, als unsere Vorfahren in kleinen Sippen lebten und auf diese angewiesen waren, war eine enge Bindung zwischen den Gruppenmitgliedern lebenswichtig.

Musikalische Rituale wie gemeinsames Singen, Tanzen und rhythmisches Trommeln könnten entstanden sein, um den Zusammenhalt der Gruppe zu fördern und gleichzeitig anderen Gruppen zu zeigen: Wir halten zusammen, wir sind stark.

Für diese Gemeinschaft stiftende Funktion der Musik gibt es auch heute noch viele Beispiele. Dazu gehören Fangesänge beim Fußball, religiöse Lieder im Gottesdienst, Marschmusik oder auch Nationalhymnen.

In allen Kulturen der Welt erfüllt Musik also bestimmte Funktionen: etwa Singen, um Kinder zu beruhigen oder zum Schlafen zu bringen, Musik zur Partnerwerbung, beim gemeinsamen Arbeiten, im Krieg und nicht zuletzt im religiösen Rahmen, etwa um Trance zu induzieren.

Das galt bereits für unsere Vorfahren in der afrikanischen Savanne oder im Europa der Eiszeit, für die Musik von großer Bedeutung und wichtig für die Gestaltung ihres Alltags war.

Quellen (gekürzt und bearbeitet):
Walter Willems: SCHWERPUNKT DER WOCHE „Band zwischen Himmel und Erde": Die Suche nach dem Ursprung der Musik vom 08. 11. 2017 © dpa Deutsche Presse-Agentur GmbH (Zeilen 1–47, 56–78, 170–177);
Frank Eckhardt: Musik und Evolution, SWR vom 23. 07. 2019, https://www.planet-wissen.de/kultur/musik/macht_der_musik/pwiemusikundevolution100.html (Zeilen 48–55, 79–115, 125–169, 178–182);
nach: Musik ist universell, BR vom 01. 03. 2021, https://www.br.de/wissen/psychologie/musik-universelle-sprache-forschung-100.html (Zeilen 115–124)

1. Stelle Text 1 und sein zentrales Thema kurz vor. 2 P.

2. Erkläre, warum Musik etwas spezifisch Menschliches ist. 2 P.

2 P. 3. In Text 1 heißt es: „Es gibt Aspekte von Musik, die anscheinend universell erkannt werden.“ Erkläre diese Textaussage.

3 P. 4. Erkläre den Begriff „Motherese“ und begründe anhand dieses Begriffs, warum Musik und insbesondere der Gesang eine lebenswichtige Funktion in der Menschheitsgeschichte einnimmt.

Text 2

Musik (Lied)
Von Nosliw

Du warst schon lange da und du wirst immer sein,
solang' die Luft deinen Schall trägt.
Du bist das Bindeglied, das alle Welt vereint,
was uns den Schutz und Halt gibt.
Ich glaub ich seh' dich schon als meine Religion an,
aus der ich Kraft zieh'. (yeah)
Du baust mich auf und du bringst mich durch,
ohne dass ich dir zur Last lieg' (yeah)

Du bist ein Teil meiner Geschichte
mit so verschiedenen Gesichtern
Ich kenn' dich noch viel länger als mich selbst,
noch länger als das Licht der Welt.
Ich hab' dich schon gesprochen, noch bevor ich Wörter kannte.
Egal wie ich auch drauf war, du warst immer die Konstante.
Konnte noch nicht laufen, doch du brachtest mich zum Fliegen (yeah)
– und das mit Sicherheit und Frieden (yeah)

Durch dich entdeckte ich so viele Seiten
und so viele Möglichkeiten, Stile zu entfalten.
Du lässt mich reisen, du lässt mich risen, yo,
und es hört wohl nie auf.

Du nimmst mir das Gewicht in harten Zeiten,
hilfst mir meine Horizonte stetig zu erweitern.
Du bringst mich wieder runter
oder kickst mich wieder 'rauf.
Ja, ich kann sagen, dass ich dich zum Überleben brauch'!
Und ich sing dir:

[Chorus]

Du bist ein Teil jeder Bewegung
und bist geprägt durch die Umgebung
Doch mir ist ganz egal was andere hör'n,
solange sie dich nicht verstehen.

Du bist die stärkste Kraft, die mir bisher bekannt war,
Dafür, dass ich Dich formen kann, bin ich unendlich dankbar.
Eines der größten Geschenke,
doch ich geb' dich gerne weiter,
weil ich weiß, dass du immer bei mir bleibst. (ya)

(Musik) Ich hab' immer an dich geglaubt,
(Musik) doch zu viele haben dich schon missbraucht
(Musik) mit Scheiß-Gesang und miesem Sound
Doch du warst immer stark in den Stunden des Stumpfsinns.
(Musik) Ich hab' immer darin vertraut,
(Musik) dass schlechter Kram sich nicht verkauft und die
(Industrie) den ganzen Schmodder einstampft, anstatt uns zu vergiften.
Wir brauchen Sounds, die upliften!

Quelle (bearbeitet): Text von Nosliw;

3 P. 5. Auch der Sänger Nosliw hat sich in dem vorliegenden Lied (Text 2) mit dem Thema „Musik“ auseinandergesetzt. Beschreibe, was Musik für ihn bedeutet.

2 P. 6. Laut Text 1 erfüllt Musik verschiedene Funktionen. Zitiere aus dem Liedtext von Nosliw Verse, die den Aussagen aus Text 1 entsprechen. Trage diese in folgende Tabelle ein.

Text 1	Nosliw „Musik“
Musik …	Belegende Zitate
… ist gemeinschaftsfördernd	
… stärkt die Gruppenzugehörigkeit	

… hebt die Stimmung/Moral	
… treibt an/motiviert	

7. Nosliw schreibt am Ende seines Liedes: „Wir brauchen Sounds, die upliften!“ „Upliften“ bedeutet unter anderem aufbauen/erheben/hochziehen. Welche Musik baut dich persönlich auf, wenn du niedergeschlagen bist? Nenne ein Beispiel und beschreibe die Wirkung auf dich. 2 P.

Wahlteil A

Im Abschlussjahrgang deiner Schule wurde zusätzlich zu den Prüfungsvorbereitungen eine AG mit dem Titel „Musik gegen Prüfungsstress" angeboten, an der du teilgenommen hast. Dort habt ihr verschiedene Instrumente ausprobiert und gemeinsam musiziert. Nun diskutiert die Schulgemeinschaft, ob das Musizieren als Stressminderung während der Prüfungsvorbereitungen hilfreich sein kann und deshalb im kommenden Schuljahr wieder angeboten werden soll.

Du versuchst, deine Schule von dem Nutzen dieser AG zu überzeugen und verfasst deshalb einen informierend-appellierenden Blogeintrag für eure Schulwebsite.

Bei deinen Recherchen stößt du auf die Kurzgeschichte „Ich singe gegen die Angst", die du als Überzeugungsgrundlage vorstellen möchtest.

Text 3 A

Ich singe gegen die Angst
von Jo Pestum

Nicht, dass er wirklich gut spielen konnte. Aber seine Finger fanden auf den Gitarrensaiten Töne, die seine Sinne zum Schwingen brachten, dass er es manchmal kaum noch ertragen konnte. So saß er fast jeden Abend auf dem rauen Teppich: den nackten Rücken gegen die Wand gelehnt, ein Ohr auf den Gitarrenbauch gepresst, dessen rhythmische Vibrationen mehr und mehr in ihn eindrangen.

Die dünnen Saiten sirrten metallen wie böse Insekten, stachen ins Hirn, setzten Schmerz frei. Die Ängste des Tages kehrten zurück, die sich tief im Unbewussten eingenistet hatten. Und so sehr sie sich spreizten: er zerrte sie aus ihren dunklen Höhlen. Seine Synkopen[5] zeichneten ihre Fratzen nach, ließen nichts aus, so weh es auch tat. Seine Moll-Akkorde dehnten die Ängste zur Übergröße aus, dass sie das kleine Zimmer füllten und ihm schier den Atem nahmen. Doch er spielte weiter, riss die Basssaiten, nahm ihr Scheppern mit seiner Stimme auf: summte, wimmerte, sang und schrie. Ja, manchmal schrie er laut.

Und die Gitarre schrie mit. Sie schrien all die Ängste des Tages hinaus, lachten und weinten ihnen nach, spuckten nach ihnen, brachten sie dazu, sich zu zeigen.

Eine Angst: Werden sie mich halten in der Firma, wenn meine Lehrzeit zu Ende ist? Lehrlinge im dritten Lehrjahr sind die billigsten Monteure. Aber werden sie mich halten, wenn wir meine bestandene Prüfung fröhlich gefeiert haben werden?

Eine Angst: Und wenn Monika diese Freundschaft nicht ernst nimmt? Was ist denn, wenn sie nur ein bisschen spielt, ein bisschen tanzt, ein bisschen streichelt? Wo ich doch genau weiß, dass wir zusammengehören, dass ich ohne sie gar nicht leben will! Warum sind da diese schlimmen Zweifel? Warum nur?

Eine Angst: Die reden doch viel, die Ärzte. Kann eine Geschwulst überhaupt gutartig sein? Gutartig? Dass Mutter plötzlich im Krankenhaus liegt, dass Vater plötzlich wie irre säuft, dass keiner ein offenes Wort redet – wie auf einmal alles anders ist?

Eine Angst: Wie soll ich denn bis nächsten Dienstag vierhundert Euro zusammenkriegen, wo man mit Vater kein vernünftiges Wort mehr reden kann? Aber die liefern den Motorroller, und ich hab den Kaufvertrag unterschrieben, genau an dem Tag, als ich volljährig

5 *Synkope, die (griech.): rhythmisches Stilmittel der Musik*

wurde. Warum musste ich nur so früh volljährig werden! Eine Angst: Sie haben Fotos gemacht, als wir am Kiosk die Nazi-Zeitungen klauten. Die haben doch bloß darauf gewartet, dass wir ihnen in die Falle rannten. Nazi-Zeitungs-Hersteller werden nicht bestraft. Nazi-Zeitungs-Verkäufer werden nicht bestraft, aber Nazi-Zeitungs-Diebe: die werden bestraft. Dem Ditsche hilft sein Vater. Der hat gesagt: Gut, dass ihr den Dreck verbrannt habt. Soll die Polizei doch kommen! Aber wer hilft mir, wenn die Polizei kommt? Die haben doch Fotos von uns gemacht! Die haben doch Beweise. Die Fingerkuppen fühlten sich inzwischen hart und taub an, doch er spielte unentwegt weiter.

Einmal klopfte jemand gegen die Wand. Da sang er einfach lauter, damit ihn das Klopfen nicht störte. Warum klopfte da auch einer, wo er doch gegen die Angst sang!

Er fand Worte gegen die Angst, er gab der Angst Namen. Denn er wusste, dass er die Angst sagbar machen konnte. Dann konnte er sie denken, dann war sie ein sichtbarer Feind, dann war er ihr nicht ausgeliefert.

Mit der unsagbaren Angst, die sich tief im Innern einnistet und festklebt und frisst und die Seele krank macht, mit solcher Angst kann man nicht leben.

Er klimperte und summte und sang noch lange an diesem Abend. Manchmal schrie er auch. Er war erschöpft wie nach einem viel zu langen Lauf. Die Gitarre zitterte nicht mehr. Auch er wurde wieder ruhig.

Er nahm eine Melodie mit in den Schlaf, an die er sich aber am anderen Morgen nicht mehr erinnerte.

Quelle (bearbeitet und gekürzt): Jo Pestum: Ich singe gegen die Angst; Aus: Vergessen, was Angst ist. Hrsg. von Horst Heidtmann. Baden-Baden 1986, S. 46 f.

Bearbeite die folgenden Aufgaben in einem zusammenhängenden Text. Zähle abschließend die von dir geschriebenen Wörter.

a) Erkläre zunächst kurz den Anlass für deinen Blogeintrag. 1 P.

b) Erwähne dann die bei deinen Recherchen gefundene Kurzgeschichte und stelle diese in einem einleitenden Satz vor. 2 P.

c) Beschreibe nun anhand von drei Beispielen Situationen, vor denen die Hauptfigur Angst hat. 2 P.

d) Auch eine Prüfungssituation in der Schule kann bei manchen Schülerinnen und Schülern Ängste auslösen. Beschreibe anhand von zwei Beispielen, wovor sie in diesen Situationen Angst haben könnten. 2 P.

c) Die Hauptfigur der Kurzgeschichte greift in ihrer besonderen Gefühlslage zur Gitarre. Erkläre, welche Funktion das Musikmachen für sie erfüllt. Beziehe dich hierbei besonders auf die Zeilen 12–31 sowie auf die Zeilen 84–102 im Text. 2 P.

f) Stelle zusammenfassend dar, welchen Nutzen Musikmachen in Momenten von Stress, beispielsweise in Prüfungssituationen erfüllen kann. Beziehe hierbei auch Erkenntnisse, die du aus den Texten des Basisteils (Text 1, Text 2) gewonnen hast, mit ein. 2 P.

g) Formuliere einen abschließenden Appell an die Schulgemeinschaft, sich dafür einzusetzen, die AG „Musik gegen Prüfungsstress“ auch im nächsten Schuljahr fortzusetzen. 1 P.

Anzahl der geschriebenen Wörter in WAHLTEIL A	

Wahlteil B

Du bist Mitglied der Schülervertretung. Ihr fordert für eure Schule ein verstärktes Musikangebot und recherchiert für die kommende SV-Sitzung, welche weiteren Möglichkeiten es für eure Schule gibt.

Bei deinen Recherchen stößt du auf einen Text über den vielfältigen Nutzen von Musik und eine Broschüre zum Projekt „Klasse mit Musik".

Das Projekt „Klasse mit Musik" erscheint dir für deine Schule sehr geeignet, und du verfasst einen informierend-appellierenden Text an die Schülervertretung (SV), in dem du für die Umsetzung an deiner Schule wirbst.

Alternativtext für den Fall, dass das Projekt „Klasse mit Musik" bereits an der Schule etabliert ist:

Du bist Mitglied der Schülervertretung. Ihr diskutiert, ob ihr das Projekt „Klasse mit Musik" an eurer Schule fortführen wollt.

Du informierst dich deshalb noch einmal über die Inhalte des Projekts anhand der Broschüre „Klasse mit Musik" und recherchierst über den vielfältigen Nutzen von Musik. Bei deinen Recherchen stößt du auch auf den Text „Macht Musik!".

Das Projekt „Klasse mit Musik" erscheint dir nach wie vor für deine Schule sehr geeignet, und du verfasst einen informierend-appellierenden Text an die Schülervertretung (SV), in dem du für die Fortführung an deiner Schule wirbst.

Text 3 B

Macht Musik!
Von Sarah Schelp

Musikhören ist die liebste Freizeitbeschäftigung der 12- bis 25-Jährigen, so steht es in der Shell-Studie, die die Interessen und das Wertebewusstsein junger Menschen untersucht. Überall tragen sie Musik mit sich herum, die Kopfhörerknöpfe im Ohr und den MP3-Player in der Jackentasche. Doch merkwürdig: In der Schule ist Musik kein Lieblingsfach. Weit hinten rangiert es in der Wertschätzung der Schülerinnen und Schüler. Nicht so wichtig, denn viele Schülerinnen und Schüler wissen gar nicht, wie guter Musikunterricht sein könnte.

An den Grundschulen in Deutschland fallen nach Erhebungen des Verbands Deutscher Schulmusiker 82 Prozent der Musikstunden aus oder werden von fachfremden Lehrkräften gegeben. Manchmal müssen Mütter mit Gitarrenkenntnissen einspringen, damit die Kinder ein paar Lieder lernen. An den Haupt- und Realschulen liegt die Ausfallquote bei 63 Prozent und an Gymnasien bei 36 Prozent. Musik läuft eben nur nebenher. Sie droht aus dem Bildungsbewusstsein unserer Gesellschaft zu verschwinden – unter der Dauerbeschallung der MP3-Player. Dabei ist es längst kein Geheimnis mehr, wie sehr Musik die Entwicklung des Menschen fördert. Der renommierte amerikanische Psychologe Howard Gardner etwa hat eine Intelligenztheorie entwickelt, die auch emotionale und soziale Fähigkeiten einschließt. Er hält die musikalische Intelligenz für eine der wichtigsten

Teilintelligenzen des Menschen. Die Welt der Töne befähigt Kinder, ihre Umgebung besser zu verstehen und sich anderen mitzuteilen. Musizieren lässt die Verbindungen zwischen den Nervenzellen beider Gehirnhälften besser wachsen, fördert Konzentration und Kommunikation. Dabei, so ergaben wissenschaftliche Studien, ist es besonders wichtig, selbst aktiv zu werden, also zu singen oder ein Musikinstrument zu spielen. Passives Konsumhören bringt nur wenig. Kinder, die ab dem sechsten Lebensjahr kontinuierlich zwei Stunden Musikunterricht in der Woche haben, dazu ein Instrument lernen und es in einer Gruppe spielen, könnten nach drei Jahren ihre Intelligenzleistungen und vor allem das räumliche Vorstellungsvermögen verbessern, folgert der Musikpädagoge Hans Günther Bastian aus einer Langzeitstudie an Grundschülerinnen und -schülern. Sie seien aufnahmefähiger, sozial kompetenter und selbstbewusster als unmusikalische Gleichaltrige. In Folgestudien wurden Bastians Beobachtungen bestätigt, aber auch kontrovers diskutiert. Mit Musikunterricht lassen sich zwar keine besseren Menschen schaffen, sicher jedoch Eigenschaften und Begabungen vertiefen, die schon angelegt sind. Darüber hinaus macht Musik besonders glücklich, wie unter anderem der Neurowissenschaftler Vinod Menon und der Psychologe Daniel Levitin an der Universität Stanford untersucht haben: Gern gehörte Melodien stimulieren Regionen im Gehirn, die dafür zuständig sind, den Körper mit angenehmen Gefühlen zu „belohnen".

Trotz solcher wissenschaftlichen Erkenntnisse hat es die Musik in Deutschland schwer, gegen „harte" Fächer wie Mathematik und Naturwissenschaften anzukommen. Was zählt, ist Leistung, und die ist im Musikunterricht schwer messbar. Mit ein bisschen Musik komme keiner dem Schulabschluss näher, so der verbreitete Irrtum.

Der Deutsche Musikrat warnt in seinem so genannten Berliner Appell vor der weiteren Vernachlässigung des Musikunterrichts. Jedes Kind müsse, „unabhängig von seiner sozialen und ethnischen Herkunft, die Chance auf ein qualifiziertes und breit angelegtes Angebot musikalischer Bildung erhalten, das die Musik anderer Ethnien einschließt".

Vorschläge für bessere musische Bildung sind nicht neu: Schon Leo Kestenberg, ein Musikpädagoge, kämpfte vor rund hundert Jahren um zwei Wochenstunden Musikunterricht in den Klassen 1 bis 10, damit die Kinder ein Musikinstrument lernen können. Eine Stundenzahl, die sinnvoll erscheint, aber bis heute bundesweit nirgendwo kontinuierlich unterrichtet wird. Im Gegenteil: Bei Stundenmangel werde das Fach häufig ganz gestrichen, beklagt der Schulmusikerverband, wovon Grund- wie weiterführende Schulen gleich stark betroffen seien. Außerdem wird Musik mit Kunst oft im Wechsel halbjahresweise unterrichtet.

Doch nicht nur die Musikstunden sind knapp, es mangelt auch an Fachlehrern. Interesse allein genügt nicht, um Schulmusik zu studieren. Wer Musiklehrer werden möchte, muss mindestens ein Instrument auf höchstem Niveau beherrschen, Klavier spielen, vorsingen und fit sein in Gehörbildung, Tonsatz, Theorie. Viel zu anspruchsvoll, finden Kritiker der Ausbildung, schließlich wolle man keine Meistersolisten ausbilden, sondern motivierte Lehrer mit Spaß an der Sache. Die Anerkennung in Schule und Gesellschaft ist allerdings gering: Häufig wird eine Stunde Musik als weniger wert empfunden als eine in Geometrie.

Die möglichen Auswirkungen dieser geringen Anerkennung beschäftigen auch viele Kulturinstitutionen. Sie haben verstanden: Wer als Kind klassische Musik nicht genießen lernt, geht später auch nicht in die Oper. Immer mehr Orchester- und Opernhäuser kooperieren mit Schulen und planen Werbeaktionen, um den Nachwuchs zu gewinnen. „Oper.Über.Leben" heißt vielsagend eines dieser Projekte, mit dem die Bayerische Staatsoper den Musikunterricht an Hauptschulen im Freistaat bereichern will. Musiker des Ensembles erklären den Schülerinnen und Schülern eine Oper und besuchen dann mit ihnen gemeinsam eine Aufführung. Ein rares Kultur-Bonbon für die Hauptschülerinnen und -schüler.

Darüber hinaus ist für Kinder aus sozial schwächeren Elternhäusern die Schule oft der einzige Zugang zur Musik. In der fünften Klasse, so erzählen Lehrkräfte, habe ein Großteil ihrer Schülerinnen und Schüler nie bewusst klassische Musik gehört, geschweige denn selbst musiziert. Denn die Kosten für Musikunterricht in Privatschulen und die teuren Instrumente übersteigen häufig die finanziellen Möglichkeiten vieler Familien.

Allerdings schaffen es einzelne Projekte nicht, die breite Masse der Schülerinnen und Schüler zu erreichen: Die spätestens seit dem Kinofilm Rhythm is it! boomende Musik-Eventkultur an Problemschulen erreicht selten mehr als 100 Schülerinnen und Schüler auf einen Schlag. In Deutschland gehen aber derzeit rund 9,5 Millionen Kinder und Jugendliche in die Schule – und das nicht projektwochenweise, sondern jeden Tag. Alle Musikprojekte zusammengenommen können den regulären Musikunterricht nicht ersetzen. Sie sind trotz gut gemeinten Engagements nicht mehr als Appetithappen, die das eigentliche Problem ungewollt kaschieren.

An den rund 940 gemeinnützigen Musikschulen sieht es nicht viel besser aus als an den allgemeinbildenden Schulen: Subventionen werden gekürzt, folglich gibt es zu wenige Musiklehrkräfte und dadurch Wartezeiten von mehreren Jahren, bis ein Kind mit dem Instrumentalunterricht beginnen kann. Gut eine Million Schülerinnen und Schüler musizieren hier, eine Zahl, die seit über zehn Jahren stabil geblieben ist. In der Regel werden über 45 Prozent der anfallenden Unterrichtsgebühren durch die Eltern bezahlt. Somit wird ein Instrument zu lernen für Eltern mit Durchschnittseinkommen rasch zum unerschwinglichen Luxus.

Er habe, erzählt Christian Höppner, der Generalsekretär des Deutschen Musikrats, bei einem Musik-Education-Projekt zwei türkische Schüler kennen gelernt, die nach anfänglicher Skepsis begeistert mittanzten und sangen. Als das Projekt vorüber war, wollten sie weitermachen. „Die Musikschule in ihrem Bezirk hat sie dann auf die Warteliste gesetzt“, sagt Höppner. In zwei Jahren vielleicht, wurde den Jungen gesagt, könnten sie mit ihrer Musikbegeisterung wiederkommen. Wenn sie dann noch da ist!

*Quelle (gekürzt und bearbeitet): Sarah Schelp: Macht Musik!, ZEIT Nr. 49, 14. Dezember 2006 – DIE ZEIT, 51/2006, https://www.zeit.de/2006/51/Auch_Jazz_gehoert_in_die_Schule_*

Text 4 B

KLASSE mit MUSIK – Bewerben lohnt sich!

Niedersachsen ist Musikklassen-Land. Es gibt in vielen niedersächsischen Schulen ganz unterschiedliche Musikklassen-Konzepte. Das Niedersächsische Kultusministerium fördert diese Konzepte unter anderem durch Fortbildungen und Studientage, wie zum Beispiel bei den Chorklassen. Zur Förderung des instrumentalen Klassenmusizierens wurde das Förderprogramm **KLASSE mit MUSIK** eingerichtet. Bereits in den vergangenen Jahren konnten mit Hilfe dieses Programms viele Schulen mit einem instrumentalen Musiziermodell neu starten.
KLASSE mit MUSIK ist ein Förderprogramm für instrumentales Klassenmusizieren in Niedersachsen. Das Niedersächsische Kultusministerium und der Landesmusikrat Niedersachsen unterstützen mit diesem Programm die Einrichtung neuer Musikklassen.
Es gibt vielfältige Möglichkeiten, in Schulen aktiv zu musizieren: Bandklasse, Bläserklasse, Keyboardklasse, Percussionklasse, Streicherklasse, Ukulelenklasse, Zupforchesterklasse, Klassenmusizieren nach anderen Konzepten …
Beim aktiven Musizieren machen Schülerinnen und Schüler unmittelbar musikalische Erfahrungen, die sie ihre gesamte Schulzeit hindurch, ja oft sogar ihr ganzes Leben prägen. Durch musikalisch hochwertiges Klassenmusizieren kann die Qualität des Musikunterrichts nochmals erheblich gesteigert werden.
KLASSE mit MUSIK stellt aktives Musizieren in Ensembleformaten für mindestens zwei Schuljahre in den Mittelpunkt des Musikunterrichts der Primarstufe sowie des 5. und 6. Jahrgangs der Sekundarstufe. Schülerinnen und Schüler erlernen im Klassenverband während des regulären Musikunterrichts ein neues Instrument. Ensemblespiel lässt sich darüber hinaus sehr gut als attraktives Angebot in den Ganztag integrieren. Ein Garant für die Erfolgsgeschichte des niedersächsischen Klassenmusizierens sind die stabilen Partnerschaften vor allem mit den Musikschulen des Landesverbandes niedersächsischer Musikschulen (VDM).
In Instrumentalstunden, geleitet von erfahrenen Instrumentallehrkräften, wird Musikpraxis differenziert in kleineren Stimmgruppen erteilt. Es unterstützt durch Vor- und Nachbereitung das Spiel im Klassenensemble.
Die Projektergebnisse werden in Form eines Schulkonzertes der Schulöffentlichkeit präsentiert. Voraussetzung für eine Bewerbung ist die Absicht, ein langfristiges Klassenmusizierkonzept zu etablieren. Dabei sind Schulen angesprochen, die bisher noch kein Klassenmusizierprojekt anbieten oder Schulen, die parallel zu bestehenden ein zusätzliches Konzept umsetzen wollen. Dazu gehört neben der Kooperation mit außerschulischen Partnern begleitender Instrumentalunterricht, die Bereitschaft von mindestens zwei Lehrkräften zum Besuch einer mehrtägigen Fortbildung und zur gemeinsamen Umsetzung des Konzeptes.
Die ausgewählten Schulen erhalten eine Startförderung von 4 000 Euro, die für Personal- und Sachkosten verwendet werden kann. Eine Fachkommission wählt unter den eingegangenen Bewerbungen zwölf Klassenmusizierkonzepte aus. Ein Landeskoordinator, eingesetzt vom Niedersächsischen Kultusministerium, und der Landesmusikrat Niedersachsen unterstützen die Schulen beratend bei der Einrichtung einer Musikklasse.
→ Bewerbung: Eingang beim Landesmusikrat unter www.hauptsache-musik.org
→ Start der Musikklasse: mit dem beginnenden Schuljahr, spätestens zum Halbjahr danach

Quelle (gekürzt und bearbeitet): Klasse mit Musik – musizieren.erfahren.verstehen, Förderprogramm 2016 für Klassenmusizieren in Niedersachsen (27. 01. 2016), https://www.mk.niedersachsen.de/startseite/aktuelles/presseinformationen/niedersachsen-setzt-foerderprogramm-klasse-mit-musik-im-schuljahr-20162017-fort--schulen-koennen-sich-fuer-instrumentale-musikklassen-bewerben--140487.html

Bearbeite die folgenden Aufgaben in einem zusammenhängenden Text. Zähle abschließend die von dir geschriebenen Wörter.

1 P. a) Erkläre einleitend den Anlass für deinen Text.

2 P. b) Stelle das Thema des Artikels „Macht Musik!“ (Text 3 B) kurz vor.

2 P. c) Informiere mithilfe von Text 3 B über den Nutzen von Musikunterricht. Führe vier Gründe an, warum Musikunterricht einen positiven Beitrag zur Entwicklung von Kindern und Jugendlichen leistet.

3 P. d) Beschreibe dann mithilfe von Text 3B, welche problematische Situation derzeit an vielen Schulen in Bezug auf Musikunterricht besteht. Vergleiche diese Beschreibung mit der Situation an deiner eigenen Schule, indem du ein konkretes Beispiel anführst.

3 P. e) Informiere dann zunächst über das Projekt „Klasse mit Musik“ mithilfe von Text 4 B. Berücksichtige hierbei die Zielsetzung des Projektes und die Voraussetzungen, die die Schule zu erfüllen hat.

1 P. f) Appelliere in einem abrundenden Schluss für die Teilnahme an dem Projekt, indem du begründest, warum gerade deine Schule (wieder) teilnehmen sollte.

Anzahl der geschriebenen Wörter in WAHLTEIL B	